幼儿足球
全域课程

龚 平 编著

辽宁师范大学出版社
·大 连·

© 龚平 2019

图书在版编目（CIP）数据

幼儿足球全域课程 / 龚平编著. —— 大连：辽宁师范大学出版社，2019.12（2021.4）
ISBN 978-7-5652-3149-0

Ⅰ.①幼… Ⅱ.①龚… Ⅲ.①足球运动－学前教育－教学参考资料 Ⅳ.①G613.7

中国版本图书馆CIP数据核字(2019)第276279号

You'er Zuqiu Quanyu Kecheng
幼 儿 足 球 全 域 课 程

出 版 人：	王　星
责任编辑：	孙晓艳
责任校对：	衣媛媛
装帧设计：	周佰惠

出 版 者：	辽宁师范大学出版社
地　　址：	大连市黄河路850号
网　　址：	http://www.lnnup.net
	http://www.press.lnnu.edu.cn
邮　　编：	116029
营销电话：	（0411）84206854　84215261　82159912（教材）
印 刷 者：	大连海大印刷有限公司
发 行 者：	辽宁师范大学出版社

幅面尺寸：	185mm×260mm
印　　张：	15
字　　数：	360千字

出版时间：2019年12月第1版
印刷时间：2021年4月第2次印刷
书　　号：ISBN 978-7-5652-3149-0

定　　价：68.00元

序

　　足球运动是在全球都很有影响力的单项体育运动,有着"世界第一运动"的美誉;同时它也是一项对身体健康大有裨益且普遍受人们喜爱的运动项目。对于正处在人生起步阶段、身心成长发育期的儿童来说,足球运动具有更加重要的意义。从生理层面上说,球形物品对于儿童有着与生俱来的吸引力,其滚动的状态能够促使儿童做出踢、扔、拍、打等一系列动作,可以锻炼儿童的四肢协调能力与配合能力,玩球的过程可以满足儿童奔跑的需要,刺激骨骼与肌肉的生长;从心理层面上说,足球运动能够培养儿童的规则意识、合作意识,在运动中所产生的愉快情绪有益于儿童的心理健康。

　　随着人们生活水平的提高,近年来,儿童足球教育在我国受到了越来越多的关注。2017年初,教育部部长陈宝生在讲话中提出了普及校园足球工作的要求,儿童足球教育成为新时代下不容小觑的重要工作。大连市沙河口区第二教师幼儿园紧跟时代步伐,基于对幼儿足球启蒙教育的多年探索与实践,形成了一套科学的足球启蒙教育体系,这一体系主要具有如下优势:

　　第一,前瞻性。该园的这项研究最早可追溯至1986年,彼时人们对幼儿足球启蒙教育还没有充分重视起来,但他们敏锐地发现了足球运动对幼儿成长的重要意义,并坚定地开始从事幼儿足球启蒙教育,积累了大量的相关经验,如今看来,这是非常有远见的。

　　第二,创新性。在该园之前,尚未见类似关于幼儿足球启蒙教育的研究,没有任何可借鉴的理论和经验,他们可谓是在黑暗中摸索前行,具有相当的创新性。

　　第三,系统性。目前看来,幼儿园的研究普遍缺乏计划性和系统性,而该园的研究从开题论证到项目设计,再到实施,全过程都是在详细的计划和周密的安排下进行的,具有很强的目的性和针对性,继而保证了研究结果的系统性、科学性。

　　第四,实践性。该园的这项研究完全基于真实的幼儿足球启蒙教育活动,所有理论认识均来自于实践经验,研究历时30余年,样本容量大,因此,足以为其他机构的幼儿足球教育实践提供借鉴和参考,具有一定程度的普适意义。

　　第五,实效性。该园的幼儿足球启蒙教育体系在实践检验中取得了良好的效果,有效地促进了幼儿身心的全面、健康发展,同时也受到了社会的广泛认可,不仅在大连地区享誉盛名,也对全国其他省市的幼儿足球启蒙教育产生了较为广泛的影响。

　　最后,我衷心地祝愿这本书能够在幼儿足球启蒙教育方面发挥积极作用。

2016年9月

邹晓燕

目 录

第一篇　幼儿足球启蒙教育研究概述 /1

第二篇　幼儿足球全域课程的目标 /17

第三篇　幼儿足球全域课程的理论基础 /27

第四篇　幼儿足球全域课程的内容 /38

　　　　幼儿技能训练的基本内容 /40

　　　　幼儿体能训练的基本内容 /41

　　　　附：各年龄阶段幼儿足球启蒙教育基本动作要领及图解 /42

第五篇　幼儿足球全域课程的实施途径 /52

　　　　小班主题　足球宝宝 /55

　　　　中班主题　足球伴我成长 /100

　　　　大班主题　我运动，我快乐 /147

第六篇　幼儿足球全域课程的方法 /193

第七篇　幼儿足球全域课程的评价 /194

附录 /211

足球教育反思 /211

后记 /235

第一篇 幼儿足球启蒙教育研究概述

一 研究概述

（一）研究背景

足球是一项风靡世界的体育运动，是最接近于人类本能的运动项目。人们对足球的喜爱体现了人类的天性。足球在给人们带来满足和愉悦的同时，也促进了人们身体的健康发展。

随着人们对足球运动热爱程度的提高，各国对少儿足球启蒙教育也给予了高度的重视。德国科隆足球俱乐部拥有 6~12 岁年龄段的后备队员，并且配有专业教练。日本近二十几年来在足球运动方面取得了飞速的发展，其国内俱乐部拥有各个年龄段的青少年后备军，他们在近十几年取得的成绩与国家重视储备后备人员是分不开的。

在我国，少儿足球启蒙教育也逐渐受到重视。几十年来，我国一些专业人士从教练员与少儿两方面入手进行了研究。在教练员方面，他们提出，尽管现在国内有很多外教，但要清楚地认识到聘用他们是中国足球借用国外先进经验、方法和人才促进自身进步的一种手段，中国足球要真正发展、提高、腾飞，最终还得依靠自己培养出来的教练员。在少儿方面，相关人士指出，少年儿童足球训练有其特殊的规律性，教练员除了应注意少年儿童生理、心理发展的一般规律，还应注意外部环境对少儿足球训练的影响。对少年儿童而言，提高足球技术水平不是足球训练的唯一目的，培养良好的个性特征，养成健康的生活习惯也是非常重要的。

在内容上，这些研究大多数局限在少儿足球教育的实施方面，缺乏科学的研究和总结；在年龄段上，这些研究大多集中于 6 岁以上的儿童，缺乏对 6 岁以下幼儿的探讨。

早在 20 世纪 80 年代，邓小平同志就提出"足球要从娃娃抓起"，为我们开展幼儿足球的普及教育指明了方向。大连是历史悠久的足球城，大连人爱球、懂球，足球在大连人的心目中绝不是一项简单的竞技运动，大连人从足球中获得更多的是历练而来的一种精神、渐悟而来的一种文化、品味而来的一种生活。

我们大连市沙河口区第二教师幼儿园正是在这种浓郁的足球氛围中孕育并发展起来的。早在 1986 年，我园便被大连市体育委员会命名为大连市第一足球幼儿园，是当时大连市乃至全国的第一所足球幼儿园。从建园开始，我们就走上了幼儿足球启蒙教育的实践探索之路。

（二）探索的问题

我们作为全国第一所足球幼儿园，早在 1982 年建园时就将幼儿足球启蒙教育确立为自己的园本特色。但因当时国内幼儿足球启蒙教育的研究与实践尚属空白，我们针对其可行性和一般规律进行了实践探索。自"十五"以来，我们以科研为依托，针对幼儿足球启蒙教育缺少科学系统的课程内容与实施策略等问题进行了研究，逐步构建出幼儿足球启蒙教育课程框架并不断充实完善课程内容。随着国家校园足球教育的推广和普及，针对幼儿足球教育成人化、功利化的问题，我们又对如何推广普及幼儿足球启蒙教育课程进行了研究，并初步构建起幼儿足球启蒙教育的模式，以便更好地促进幼儿素质全面和谐发展，推动我国幼儿足球启蒙教育的发展。

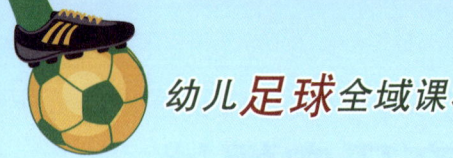

(三) 概念的界定

为更好地阐释我们在38年间对幼儿足球启蒙教育的探索，我们对幼儿足球启蒙教育的相关概念进行了界定。

1. 幼儿足球启蒙教育的概念

幼儿足球启蒙教育是幼儿园为了培养幼儿对足球的兴趣，帮助幼儿了解足球运动的基本常识和动作方法，促进幼儿身心全面和谐发展，对3~6岁儿童所实施的遵循其身心发展特点、以足球为载体的早期教育。这个概念是我们根据多年的实践研究所做的定义，目前，国内外对此并没有一个明确的概念界定。这里的足球，不是指单纯的足球，而是一切与足球相关的有形和无形事物的综合体，包括足球的历史、文化、规则、装备、赛事及衍生事物等。启蒙性是幼儿足球启蒙教育的重要特征，而足球只是一个主要的教学内容和方式。通过足球来培养幼儿对运动的兴趣，促进幼儿身心和谐全面发展才是幼儿足球启蒙教育的主要目标。足球启蒙教育的形式不能只局限在健康领域的健康活动中，还应涵盖更为广阔的足球科学、足球社会、足球艺术、足球语言等形式。同时，开展足球启蒙教育的场地也不应仅局限在运动场上，班级、活动区、家庭都是很好的足球启蒙教育场所。幼儿足球启蒙教育是针对3~6岁幼儿进行的足球启蒙，因为3岁以内的孩子的身心发展还未达到适应幼儿足球启蒙教育的准备状态。

2. 幼儿足球启蒙教育课程的概念

依据冯晓霞教授的课程观，我们将幼儿足球启蒙教育课程定义为：为实现培养3~6岁幼儿的足球运动兴趣，促进其身心全面和谐发展的教育目的，在幼儿园中开展的以足球为载体的各种活动的总和。

(四) 研究的意义

1. 开展幼儿足球启蒙教育实践研究的意义

足球作为一项体育运动，不仅有利于幼儿的身体健康，还能够对幼儿心理的健康发展起到促进作用。一个由意大利科学家和医生组成的科学小组经过两年的研究后发现，幼儿通过踢足球这项运动可以改善其免疫机能。足球运动的主要特点是需要具有良好的心理素质和合作精神，因此足球运动十分有利于幼儿意志品质的提升和社会性的发展。

在教育实践中我们也发现，参加足球训练、接受足球教育的幼儿在跑、跳、投掷、肺活量等方面都优于对比班的幼儿。（见下表）

内容 \ 结果	参加足球活动的幼儿			对比班的幼儿		
	2002年	2003年	2004年	2002年	2003年	2004年
柔韧性通过率	79%	80%	82%	21.9%	22.2%	24%
立定跳远（单位：厘米）	131	134.5	135	102	101	105
心率（单位：次/分）	89	88.2	88.4	100	101	97
肺活量（单位：毫升）	1140	1160.8	1163	781	775	791
20米往返跑（单位：秒）	10.5	10	10	12.8	13	12
跳高触物（单位：厘米）	169	171	172	162	163	165
投掷（单位：米）	11.8	11.95	12.1	9.1	9.3	9.5

上表让我们进一步认识到，适当的锻炼对幼儿身体发育是有利的。幼儿正处在发育的第一个高峰期，身体各种机能的发展都需要适当的营养和运动。在营养状况基本相同的情况下，那些经历过适当定期运动的幼儿，由于调动和激活了身体的各种器官的活跃性，他们的身体发育要好于缺乏运动的幼儿。参加足球训练的幼儿家长也反馈，通过锻炼，孩子的体质明显增强，有的孩子原来经常生病，参加足球训练后就很少因为生病而请假了。

儿童的运动技能是通过后天习得的，其发展水平不仅受个性、智力等个体因素的影响，还受家庭、学校等环境因素的影响。在环境因素中，学校的教育环境是影响儿童运动技能发展水平的主要因素。因此，参加足球运动的幼儿不但可以得到适当的锻炼，还可以学到很多运动的技能，这为幼儿以后运动能力的发展奠定了良好的基础。

有了以上的认识，通过与有关足球教育训练及运动生理专家、教授的交流，在分析我国少年儿童足球教育发展状况的基础上，我们开始了边实践边研究，即通过系统的幼儿足球教育实践研究，探索幼儿足球训练和足球普及的目标、内容和方法，总结幼儿园足球教育的特点和规律，尝试为幼儿园的足球启蒙教育提供教学指导。

2.探索幼儿足球启蒙教育课程的意义

探索与构建幼儿足球启蒙教育课程，对有效推进幼儿足球启蒙教育的研究具有重要的意义。幼儿足球启蒙教育是我园的园本特色教育，而园本课程是实现幼儿园特色教育理念与目标的有效实践载体。为了更好地推进幼儿足球启蒙教育的研究，我们确立了构建园本课程，以课程检验研究成果、拓宽研究思路的园本特色教育发展思路，并从"十五"开始，逐步构建起较为完善的幼儿足球启蒙教育课程体系。

（1）填补了幼儿足球启蒙教育课程研究的空白

我国已有的儿童足球教育课程主要面向6岁以上的少年儿童，很少涉及3~6岁幼儿，而且课程的内容主要围绕儿童的足球训练展开，课程的主要目的是提升儿童的足球技术水平，很少关注他们的年龄特点和良好的个性品质等方面的发展。此外，这些课程大都是实践经验的简单集结，缺少科学的理论与实践的双构建。而我们研究构建的幼儿足球启蒙教育课程是为了实现培养3~6岁幼儿的足球运动兴趣，促进其身心全面和谐发展这一教育目的，在幼儿园中开展的以足球为载体的各种活动的总和。在理论和实践的双建构下，幼儿足球启蒙教育课程系统阐述了幼儿期相应的足球教育目标、内容、方法，填补了国内3~6岁幼儿足球启蒙教育课程研究的空白。

（2）推进了幼儿足球启蒙教育课程的普及

习近平总书记提出要大力发展校园足球的要求，但是幼儿园阶段的足球启蒙教育研究成果非常少，幼儿足球启蒙教育课程的实践研究将为开展幼儿足球教育的幼教机构和幼教同仁提供可以借鉴和模仿学习的实践范本，有效推进校园足球在幼儿阶段的普及。

（3）促进了幼儿素质的全面发展

处于发育的第一个高峰期的幼儿，身体各种机能的发展需要适当的运动，适当的锻炼对幼儿身体的发育是有利的。此外，研究表明，足球运动最大特点之一是需要具有良好的心理素质和群体的合作精神，参与足球运动十分有利于幼儿意志品质的提升和社会性的发展。因此，幼儿足球启蒙教育课程充分发挥了足球的教育性，促进幼儿身心全面和谐发展。

（4）助推了教师队伍的专业成长

教师是幼儿足球启蒙教育课程的研究者和实践者，教师在构建幼儿足球启蒙教育课程

的过程中，提升了自身的科研水平和教学实践能力，推动了自身的专业发展。

（5）实现了幼儿园的特色发展

园本课程的构建是助推幼儿园特色发展的有效途径。幼儿园对幼儿足球启蒙教育课程的构建，使幼儿园在特色建园的道路上焕发出蓬勃的生机，自身办园质量与水平不断提高，在各具发展特色的幼儿园中稳居一席之地。

二 具体做法

我园从 1982 年建园起，对幼儿足球启蒙教育进行了 18 年的实践探索。基于丰富的实践经验，我园自 2000 年"十五"起，以科研推进园本课程的构建，依托国家、省两级规划课题，对幼儿足球启蒙教育进行了横跨 20 年的研究，构建了幼儿足球启蒙教育课程。

（一）摸索阶段（1982 年—2000 年）：初步摸索幼儿足球启蒙教育课程内容及教育规律

"十五"之前，我们对幼儿足球启蒙教育进行了 18 年的实践探索，如编写了大量足球游戏、歌曲、故事、教案，举办教工和幼儿足球联赛，请孩子们喜爱的著名足球运动员来园交流等。这些实践为之后的课题研究提供了丰富的实践经验。

（二）初探阶段（2001 年—2005 年）：验证幼儿足球启蒙教育的可行性，构建课程雏形

"十五"期间，我们率先采用行动研究法，以幼儿园足球队为实验组，邀请运动生理专家及足球教育专家共同探讨了幼儿足球训练及普及活动的目标、内容及方法，并通过实验组与对比组幼儿的各项身体指标数据对比，发现了适度的幼儿足球启蒙教育对幼儿身心发展是有利的，验证了足球启蒙教育的可行性。同时，也探索出幼儿足球启蒙教育的特点与规律，完成了省级规划课题"幼儿园足球启蒙教育研究初探"，出版了全国首本幼儿足球专著《幼儿足球启蒙教育》，构建了幼儿足球启蒙教育课程的雏形。

（三）充实阶段（2006 年—2010 年）：丰富幼儿足球启蒙教育课程体系

"十一五"期间，我们开发设计出了系统化的混龄幼儿足球队全年训练方案，特别将足球启蒙教育课程的建设与《幼儿园教育指导纲要（试行）》（以下简称《纲要》）相结合，以"足球"作为普及活动的载体，首创了五大领域足球启蒙教育普及课程，深化了足球启蒙教育的内涵，让其从原本单一的体育健康运动发展为能够全面促进幼儿社会、健康、语言、艺术、科学发展的综合性课程体系。除足球动作技能外，足球规则、各地足球历史、球赛解说等教育元素也被引入了我们建构的课程活动中。此外，我们还将具备幼儿园特色的"环境"资源引入到足球启蒙教育课程体系之中，创设丰富的足球物质环境，吸引幼儿关注足球运动，培养足球兴趣，同时营造和谐的人文环境，鼓励幼儿积极参与，并完成了省级规划课题"幼儿足球启蒙教育理论与实践的研究"。

（四）推进阶段（2011 年—2015 年）：进一步推进幼儿足球启蒙教育课程建构，初步尝试推广课程体系

"十二五"期间，在《3~6 岁儿童学习与发展指南》（以下简称《指南》）引领下，我们结合足球动作与幼儿身心发展特点，编制了幼儿足球游戏课程；进一步发掘足球启蒙教育对幼儿个性发展的作用，探索出以足球启蒙教育培养幼儿自控能力的指导策略；探索出园所交流、送教活动、足球幼小衔接等多种有效的区域互动途径。在此期间，我们完成了市级规划课题"幼儿园足球游戏开发与实施的实践研究""足球游戏中培养幼儿自我控

制能力的实践研究",省级规划课题"幼儿足球启蒙教育的区域互动研究"。

(五)完善阶段(2016年至今):梳理总结幼儿足球启蒙教育研究,完善幼儿足球启蒙教育课程,多渠道在全国推广

"十三五"期间,我们在对前期研究和成果进行汇总的同时,进一步完善幼儿足球启蒙教育的理论,在此基础上,研发了以主题为核心的包容性更强的幼儿足球启蒙全域课程,出版了《幼儿足球启蒙课程》一书,形成更为完善的足球启蒙教育课程。为更好地推广课程,幼儿园在全国四个省设立实验园,开展了国家级规划课题"幼儿足球启蒙教育模式研究"。

三 成果和结论

幼儿足球启蒙教育是一种入门教育,启蒙性是其最重要的特点。我们要通过这种启蒙,培养幼儿对足球及足球运动的兴趣,同时,教给幼儿一些最基本的足球运动技能,为其运动心理的发展奠定良好的基础。基于38年的足球启蒙教育实践和20年的国家级、省级教育科学规划课题的研究,我们构建了包含课程体系、实施体系和保障体系三部分的科学的幼儿足球启蒙教育课程体系,形成了"G+Y+Z+6"(骨干教师+一般教师+专业足球教练+队伍建设6要素)的幼儿足球启蒙教育教师队伍建设模式,并形成了对幼儿足球启蒙教育的基本观点。

(一)建立了幼儿足球启蒙教育课程体系

1. 课程体系

幼儿足球启蒙教育课程体系由游戏化课程、融合化课程、混龄专项训练课程和主题活动课程组成。

(1)游戏化课程

《指南》指出,游戏是幼儿一日生活的基本活动,幼儿园结合《指南》精神,将足球动作与幼儿身心发展特点相结合,通过"一学、二研、三试、四玩、五评"的"五步式"足球游戏开发模式,研发近百个适用于3~6岁不同年龄段幼儿的足球游戏活动,并设立了每天固定进行的足球游戏时间。足球游戏活动具体可分为运球、突破、抢球、传球、抛球、射门、配合七大类。"五步式"足球游戏开发模式中,"一学"是指学习专业的足球动作;"二研"是指在足球动作基础上,结合幼儿的年龄特点研究初步的足球游戏方案;"三试"是指在各个年龄段中试玩,观察幼儿的反馈并进行适度调整;"四玩"是指让幼儿再次玩修改过的游戏,观察游戏反馈,教师此时亲身参与到游戏中体验游戏;"五评"是指最后综合评价游戏的专业性以及趣味性,判断其是否有助于幼儿发展,修改成最终的游戏案例。

(2)融合化课程

幼儿足球启蒙教育课程重视幼儿在课程中的全面发展,因此我园将足球融入五大领域课程中,形成了以足球为载体,包含足球健康、足球科学、足球语言、足球艺术、足球社会在内的足球五大领域教学活动,将其作为幼儿园的园本课程。足球健康是指将足球动作的练习作为教学内容的健康领域活动;足球科学是指将足球的特性,如形状、颜色、触感、弹性等作为教学内容的科学领域活动;足球语言是指将讲述足球故事、尝试解说足球比赛等作为教学内容的语言领域活动;足球艺术是指将与足球相关的绘画、歌曲等作为教学内容的艺术领域活动;足球社会是指将足球比赛的规则、团队的配合等作为教学内容的社会领域活动。

（3）混龄专项训练课程

我们研发出一学年32周的幼儿园足球队训练方案。训练时间安排在每天早上的7点到8点之间，风雨不误；训练内容主要是足球的基本技能技巧和简单的战术配合；训练的形式是小、中、大班幼儿一起，采取集中训练和分组训练相结合的形式。足球队队员是在幼儿自愿报名的基础上，通过教练的选拔和教师的推荐而来。

（4）主题活动课程

我们基于幼儿的足球活动兴趣和经验，研发了包含主题说明、主题目标、主题网络图、环境创设、家园共育、游戏活动、集中教育活动和区域游戏活动的小、中、大班足球主题教育活动，充分发挥了主题活动的整合性、生活性、自主性和开放性等特点，在丰富多样的足球主题活动中，增强幼儿对足球运动的兴趣，引导幼儿掌握足球的常识和基本动作，促进幼儿在健康、语言、社会、科学、艺术五大领域的全面和谐发展，从而实现幼儿足球启蒙教育课程的目标。

2. 实施体系

幼儿足球启蒙教育课程的实施体系由环境创设、足球普及和区域互动组成。

（1）环境创设

人类心理的产生和发展与社会环境密切相关，良好的环境作为重要的教育资源，可以对幼儿的发展起到事半功倍的作用。我们通过大量的足球环境创设让幼儿在潜移默化中产生对足球的兴趣。

① 物质环境创设。物质环境创设包含幼儿园公共环境创设和班级区域环境创设。公共环境中，我们投资数十万元铺设了带软垫的标准的虚拟草坪足球场地，增设四个小球门；多功能活动厅、走廊、活动室等幼儿所到之处的棚顶、墙面、地面等都装饰有六边形、椭圆形、圆形等足球演变的图形；走廊设有草坪式主题墙、球状家园联系板、足球宝贝班牌；楼梯间装饰了孩子和家长共同制作的足球宝贝亲子粘贴画，以及介绍幼儿园、大连、中国及世界著名足球队的队旗、队服、球员等的画廊；幼儿园设有专门的足球园史馆，馆内陈列着独具足球文化的园旗、园徽、园歌，以及幼儿园在不同发展阶段的足球印迹；等等。班级区域环境中，每个班级设立了不同风格的足球角以及足球元素的入区标志，目的就是让幼儿从入园的那一刻起就能感受到足球带来的视觉冲击，从而产生强烈的好奇心和求知欲望。

② 人文环境创设。人文环境创设是指通过开展以足球为载体的同伴活动、师幼活动和亲子活动，发展良好的同伴关系、师幼关系和亲子关系。如请同伴互相讲述足球故事，教师及时处理幼儿在足球活动中的问题，进行亲子足球游戏、亲子粘贴画活动等，让足球全天候伴随幼儿成长。

（2）足球普及

我们通过足球半小时活动、专业普及活动、融合化和主题化教育活动、足球队训练活动来推动幼儿足球启蒙教育的普及，让足球教育惠及幼儿园的每一个孩子。

足球半小时活动是指由班级教师带领本班幼儿在户外游戏活动时间组织开展的以足球韵律操和足球游戏为主要内容的足球教育活动，整个活动的时间控制在半小时内，使其成为幼儿园户外游戏活动的新常态。专业普及活动是指由专业的足球教练带领班级幼儿每周进行的以基本足球动作和技能为学习内容，以发展幼儿身体素质为主要目标的足球教育活动。融合化教育活动是指班级教师组织本班幼儿定期开展的以足球为载体的五大领域集中教育活动。主题化教育活动是指班级教师组织本班幼儿定期开展的以幼儿感兴趣的足球相关内容为主题的，包含环境创设、集中教育活动、游戏活动、区域活动等的一系列教育活动。足球队训练是指专业足球教练面向足球队的孩子每天开展的以足球常识规则、基础技能训练和基础体能训练为主要内容的足球教育活动，旨在为有意愿、有能力的幼儿提供专业性的足球学习机会，为社会培养足球后备人才。

（3）区域互动

区域互动是指整合幼儿园间的足球教育资源，促进幼儿足球启蒙教育课程的经验交流，让足球启蒙教育惠及更多幼儿的足球推广模式，具体包含外出送教、接待观摩、专业衔接、园际互动。

外出送教是指幼儿园教师或教练员去其他幼儿园进行课程培训。接待观摩是指接待各级单位、团体来园观摩，体验幼儿园开展足球启蒙教育课程的有益经验。专业衔接是指幼儿园依托园外专业足球力量来推进足球启蒙课程，如带领幼儿参观体验小学足球队训练、带领幼儿参观市级足球队训练基地、邀请著名足球运动员来园与幼儿交流等。园际互动是指邀请其他幼儿园来我园体验课程，如观看趣味足球视频、开展混合友谊比赛、参与趣味足球游戏等。

3. 保障体系

我们通过制度保障、队伍保障和物质保障来保证课程的顺利实施。

（1）制度保障

幼儿园依托行政支持和政策法规来保障课程构建和实施的科学性。课程的构建和实施在遵循上级文件精神的同时，充分依据幼教相关政策法规来进行，主要体现在课程遵循幼儿身心发展特点，强调启蒙性，重视对幼儿兴趣的培养。

（2）队伍保障

我们通过教师队伍、专家团队和教练团队的建设为课程的构建和实施提供人力保障。幼儿园重视对教师足球素养、课程研究和实施能力等多方面能力的培养，聘请了一支由运动生理专家、儿童发展专家和科研课题指导专家组成的专家队伍，为课程建构和实施解答疑难、指明方向，同时组建了由外聘专业教练和园所自培教练组成的教练队伍，保证足球技术的专业性与幼儿身心发展特点有效融合。

（3）物质保障

作为原大连市体育委员会命名的足球幼儿园，各级行政和足协的领导都对幼儿园足球课程的开发与实施给予了大力支持，多方面提供经费和装备保障，如配备专业足球场地、服装，购买课程教具等。

幼儿足球全域课程

```
幼儿足球启蒙教育课程
├── 课程体系
│   ├── 游戏化课程
│   │   ├── 运球类游戏
│   │   ├── 突破类游戏
│   │   ├── 抢球类游戏
│   │   ├── 传球类游戏
│   │   ├── 抛球类游戏
│   │   ├── 射门类游戏
│   │   └── 配合类游戏
│   ├── 融合化课程
│   │   ├── 足球健康
│   │   ├── 足球科学
│   │   ├── 足球语言
│   │   ├── 足球艺术
│   │   └── 足球社会
│   ├── 混龄专项训练课程
│   └── 主题活动课程
│       ├── 主题说明
│       ├── 主题目标
│       ├── 主题网络图
│       ├── 环境创设
│       ├── 家园共育
│       ├── 游戏活动
│       ├── 集中教育活动
│       └── 区域游戏活动
├── 实施体系
│   ├── 环境创设
│   │   ├── 物质环境创设
│   │   │   ├── 公共环境创设
│   │   │   └── 区域环境创设
│   │   └── 人文环境创设
│   │       ├── 同伴关系
│   │       ├── 师幼关系
│   │       └── 亲子关系
│   ├── 足球普及
│   │   ├── 足球半小时活动
│   │   ├── 专业普及活动
│   │   ├── 融合化和主题化教育活动
│   │   └── 足球队训练活动
│   └── 区域互动
│       ├── 外出送教
│       ├── 接待观摩
│       ├── 专业衔接
│       ├── 园际互动
│       ├── 观看趣味足球视频
│       ├── 开展混合友谊比赛
│       └── 参与趣味足球游戏
└── 保障体系
    ├── 制度保障
    │   ├── 行政支持
    │   └── 政策法规
    │       ├── 遵循发展特点
    │       ├── 注重启蒙特征
    │       └── 关注兴趣培养
    ├── 队伍保障
    │   ├── 教师队伍
    │   ├── 专家团队
    │   │   ├── 运动生理专家
    │   │   ├── 儿童发展专家
    │   │   └── 科研人员
    │   └── 教练团队
    │       ├── 外聘专业教练
    │       └── 园所自培教练
    └── 物质保障
        ├── 经费保障
        └── 装备保障
```

（二）形成了幼儿足球全域课程

在课程设计与建构中以促进3~6岁幼儿的身心全面和谐发展为目标导向，充分开发园内外的课程资源，发掘社会要素的教育价值，坚持课程内容、实施途径和评价的全面性、开放性和多元化，重视与家庭和社区的合作，不断丰富课程体系的内涵和外延，努力为幼儿打造一个科学、系统、全面、多元、开放的足球启蒙教育平台，这与为了建设学习型社会、创新人才培养模式而提出的"全域教育"理念是一致的。因此，幼儿园将构建的幼儿足球启蒙教育课程体系命名为幼儿足球全域课程。经过近几年的试用，我们验证了幼儿足球全域课程是符合幼儿身心发展规律的，从教育的效果看，幼儿普遍对足球产生了浓厚兴趣，喜欢参加足球运动，养成了良好的运动习惯，增强了身体素质，在运动中能够不怕困难、敢于拼搏、自立自信、团结友爱。这也说明了幼儿足球全域课程通过环境创设、足球训练、足球普及活动（包括专业普及活动、游戏活动、五大领域活动和主题教育活动）和足球区域互动活动这四种方式，能够达到让幼儿对足球运动产生兴趣，喜欢参加体育运动，懂得运动的基本技能与规则，具有良好的运动精神，推动校园足球在学前教育阶段的普及等目的。

（三）形成了"G+Y+Z+6"的幼儿足球启蒙教育教师队伍建设模式

教师是实施幼儿足球启蒙教育、开展幼儿足球全域课程的主力军，因此培养一支爱足球、懂足球、能开展足球活动的师资队伍对于幼儿园实施幼儿足球启蒙教育、科学开展幼儿足球全域课程具有举足轻重的作用。国内很多幼儿园在师资配置和教师培养方面存在诸多问题，例如外聘的专业足球教练缺少幼儿心理与教育方面的知识，使训练活动偏向以足球技能、战术学习为主，忽视对幼儿足球兴趣和精神的培养；幼儿园教师对足球运动缺少了解、缺乏开展足球教育活动的知识与技能等。基于上述问题，我园结合已有的实践经验和国内相关研究成果，构建了"G+Y+Z+6"的幼儿足球启蒙教育教师队伍建设模式。

"G+Y+Z+6"的幼儿足球启蒙教育教师队伍建设模式是指在一定的理念引领下，对建设幼儿足球启蒙教育教师队伍的实践经验加以抽象化、结构化而形成的理论模式及其具体可操作的实践活动途径和手段的总和。这一理念是"通过建设一支爱足球、懂足球、能有效组织开展足球活动的师资队伍，来推动幼儿足球启蒙教育课程的科学构建、实施与发展，从而不断提升幼儿足球启蒙教育的质量"。

1. "G+Y+Z"的内涵

"G+Y+Z"代表组成幼儿足球启蒙教育教师队伍三种不同类型的教师。"G"表示骨干教师，"Y"表示一般教师，"Z"表示专业足球教练，即幼儿足球启蒙教育教师队伍要由骨干教师、一般教师和专业足球教练组成。其中，骨干教师和一般教师都是幼儿园教师，骨干教师相对来说具有更为丰富的足球启蒙教育知识和较强的能力，例如取得了足球专业教练资格证书、具有较强的课程开发与实施能力等，是幼儿足球启蒙教育教师队伍中的引领者。

幼儿足球启蒙教育和幼儿足球全域课程的特点决定了实施幼儿足球启蒙教育、开展幼儿足球全域课程的教师必须既懂幼儿又懂足球，必须和幼儿朝夕相伴、拥有专业的学前教育和心理学知识、熟悉幼儿园课程并掌握基本的足球知识和技能。但是目前幼儿园招聘的教师专业背景以学前教育为主，拥有体育专业背景的教师非常少。因此，开展幼儿足球启蒙教育的幼儿园需要对全园教师进行足球相关知识与技能的培训。

足球运动的专业度高、足球专业培训的机会稀缺、足球专业培训通过率较低、幼儿园日常教育工作繁重等因素导致幼儿园在短时间内无法在全体教师中进行足球基本知识和技

能培训。但在幼儿园教师队伍中，骨干教师可以起到带头、示范和指导的作用。因此，幼儿园在建设幼儿足球启蒙教育师资队伍的初期，可以充分发挥骨干教师的作用，从全体教师中挑选有意愿、有能力，特别是具有体育专业背景的一小部分教师参加培训班。这些经过足球专业培训，还具有学前专业知识的教师作为幼儿园足球启蒙教育教师队伍中的骨干，能对其他教师进行足球启蒙教育相关知识的培训，从而提升全园教师组织开展幼儿足球启蒙教育的水平。

对于大多数从来没有接触过足球的幼儿教师来说，即便其中的骨干教师取得了足球教练员相关资格证书或是参加过短期培训班，要想真正掌握一门运动的精髓还需要自己日常的练习，需要时间的打磨。因此，有条件的幼儿园可以聘请专业的足球教练为教师专业培训和幼儿足球训练活动做指导，配合幼儿园教师开展幼儿足球启蒙教育活动。

综上所述，幼儿足球启蒙教育教师队伍可以由幼儿园骨干教师、幼儿园一般教师和专业足球教练组成，这样的师资构成更能推动幼儿足球启蒙教育和幼儿足球启蒙教育课程的有效组织与落实。

2. "6"的内涵

"6"指的是幼儿足球启蒙教育教师队伍建设模式的内容，即队伍建设的理论基础、队伍建设的目标、队伍建设的内容、队伍建设的组织实施、队伍建设的保障和队伍建设的评价。

（1）队伍建设的理论基础

幼儿足球启蒙教育教师队伍建设模式是依据教师专业发展的相关理论特别是教育部2012年颁布的《幼儿园教师专业标准（试行）》（以下简称《专业标准》）相关内容来构建的。《专业标准》对幼儿园教师的专业素质做出了基本要求，是幼儿园教师开展保教活动的基本规范，是引领幼儿园教师专业发展的基本准则，是幼儿园教师培养、准入、培训、考核等工作的重要依据。幼儿足球启蒙教育教师队伍建设模式中的目标、内容、组织实施、评价等主要要素的内容都是参考《专业标准》来制定的。

（2）队伍建设的目标

幼儿足球启蒙教育教师队伍建设的目标是为有意开展幼儿足球启蒙教育的幼儿园在师资配置和师资培训两个方面提供有效的方法指导，帮助相关幼儿园打造一支爱球、懂球、能够开展足球启蒙教育活动的教师队伍，促进幼儿足球全域课程的有效开展，推动幼儿足球启蒙教育在幼儿园的落地与发展。

幼儿足球启蒙教育教师队伍建设的具体目标如下：教师数量满足开展幼儿足球启蒙教育的需要；教师队伍整体素质高，普遍具有良好的职业道德素养、科学先进的足球教育理念、扎实的足球教育专业知识和较强的足球教育教学能力；培养更多能够发挥培训指导辐射作用的骨干教师；建立适宜的奖励机制；教师管理制度科学规范。

（3）队伍建设的内容

幼儿园将师资配置和教师专业发展作为幼儿足球启蒙教育教师队伍建设的主要内容。

① 师资配置。师资配置是指幼儿足球启蒙教育教师队伍的教师专业背景、教师类型和师幼比。

在教师专业背景方面，开展幼儿足球全域课程的教师最好兼具足球与教育两方面的知识与能力。在教师类型方面，对于原有教师队伍中没有兼具足球（或体育相关专业）与教育两方面专业背景的幼儿园，如果想开展幼儿足球启蒙教育，最好聘用专业的足球教练；如果自己原有教师队伍中有既懂足球又懂教育的教师，则可以暂时不考虑外聘专业的足球教练。在师幼比方面，幼儿园要依据幼儿足球全域课程在整个幼儿园课程结构中的比重来判断。一般来说，对于以幼儿足球启蒙教育为主要园本特色的幼儿园，幼儿园骨干教师与幼儿总人数的比例可以在 1:100 左右，幼儿园外聘专业足球教练与幼儿总人数的比例可以在 1:200 左右，而幼儿园一般教师与幼儿总人数的比例可以在 1:8 左右。

② 教师专业发展。教师专业发展是指教师作为专业人员，在专业思想、专业知识、专业能力等方面不断发展和完善的过程，是从新手型教师到专家型教师的过程。教师专业发展是幼儿园提升教育质量、推进课程改革与实施、促进幼儿发展的必要条件。

对于打算开展幼儿足球启蒙教育的幼儿园来说，增加少数的专业足球教练或是足球专业背景的教师并不能满足幼儿足球启蒙教育的需要。幼儿园只有充分发挥专业足球教练、有专业足球背景的幼儿教师的示范引领作用，加强幼儿园原有教师队伍在足球启蒙教育方面的专业发展，帮助没有足球专业背景的教师学习掌握足球的基本知识与技能，同时帮助专业足球教练了解不同年龄段幼儿发展规律和适宜的教育方法，使专业足球教练、足球专业背景幼儿教师、幼儿园原有教师队伍在幼儿足球启蒙教育的内涵、本质、特征、实施途径与方法等方面达成共识，形成教育合力，才能有效推动幼儿足球启蒙教育在幼儿园的落地与发展。

结合《专业标准》对教师专业发展提出的要求，以及教师的不同类型，幼儿足球启蒙教育教师专业发展的具体内容可概括为专业理念与师德、专业知识、专业能力三方面。

（4）队伍建设的组织实施

幼儿园可以通过以下两种途径来组织落实幼儿足球启蒙教育教师队伍建设的目标。

① 进行教师选聘。为了在短时间内调整师资结构，合理配置师资，解决幼儿园缺少具有足球专业背景教师的问题，幼儿园可以通过选聘的方式来聘用专业的足球教练或具有足球专业背景的幼儿教师。招聘人数要视幼儿园自身办园情况，例如由幼儿足球启蒙教育在园所的发展构想、师幼人数、教育经费等来确定。鉴于幼儿园原有师资队伍以女性教师为主，建议选聘的教练或教师以男性为主。

② 加强教师专业发展。结合幼儿足球启蒙教育教师队伍建设内容中教师专业发展的具体内容，幼儿园可以通过以下三种方式来推动教师专业发展。

第一，树立理念。幼儿园要帮助教师理解幼儿足球启蒙教育的内涵并培养教师对足球运动的兴趣。针对刚接触足球教育的教师或聘请的专业足球教练，幼儿园可以通过专题讲座的方式帮助教师或教练认识到幼儿足球启蒙教育最重要的特征是"启蒙性"。幼儿园可以定期组织教师观看足球比赛转播或到现场观看足球赛事，感受足球文化与精神，激发教师对足球运动的喜爱之情，促使教师更好地开展幼儿足球启蒙教育活动。

第二，普及常识。开展幼儿足球启蒙教育的教师除了要掌握关于幼儿的发展、保教及通识性等知识外，还要精通足球相关知识。对于幼儿园聘用的专业足球教练来说，幼儿园可以组织专门的培训帮助他们了解不同年龄段幼儿的身心发展特点和常用的教育方法；而幼儿园教师则可以通过业务学习、网上自学、专题沙龙、知识竞赛、观摩足球比赛与专业足球训练、聘请专业教练定期开展训练与比赛、外出培训等形式，逐步了解足球常识（例如足球的起源与发展史、重要的足球赛事、著名的球队和球星、足球比赛规则、场地与人

员的配置、基本的足球动作和战术等）和开展幼儿足球启蒙教育活动的相关理论（例如儿童心理发展理论、动作技能理论等）。由于足球运动的专业性，全体教师在短时间内掌握足球基本知识特别是足球动作与战术是有一定难度的，所以幼儿园可以培养骨干教师，发挥其以点带面的作用。

第三，掌握能力。幼儿足球启蒙教育的推进，特别是幼儿足球全域课程的有效开展，需要教师具备足球环境创设能力、足球游戏支持与引导能力、足球教育活动计划与实施能力、幼儿足球活动中的激励与评价能力、与幼儿和家长及同事的沟通与协作能力、在足球启蒙教育活动中的反思与发展能力。幼儿园可以通过搭建多元平台，引导教师在实践与反思中掌握相关专业能力，例如：发挥骨干教师作用，引领全体教师参与幼儿足球启蒙教育课程的开发与实施；组织教师开展足球启蒙教育活动练兵；开展全园大型足球活动；承办足球现场会、迎接足球观摩学习团；发挥教研的力量，推进班级、年级和全园围绕足球教育问题进行研讨；鼓励教师参与幼儿足球启蒙教育课题研究等。

（5）队伍建设的保障

幼儿园可以通过人力保障、制度保障和物质保障来保证幼儿足球启蒙教育教师队伍建设的成效。

① 人力保障。人力保障主要是指幼儿园要建立起"热爱足球、团结实干、勇于开拓、公平公正"的领导班子，在教师团队中发挥好"领头羊"的作用，引领教师向正确的方向发展。这就要求领导班子同样要加强学习，对幼儿足球启蒙教育有正确的认识，对如何有效开展幼儿足球启蒙教育有合理的布局规划。

② 制度保障。制度保障主要是指文化制度、管理制度、培训制度和激励制度的保障作用。

在文化制度中，幼儿园可以通过物质环境和精神环境建设，积极打造园所足球文化，例如在幼儿园设置足球场地与其他设施器具，在师幼中定期开展足球活动，将顽强拼搏、团结协作、不怕困难、坚持不懈等足球精神融入园规园训等，引导教师在足球文化浸润中，激发自身开展幼儿足球启蒙教育的积极性。

在管理制度中，幼儿园要针对不同类型的教师建立不同的管理制度，例如可以建立幼儿园足球教练管理制度、幼儿园骨干教师管理制度、幼儿园一般教师管理制度，不论建立何种制度，都要体现"以人为本"的管理理念，调动教师工作积极性，最大限度地发掘不同类型的教师在幼儿足球启蒙教育工作中的潜力。

在培训制度中，幼儿园的培训内容可以包含师德与足球专业理念、足球启蒙教育知识和足球启蒙教育能力等；幼儿园的培训形式可以有自培、外培、自学、他引等。自培是指幼儿园内部培训，包含业务学习、园本教研、教学拉练、课题研究等；外培是指幼儿园外部的各级足球相关培训；自学是指教师利用业余时间学习，如查阅书籍、撰写活动反思等；他引是指幼儿园请专业足球教练和园所骨干教师对幼儿园一般教师进行知识技能培训，同时聘请教育、心理、运动方面的专家为教师答疑解惑。此外，幼儿园还可以对教师进行分类、分层次做好各项培训。例如，针对幼儿园教师，要侧重培养足球相关知识和技能；针对足球教练，要注意普及幼儿教育知识和技能；对于能力强的骨干教师，以参加园外培训为主，对于能力稍弱的一般教师，以参加园内培训为主。

在激励制度中，幼儿园要结合足球教练的工作量核定工资，并将教师在培训和工作中的表现、考核成绩与评优、绩效工资等挂钩，激发教师参与培训和开展工作的积极性。

③ 物质保障。物质保障是指幼儿园能够为园所足球环境建设、教师培训、教师奖励等提供充足的经费保障。

（6）队伍建设的评价

目前研究者们构建的师资队伍评价指标体系各有侧重，但都重点关注了师资配置、教师待遇、教师素质和师资公平等指标。结合幼儿足球启蒙教育教师队伍建设的目标、内容与组织落实，幼儿园构建了幼儿足球启蒙教育教师队伍建设评价要素和幼儿足球启蒙教育教师队伍建设评价指标体系。

幼儿足球启蒙教育教师队伍建设评价要素主要包含评价主体、评价内容、评价标准和评价方法。幼儿足球启蒙教育教师队伍建设的评价主体是多元的，包含幼儿园领导班子、实施教师、幼儿、家长、社会媒体、相关的教育和体育行政管理部门等；幼儿足球启蒙教育教师队伍建设的评价内容包含师资配置、教师专业发展、保障措施三方面；幼儿足球启蒙教育教师队伍建设的评价标准主要依据幼儿教师行业标准和幼儿足球启蒙教育对教师的要求来确定，包括《国务院关于加强教师队伍建设的意见》《中共中央国务院关于全面深化新时代教师队伍建设改革的意见》《专业标准》《指南》《教育部办公厅关于开展足球特色幼儿园试点工作的通知》等重要文件；幼儿足球启蒙教育教师队伍建设的评价方法倾向于运用混合型的评价方法，如教师业绩考评、专家评价、家长问卷等。多种评价方法的综合运用，能帮助教师更好地了解自身专业成长的优势和不足，为教师的专业发展指明方向。

幼儿足球启蒙教育教师队伍建设评价指标体系包含师资配置、教师素质、教师专业发展、保障措施四个方面。师资配置主要包含师幼比、班级平均教师数、足球专任教师比例、足球兼任教师比例、骨干教师比例和男性教师比例；教师素质主要包含教师不同学历类型比例、教师足球运动相关专业度比例、教师不同职称类型比例；教师专业发展主要包含教师参加不同内容培训的次数、教师参加不同形式培训的次数、教师获得奖励与表彰的次数；保障措施主要包含人力保障指标、制度保障指标和物质保障指标。

（四）形成了幼儿足球启蒙教育的基本观点

1. 幼儿园足球教育是可行的，启蒙性是其重要特点

人们普遍关注在幼儿园实施足球教育的可行性问题，虽然足球教育要从小抓起是一种普遍认识，但能否对幼儿进行足球教育一直是个问题。实践证明可以对幼儿开展足球教育，主要有以下三个方面的原因。首先，从足球运动和儿童生理发展特点来看，足球运动需要儿童的相应生理发展水平，需要心血管与呼吸系统的生理支持，特别是其稳定性状态。而幼儿期，尤其是幼儿中期和幼儿晚期，其心血管和呼吸系统已经具有对足球运动量的适应性。适当的运动不会对幼儿的身体产生不良的影响，反而可以促进其身体的发育。其次，幼儿的骨骼与3岁前比较，更坚硬。幼儿的大肌肉也有较大的发展，喜欢做一些跑、跳、投等大肌肉动作。最后，从幼儿心理发展的特点来看，幼儿心理活动的有意性已经有了相当的发展，可以按照一定的目的去从事一定的活动，足球运动需要的诸如合作能力等也已经得到了发展。

启蒙性的定位就把幼儿园的足球教育与少年儿童的足球教育区别开来，少年儿童足球教育的最重要目的之一是提高儿童的足球运动技能和水平。在这一点上，幼儿园的足球教育强调的重点则有所不同，它强调的是一种入门教育，重在激发幼儿对足球的兴趣，同时

教给幼儿一些最基本的足球运动技能，为幼儿的运动心理素质奠定良好的基础。

2. 游戏是幼儿园足球教育最基本的形式

游戏是幼儿最基本的活动形式。游戏能够激发幼儿的兴趣，兴趣又是幼儿活动的重要动机，影响着幼儿活动的参与水平。在幼儿园足球教育中，兴趣同样起着重要作用，具体表现在两方面。首先，兴趣是幼儿参与足球活动的最重要动力。如果幼儿没有活动的兴趣，幼儿园的足球教育是无法进行的。我园的足球训练都以"玩"为主，让幼儿在尽情的游戏、玩耍中产生对足球的热爱之情。教师有意识地穿插安排一些基本技术、身体机能方面的练习内容，通过练习内容让幼儿兴奋，使他们沉浸在足球运动的无穷乐趣之中。其次，幼儿进入小学和中学以后是否仍然喜爱足球，是否愿意参加足球运动，这个问题直接与幼儿园的足球教育相关。如果幼儿园的足球教育导致幼儿对足球产生厌恶心理，那么这种足球教育不如没有的好。

3. 情景化的教学方式能够更好地提高幼儿足球教育的效果

在"十五"期间的研究中，我们除了采用游戏方式，还实践了多种多样的足球教育方法，主要有可控性足球训练法、足球比赛法、情景教育法等。多变的活动形式提高了幼儿的观察能力、应变能力、独立实践能力以及判断游戏胜负的能力，同时也使幼儿体验到人与人之间的友爱、关心、合作、沟通、理解、帮助等。根据不同内容选择生活化、游戏化的教育方式，能促进幼儿形成健康的心理，切实提高幼儿足球教育的实效性。在"十一五"期间的研究中，我们进一步将足球启蒙教育与《纲要》中的健康、社会、语言、科学、艺术五大领域相结合，并且组织教师创编了以足球为载体的五大领域教学活动，将单一的足球训练形式进一步转变成了在室内也可以进行的足球启蒙教育活动。用幼儿所熟知的方式开展足球启蒙教学是符合幼儿认知发展规律的，这样可以更全面地帮助幼儿建构对足球的认知。

4. 幼儿足球启蒙教育要符合幼儿生理发展特点，避免对幼儿身体造成损害

幼儿期属于生长发育时期，幼儿的各种生理机能还不完善，主要表现在幼儿的骨骼细小、硬度差、容易变形，肌肉体积小，呼吸弱，神经系统易兴奋，注意力不集中等方面。长时间的运动是不适合幼儿身体状态的。专业人士对于儿童运动生理的研究表明，9岁以下儿童心肌收缩的调节机能发育尚不完善，在肌肉运动时机体是以增加心脏收缩频率来适应工作的，所以肌肉活动后脉搏加快明显，血压变化轻微。因此，幼儿足球运动的时间和强度要适度，过大的运动量和运动强度会对幼儿的心脏造成负担。

我园在足球训练中充分考虑到这些方面，制定适宜的练习时间，选择适当的训练强度，并且教给幼儿一些相关的自我保护的方法，如运动后不能大量饮水，不长时间高强度地玩耍，出汗时不立即脱衣服等。

四 评价与影响

数载潜心苦与累，今朝花硕果实丰。我们的幼儿足球启蒙教育研究以及幼儿足球启蒙全域课程体系的率先开发与建立，是在历经30余年的实践和有计划的系统研究的双元互动

基础上逐渐完善起来的,与邓小平、习近平两代领导人提出的"足球要从娃娃抓起""足球运动的真谛不仅在于竞技,更在于增强人民体质,培养人们爱国主义、集体主义、顽强拼搏的精神"的时代精神相契合,有效实现了立德树人和实施幼儿素质教育的时代新要求,为校园足球的普及工作提供了幼儿园足球教育课程的实践范本,并在实践检验中取得了良好的效果。两位前中国足协副主席韦迪、李毓毅都曾盛赞我们的幼儿足球启蒙教育实践与研究开创了国内幼儿足球教育研究的先河,填补了国内幼儿足球启蒙教育课程的空白;教育部体卫艺司王登峰司长为我们题词"沙河口区第二教师幼儿园,让孩子从小爱上足球、爱上运动,促进幼儿全面发展"。

(一)社会影响显著

我们的幼儿足球启蒙教育敏锐地发现了足球运动对幼儿成长的重要意义,充分遵循了幼儿的身心发展特点,培养了幼儿对足球运动的兴趣,满足了幼儿运动技能发展的普遍性和差异性特点,作为幼儿园一日活动的重要组成部分,促进了幼儿身心全面和谐、健康发展。台湾《时报周刊》副总编赵慕嵩先生来园采访时,对幼儿足球训练十分感兴趣,并高度评价说"大陆幼儿足球搞得比台湾好"。中央电视台《七巧板周末版》栏目特别邀请我园参加《健康主题》节目的录制,把我园幼儿足球教育及小球员的风采展现给全国的电视观众。中央人民广播电台、大连市委宣传部等单位联合主办的《中国之声——走进大连》节目,将幼儿足球启蒙教育作为大连足球的唯一视角进行了专门的采访和报道。大连电视台体育频道、大连日报、大连晚报、半岛晨报等多次报道了我园幼儿足球教育情况。英国空中电视台、日本《体育战绩》杂志等媒体,哈佛大学、香港大学等国际知名大学的大学生考察团均对我园的幼儿足球教育进行了采访与报道。受省政府的邀请,小球员走进了APEC(亚洲与太平洋经济合作组织)高官会,他们精彩的球技表演受到了与会人员的一致赞誉,为大连、为中国争了光!

(二)幼儿全面发展

课程的实施培养了幼儿的足球兴趣,增强了身体素质,形成了良好的心理素质和群体合作精神,促进了幼儿素质的全面发展。正如家长所说,"二园,让一个个调皮任性的男孩儿变成了独立、懂分享、自信十足的足球小子;让曾经胆怯、自我的小公主成长为开朗、健康、懂关爱的阳光女孩儿"。孩子们在快乐足球的陪伴下,获得更多的是"历练而来的一种精神,渐悟而来的一种文化,品味而来的一种生活"。

自2000年以来,小球员参加大连市和沙河口区比赛获奖30余次,在每年一次的市级比赛中获得10次冠军、3次亚军、3次季军,因连续五年夺冠而成为大连市唯一永久保存冠军奖杯的幼儿园。特色舞蹈《足球宝贝》多次在全国音乐教育等大会上表演。我园及课题实验园为各地输送了大量具有良好足球意识品质的后备人才,有多名毕业生走上了职业足球运动员的道路,代表国家出战国际赛场,得到了社会的普遍认可。

(三)教师专业成长

以课程建设为载体的幼儿足球启蒙教育研究培养了一支爱球、懂球的教师队伍,提升了教师的科研能力,增强了教师对课程的理解力和实施效果。自2001年起,教师撰写的百余篇论文分获国家、省、市各级奖励,其中与成果相关的论文数十篇,多位教师的论文发

表在教育期刊中，5位教师申报主持市级规划课题。近10位教师参与过足球训练培训，2位教师获得国家D级教练资格和校园足球工作先进个人称号。

（四）幼儿园特色发展

幼儿足球启蒙教育的研究及课程建设进一步推动了我园特色强园的发展进程，幼儿园已经成为特色鲜明、内外交流广泛、幼教改革领先的辽宁省示范性幼儿园、辽宁省首批五星级幼儿园，先后荣获大连市先进集体、大连市教育研究基地、大连市中小学校园足球特色学校、大连市优秀家长学校等称号，2018年获评全国校园足球特色学校，2019年获评首批全国校园足球特色幼儿园。仅2010年以来，幼儿园多次组织各级校园足球管理人才培训会、现场会，先后迎接各级各类观摩团体60余次，数千人先后观摩学习了足球启蒙教育经验，有效推动了幼儿足球启蒙教育在全国的普及。园长多次受邀参加各类省市级足球教育研讨活动，与各省市领导、幼教同仁开展幼儿足球启蒙课程的经验交流互动。

五 问题与设想

通过多年的实践研究，我们已形成完整的幼儿足球全域课程体系，配套教学资源也十分丰富，可以说在实践层面取得了很大进步。同时，经过"十五"到"十三五"20年的幼儿足球启蒙教育理论与实践的课题研究，我们填补了国内3~6岁幼儿足球启蒙教育研究的空白，形成了幼儿园"自主研究，依托专家"的教科研工作方式以及与足球特色建设双元互动的良好发展格局。但是，我们仍有以下两方面需要完善。

（一）幼儿心理健康发展

在"十二五"市级规划立项课题"足球游戏中培养幼儿自我控制能力的实践研究"中，我们用实验法对足球启蒙教育同幼儿独立性发展的相互关系进行了研究，探索出通过足球启蒙教育促进幼儿独立性发展及心理健康发展的可操作性教学方法和教学内容，但是仍需进一步的论证和完善。在今后的研究中，我们将力求通过幼儿足球启蒙教育在幼儿心理健康发展的更多方面有所突破，完善幼儿足球启蒙课程中心理方面的教学内容，从而让课程更好地促进幼儿身心全面发展。

（二）幼儿足球启蒙课程评价

评价是课程设计的一个重要部分，在前期的幼儿足球启蒙课程的评价成果中，由于多方面因素的制约，我们只是进行了初探，也就是结合《指南》、《纲要》和幼儿足球启蒙课程的目标，分别制定了3~4岁、4~5岁和5~6岁三个年龄段的幼儿发展评价表，为家长和幼儿足球启蒙教育工作者提供了有效的反馈。"十三五"期间，我们借助于国家级规划课题继续深入研究，在原有幼儿发展评价表的基础上，完善了幼儿足球启蒙教育课程评价要素和幼儿足球启蒙教育课程评价指标体系，丰富了评价主体和评价内容，构建了更为全面系统的幼儿足球启蒙教育课程评价体系。但是，新的评价体系目前只在实验园中应用，还有待于更多的幼儿园和使用者在实践中进一步检验和完善。

第二篇 幼儿足球全域课程的目标

基于幼儿足球启蒙教育的本质和特点,幼儿足球全域课程的总目标是培养幼儿对足球运动的兴趣,帮助幼儿掌握足球基本常识和动作,促进幼儿在健康、语言、社会、科学和艺术领域的全面和谐发展。

结合《指南》和不同年龄幼儿身心发展特点及足球运动的规律,经过不断的实践研究和修改,我们确立了不同年龄段幼儿足球全域课程的目标。(见下表)

领域	维度	目标	年龄段	具体内容
健康领域	身心状况	情绪安定、愉快	3~4岁	1. 活动情绪比较稳定,很少因一点儿小事哭闹不止。 2. 有比较强烈的情绪反应时,能在教师或教练的安抚下逐渐平静下来。 3. 情绪低沉时,能在教师或教练的鼓励下逐渐兴奋起来。
			4~5岁	1. 在足球活动中,经常保持愉快的情绪,不高兴时能较快调整情绪。 2. 愿意与亲近的人分享足球游戏的快乐。
			5~6岁	1. 经常保持愉快的情绪,知道引起自己某种情绪的原因,并努力进行缓解。 2. 表达情绪的方式适度,不乱发脾气。 3. 能随着足球活动的需要转换情绪、转移注意力。
		具有一定的适应能力	3~4岁	1. 能在较热或较冷的户外环境中开展足球活动。 2. 在帮助下能够较快地适应集体足球活动。
			4~5岁	1. 能在较热或较冷的户外环境中连续活动半小时左右。 2. 外出参加足球比赛时较少出现身体不适的情况。 3. 更换新的足球训练伙伴、教练时能较快适应。
			5~6岁	1. 能在较热或较冷的户外场地中连续活动半小时以上。 2. 天气变化时较少感冒,能适应外出比赛时乘坐车、船等交通工具造成的轻微颠簸。 3. 能较快融入新的人际关系环境,如外出比赛、接待外园小朋友比赛或更换新教练员等。
	动作发展	具有一定的平衡能力,动作协调、灵敏	3~4岁	1. 能身体平稳地双脚连续向前跳。 2. 分散跑时能躲避他人的碰撞。 3. 能双手向上抛球。

（续表）

领域	维度	目标	年龄段	具体内容
健康领域	动作发展	具有一定的平衡能力，动作协调、灵敏	4~5岁	1. 能与他人玩追逐、躲闪跑的足球游戏。 2. 能连续自抛自接球。 3. 能与同伴配合准确地互相抛接球。
			5~6岁	1. 能带球绕过有一定间隔的障碍。 2. 能协调地完成绳梯跳跃动作。 3. 能躲避他人踢过来的球或扔过来的球。 4. 能连续拍球。 5. 能接住地面上滚过来的球。
		具有一定的力量和耐力	3~4岁	1. 能单手将布球向前投掷2米左右。 2. 能单脚连续向前跳2米左右。 3. 能快跑15米左右。 4. 能行走1千米左右（途中可适当停歇）。
			4~5岁	1. 能单手将足球向前投掷4米左右。 2. 能单脚连续向前跳5米左右。 3. 能带球快跑20米左右。 4. 能连续行走1.5千米（途中可适当停歇）。
			5~6岁	1. 能双手抓杠悬空吊起20秒左右。 2. 能双手将足球向前投掷5米左右。 3. 能单脚连续向前跳8米左右。 4. 能快跑25米左右，加速折返跑20米左右。 5. 能连续行走1.5千米以上（途中可适当停歇）。
	生活习惯与生活能力	具有良好的生活与卫生习惯	3~4岁	1. 在提醒下，能按时睡觉和起床。 2. 喜欢参加体育活动。 3. 愿意在运动前后饮用白开水，不贪喝饮料。 4. 不用脏手揉眼睛，连续看足球动画片等不超过15分钟。
			4~5岁	1. 每天按时睡觉和起床。 2. 喜欢参加足球游戏活动。 3. 在运动前后常喝白开水，不贪喝饮料。 4. 知道保护眼睛，不在光线过强或过暗的地方看足球书，连续看足球动画片等不超过20分钟。

18

（续表）

领域	维度	目标	年龄段	具体内容
健康领域	生活习惯与生活能力	具有良好的生活与卫生习惯	5~6岁	1. 养成每天按时睡觉和起床的习惯。 2. 能主动参加体育活动，按时参加训练。 3. 主动饮用白开水，不贪喝饮料。
		具有基本的生活自理能力	3~4岁	1. 在帮助下能穿脱训练衣服和鞋袜。 2. 能将足球等活动材料放回原处。
			4~5岁	1. 能自己穿脱训练衣服、鞋袜，扣纽扣。 2. 足球活动后，能检查、整理自己的随身物品。
			5~6岁	1. 知道根据冷热增减衣服。 2. 会自己系鞋带、戴护腿板。 3. 能按类别整理好自己的训练物品。
		具备基本的安全知识和自我保护能力	3~4岁	在提醒下能注意活动安全，不做危险的动作。
			4~5岁	1. 能在教师或教练的指导下进行足球游戏。 2. 了解不同足球活动的规则与玩法，能遵守安全规则。 3. 进行足球活动时能主动躲避危险。
			5~6岁	1. 外出比赛途中能自觉遵守基本的安全规则和交通规则。 2. 训练时能注意安全，不给他人造成危险。
语言领域	倾听与表达	喜欢倾听并能听懂故事、儿歌等	3~4岁	1. 教师讲述足球故事或儿歌时，能注意倾听并做出回应。 2. 能听懂与足球有关的故事、儿歌等内容。
			4~5岁	1. 在生活中能有意识地听与足球有关的信息。 2. 能结合故事、儿歌情境感受不同语气、语调所表达的不同意思。
			5~6岁	1. 能注意听老师或其他人讲足球故事或儿歌。 2. 听不懂或有疑问时能主动提问。 3. 能结合故事、儿歌情境理解一些表示因果、假设等相对复杂的句子。

第二篇　幼儿足球全域课程的目标

19

（续表）

领域	维度	目标	年龄段	具体内容
语言领域	倾听与表达	愿意讨论与足球有关的事物，并能清楚地表达自己的感受	3~4 岁	1. 愿意在熟悉的人面前说足球儿歌。 2. 能口齿清楚地说足球儿歌或复述简短的故事。 3. 愿意表达自己对足球的喜爱，必要时能配以手势动作。
			4~5 岁	1. 愿意与他人交谈，喜欢谈论足球话题。 2. 会说足球活动中一些简单的专业名词。 3. 能基本完整、连贯地讲述自己对足球的所见所闻和参加过的足球活动。
			5~6 岁	1. 愿意与他人讨论足球，敢在众人面前说话。 2. 能有序、连贯、清楚地讲述与足球有关的事情。 3. 讲述时语言比较生动。
		具有文明的语言习惯	3~4 岁	1. 与别人讨论足球话题时知道眼睛要看着对方。 2. 说话自然，声音大小适中。 3. 能在成人的提醒下使用恰当的礼貌用语。
			4~5 岁	1. 别人对自己讲述与足球有关的内容时能进行回应。 2. 能根据场合调节自己说话声音的大小。 3. 能主动使用礼貌用语，不说脏话、粗话。
			5~6 岁	1. 别人与自己讨论足球时能积极主动地回应。 2. 能根据谈话对象和需要调整说话的语气。 3. 懂得按次序轮流讲话，不随意打断别人。 4. 能依据所处情境使用恰当的语言。
	阅读与书写准备	喜欢听足球故事、看足球视频	3~4 岁	1. 主动要求成人讲述足球故事。 2. 喜欢跟读韵律感强的足球儿歌。
			4~5 岁	1. 喜欢把听过的足球故事讲给别人听。 2. 对足球运动感兴趣，知道一些简单的规则。
			5~6 岁	1. 喜欢与他人一起谈论与足球故事有关的内容。 2. 对足球比赛感兴趣，知道比赛中不同的哨声代表不同的含义。

（续表）

领域	维度	目标	年龄段	具体内容
语言领域	阅读与书写准备	具有初步的阅读理解能力	3~4 岁	1. 能听懂短小的足球儿歌或故事。 2. 会看画面，能根据画面说出图中有什么，发生了什么事等。 3. 能理解图书上的文字是和画面对应的，是用来描述画面内容的。
			4~5 岁	1. 能大体讲出所听足球故事的主要内容。 2. 能根据连续画面提供的信息，大致说出足球故事的情节。 3. 能随着足球作品的展开产生喜悦、担忧等相应的情绪反应，体会作品所表达的情绪和情感。
			5~6 岁	1. 能说出所阅读的幼儿足球作品的主要内容。 2. 能根据足球故事的部分情节或图书画面的线索猜想故事情节的发展，或续编、创编故事。 3. 能对听过的足球故事表达出自己的看法。 4. 能初步感受文学语言的美。
社会领域	人际交往	愿意与人交往	3~4 岁	1. 愿意和小朋友一起玩足球游戏。 2. 愿意与熟悉的教练（或长辈）一起活动。
			4~5 岁	1. 喜欢和小朋友一起玩足球游戏，有经常一起玩的小伙伴。 2. 喜欢和教练交谈，有事愿意告诉教练。
			5~6 岁	1. 有自己的好朋友，也喜欢结交新朋友。 2. 有问题愿意向教练或同伴请教。 3. 愿意与大家分享足球活动中高兴或有趣的事。
		能与同伴友好相处	3~4 岁	1. 想加入同伴的游戏时，能友好地提出请求。 2. 在教练（或其他成人）引导下，不争抢、不独占足球。 3. 足球训练中与同伴发生冲突时，能听从成人的劝解。
			4~5 岁	1. 会运用介绍自己、谈论足球等简单技巧加入同伴游戏。 2. 对大家都喜欢的东西能轮流分享。 3. 参加足球训练与同伴发生冲突时，能在他人的帮助下和平解决。 4. 活动时愿意接受同伴的意见和建议。 5. 不欺负弱小。

第二篇　幼儿足球全域课程的目标

（续表）

领域	维度	目标	年龄段	具体内容
社会领域	人际交往	能与同伴友好相处	5~6岁	1. 能想办法吸引同伴和自己一起游戏。 2. 活动时能与同伴分工合作，遇到困难能一起克服。 3. 与同伴发生冲突时能自己协商解决。 4. 知道别人的想法有时和自己不一样，能倾听和接受别人的意见，不能接受时会说明理由。 5. 不欺负别人，也不允许别人欺负自己。
		具有自尊、自信、自主的表现	3~4岁	1. 能根据自己的兴趣选择足球游戏或其他活动。 2. 为自己的好行为或活动成果感到高兴。 3. 自己能做的事情愿意自己做。 4. 喜欢承担一些小任务。
			4~5岁	1. 能按自己的想法进行足球游戏或其他活动。 2. 知道自己的一些优点和长处，并对此感到满意。 3. 尽量自己的事情自己做，不依赖别人。 4. 敢于尝试有一定难度的足球动作和任务。
			5~6岁	1. 能主动发起足球活动或在活动中出主意、想办法。 2. 做了好事或取得成功后还想做得更好。 3. 自己的事情自己做，不会的愿意学。 4. 主动承担任务，遇到困难能坚持而不轻易求助。 5. 与别人的看法不同时，敢于坚持自己的意见并说出理由。
	社会适应	关心、尊重他人	3~4岁	1. 教师或教练讲话时能认真听，并能听从其要求。 2. 身边的人受伤或不开心时能表示同情。 3. 在提醒下能做到不打扰别人。
			4~5岁	1. 会用礼貌的方式向教师或教练表达自己的要求和想法。 2. 能注意到别人的情绪，并有关心、体贴的表现。
			5~6岁	1. 能有礼貌地与人交往。 2. 能关注别人的情绪和需要，并能给予力所能及的帮助。 3. 尊重教师和教练，能体会其辛苦。
		喜欢并适应群体生活	3~4岁	1. 对足球集体活动感兴趣。 2. 对足球活动好奇，喜欢参加足球活动。

（续表）

领域	维度	目标	年龄段	具体内容
社会领域	社会适应	喜欢并适应群体生活	4~5岁	1. 愿意并主动参加集体足球活动。 2. 愿意与家长一起参加幼儿园组织的亲子足球活动。
			5~6岁	1. 在集体足球活动中能表现出积极、快乐的情绪。 2. 对加入足球队有好奇心和向往。
		遵守基本的行为规范	3~4岁	1. 在提醒下，能遵守各类足球活动的规则。 2. 在教练（或其他成人）的提醒下，能爱护足球。
			4~5岁	1. 感受规则的意义，并能基本遵守规则。 2. 知道接受的任务要努力完成。
			5~6岁	1. 理解规则的意义，能与同伴协商制订足球游戏和活动规则。 2. 能认真负责地完成自己所接受的任务。
		具有初步的归属感	3~4岁	1. 能感受到集体生活的温暖，爱教练，亲近并信赖长辈。 2. 能说出自己家所在的街道、小区以及幼儿园的名称。 3. 认识国旗，知道国歌。
			4~5岁	1. 喜欢自己所在的班级和球队，积极参加集体足球活动。 2. 能说出自己家所在地的省、市、县（区）的名称，知道当地有代表性的足球队及有名气的球员。 3. 知道自己是中国人。 4. 奏国歌、升国旗时能自动站好。
			5~6岁	1. 愿意为集体做事，为集体取得的成绩感到高兴。 2. 能与不同民族、国籍的球队球员互相尊重，团结友爱。 3. 知道国家一些重大的足球成就，爱祖国，为自己是中国人感到自豪。
艺术领域	感受与欣赏	喜欢自然界与生活中美的事物	3~4岁	1. 喜欢欣赏足球草坪、足球场地等相关环境中美的事物。 2. 容易被足球音乐所吸引。
			4~5岁	1. 在欣赏与足球有关的事物时，能关注其色彩、形态等特征。 2. 喜欢倾听各种与足球有关的声音，感知声音的高低、长短、强弱等变化。
			5~6岁	1. 乐于收集与足球有关的物品或向别人介绍所发现的美的事物。 2. 乐于模仿足球游戏中有特点的声音，并产生相应的联想。

第二篇　幼儿足球全域课程的目标

23

幼儿足球全域课程

（续表）

领域	维度	目标	年龄段	具体内容
艺术领域	感受与欣赏	喜欢欣赏多种多样的艺术形式和作品	3~4岁	1. 喜欢听足球音乐或观看足球舞蹈、足球操、足球比赛等活动。 2. 乐于欣赏绘画、泥塑或其他艺术形式的足球作品。
			4~5岁	1. 能专心地观看与足球有关的活动或作品，有模仿和参与的愿望。 2. 欣赏足球作品时会产生相应的联想和情绪反应。
			5~6岁	1. 欣赏足球艺术作品时能用表情、动作、语言等方式表达自己的理解。 2. 愿意和别人分享、交流自己喜爱的足球游戏和作品。
	表现与创造	喜欢进行艺术活动并大胆表现	3~4岁	1. 经常自哼自唱足球歌曲或模仿足球游戏中的动作、表情和声音。 2. 经常用涂画、粘贴等方式创作足球作品并乐在其中。
			4~5岁	1. 经常唱唱跳跳，愿意参加与足球有关的歌唱、律动、舞蹈、表演等活动。 2. 经常用绘画、泥工、手工制作等多种方式表达自己在足球游戏中的所见所想。
			5~6岁	1. 积极参与足球活动，有自己比较喜欢的活动形式。 2. 能用多种工具、材料或不同的表现手法表达自己对足球的感受和想象。 3. 在足球艺术活动中能与他人相互配合，也能独立表现。
		具有初步的艺术表现与创造能力	3~4岁	1. 能模仿、学唱短小的足球歌曲。 2. 能跟随熟悉的足球音乐做身体动作。 3. 能用声音、动作模拟足球运动的情景。 4. 能用简单的线条和色彩大体画出自己想画的与足球有关的事物。
			4~5岁	1. 能基本准确地使用自然的、音量适中的声音。 2. 能用自然的音量适中的声音基本准确地演唱足球歌曲。 3. 能运用绘画、手工制作等方式表现自己观察到的或想象的足球。
			5~6岁	1. 能用基本准确的节奏和音调唱足球歌曲。 2. 能用律动或简单的舞蹈动作表现自己的情绪或足球情景。 3. 能用自己制作的足球作品布置环境、美化生活。

（续表）

领域	维度	目标	年龄段	具体内容
科学领域	科学探究	亲近自然，喜欢探究	3~4 岁	1. 对与足球有关的事物和现象感兴趣。 2. 经常问各种问题，或好奇地摆弄与足球有关的物品。
			4~5 岁	1. 喜欢接触新事物，经常问一些与新事物有关的问题。 2. 常常动手动脑探索物体和材料，并乐在其中。
			5~6 岁	1. 对自己感兴趣的问题总是刨根问底。 2. 能经常动手动脑寻找问题的答案。 3. 探索中有所发现时感到兴奋和满足。
		具有初步的探究能力	3~4 岁	1. 对感兴趣的事物能仔细观察，发现其明显特征。 2. 能用多种感官或动作去探索物体，关注动作所产生的结果。
			4~5 岁	1. 能对事物或现象进行观察和比较，发现其相同点与不同点。 2. 能根据观察结果提出问题，并大胆猜测答案。 3. 能用图画或符号进行记录。
			5~6 岁	1. 能通过观察、比较和分析，发现并描述不同种类物体的特征或某个事物的前后变化。 2. 能用一定的方法验证自己的猜测。 3. 能用数字、图画、图表或其他符号进行记录。 4. 探究中能与他人合作、交流。
		在探究中认识周围事物和现象	3~4 岁	能感知和发现物体和材料的软硬、光滑和粗糙等特性。
			4~5 岁	能感知和发现简单的物理现象，如物体形态或位置变化等。
			5~6 岁	能探索并发现常见的物理现象产生的条件或影响因素，如摩擦等。
	数学认知	初步感知足球活动中数学的有用和有趣	3~4 岁	1. 感知和发现周围物体的形状是多种多样的，对不同的形状感兴趣。 2. 体验和发现足球活动中很多地方都用到数，如球服号码或比赛分数等。

（续表）

领域	维度	目标	年龄段	具体内容
科学领域	数学认知	初步感知足球活动中数学的有用和有趣	4~5岁	1. 在指导下，感知和体会有些事物可以用形状来描述。 2. 在指导下，感知和体会有些事物可以用数字来描述，对足球活动中各种数字的含义有进一步探究的兴趣。
			5~6岁	1. 能发现事物简单的排列规律，并尝试创造新的排列规律。 2. 能发现足球活动中有许多问题都可以用数学的方法来解决，体验解决问题的乐趣。
		感知和理解数、量及数量关系	3~4岁	1. 能感知和区分物体的大小、多少、长短等量方面的特点，并能用相应的词表示。 2. 能通过一一对应的方法比较两组物体的多少。 3. 能手口一致地点数5个以内的物体，并能说出总数。能按数取物。 4. 能用数词描述事物或动作，如"我踢进了2个球"。
			4~5岁	1. 能感知和区分物体的轻重等量方面的特点，并能用相应的词语描述。 2. 能通过数数比较两组物体的多少。 3. 能通过实际操作理解数与数之间的关系，如足球比赛中赢得5分的一方比赢得3分的一方多2分。 4. 会用数词描述事物的排列顺序和位置。
			5~6岁	1. 能借助实际情境和操作（如赢得足球比赛加1分，犯规减1分）理解"加"和"减"的实际意义。 2. 能通过实物操作或其他方法进行10以内的数的加减运算。 3. 能用简单的记录表等表示简单的数量关系，如比赛记分等。
		感知形状与空间的关系	3~4岁	1. 能注意物体较明显的形状特征，并能用自己的语言描述。 2. 能感知物体基本的空间方位，理解上下、前后、里外等方位词。
			4~5岁	能使用上下、前后、里外、中间、旁边等方位词描述物体的位置和运动的方向。
			5~6岁	1. 能按语言指示或根据简单示意图正确取放物品。 2. 能辨别自己的左右。

第三篇 幼儿足球全域课程的理论基础

幼儿足球启蒙教育是幼儿园为了培养幼儿对足球的兴趣,帮助幼儿了解关于足球运动的基本常识和动作方法,促进幼儿身心全面和谐发展,对3~6岁幼儿所实施的遵循其身心发展特点、以足球为载体的早期教育。其本质是幼儿早期教育,促进幼儿在健康、语言、社会、科学、艺术五大领域的全面和谐发展。其特点是以足球为载体,引导幼儿学习足球的常识和基本动作。我园将园本课程作为幼儿足球启蒙教育实现其特色育人理念与育人目标的媒介。《教育大辞典》中指出:"科学的教育理论对教育决策有指导作用,对教育实践有规范和促进作用。"结合幼儿足球启蒙教育的本质、特点及实践媒介,我们寻求在儿童心理发展理论、动作技能理论及幼儿园课程理论中分析总结出三者对于幼儿足球启蒙教育实践的启示,推动幼儿足球启蒙教育的健康发展,从而促进幼儿身心的全面和谐发展。

一 儿童心理发展理论

儿童心理发展研究对当代幼儿教育产生了深刻的影响,现在我们来谈一谈发展心理学史上一位具有里程碑意义的人物——维果茨基,以及他的社会文化发展理论对幼儿足球启蒙教育的启示。

维果茨基(1896—1934)是苏俄早期一位杰出的教育心理学家,社会文化历史学派的创始人,苏俄心理科学的奠基人之一,他将个体与社会、教学与发展、外部与内部、现在与将来紧密地联系在一起,突出了认知发展的社会性。

(一)社会文化发展理论

维果茨基的社会文化发展理论又称文化历史发展理论。他认为在最广泛的意义上,文化的东西就是社会的东西,文化是社会生活与人类社会活动的产物。可见,文化是社会发展过程的具体表现,这些社会发展过程提供了个体心理发展的基础。维果茨基指出,人的心理发展在两个层面上出现,首先是社会的、心理之间的,其次是个体的、心理之间的,内化的过程是心理发展的重要机制。

维果茨基强调人和环境的相互建构,他认为人的心理与行为是在一定的文化历史环境中生成的。如果文化历史环境不同,个体的知觉、随意注意、记忆、情绪、思维、语言、问题解决、行为等心理或行为也会具有不同的形式。每个儿童都处于不同的家庭环境中,其知识经验不同,兴趣爱好各异,也就是说,在相同的时期,每个儿童心理发展的潜能不同,都有自己的发展速度。因此,在幼儿足球启蒙教育活动中,教师要关注每个幼儿的个体差异,做到因材施教。

维果茨基提出的心理发展的文化历史学说有一个重要的理论假设,即人的心理过程的变化与其实践活动过程的变化是同步的。他认为人的主体活动是人发展的基础。人类心理

幼儿足球全域课程

过程的特殊结构正是在实践活动中出现的，知识的建构是在社会环境中的积极互动下产生的。维果茨基关于活动与人心理发展的论述启示我们，如果幼儿要在足球启蒙教育中获得良好的发展，幼儿园就应该积极构建内容、形式丰富多样的足球启蒙教育活动，形成独具特色的足球启蒙教育园本课程，让幼儿在以足球为载体的活动中实现身心的全面和谐发展。

（二）最近发展区理论

20世纪30年代初，维果茨基将其最具有代表性的理论——最近发展区理论，引入儿童心理学的研究。最近发展区是指在有指导的情况下，凭借成人的帮助所达到的解决问题的水平与在独立活动中所达到的解决问题的水平之间的差异[1]。维果茨基将儿童解决问题的能力分成三种类别：儿童能独立进行的，即使借助帮助也不能表现出来的，处于这两个极端之间的借助他人帮助可以表现出来的。

在最近发展区理论中，维果茨基创造性地阐明了教学、学习与发展之间的辩证关系：儿童的发展与教学是有机地联系在一起的，教学、学习和发展三者之间的关系呈现出一个三位一体的过程，融合进一个积极互动与合作的空间——最近发展区。在这里，维果茨基将最近发展区看成教师与儿童之间的"共同建构区"。在学习过程中，儿童尝试理解教师传授的知识；在教学中，教师试图理解儿童的学习情况。这个双方互相理解的过程就是共同建构的过程。维果茨基指出，儿童的学习与发展永远不能被教给，而应该由儿童在他们自己的头脑中构建自己的理解。因此，在幼儿足球启蒙教育活动中，教师要注意发挥幼儿的主体性，不要把知识强行灌输给幼儿，教师要扮演活动的调节者、指导者、促进者和评价者等角色。

幼儿的生理和心理发展是逐步趋向成熟的，因此，幼儿的最近发展区是动态的、变化的、发展的。可以说，幼儿的现有发展水平是通过原有水平的潜在能力实现的，每一潜在能力的实现又为下一现实能力的实现奠定基础，如此循环往复，推动一个又一个最近发展区的实现。这就体现了幼儿心理动态发展的特点，为我们勾画了3~6岁儿童发展的阶段性和可能性。在足球启蒙教育活动中，教师要了解并根据3~4岁、4~5岁、5~6岁三个年龄段幼儿的发展特点来进行足球启蒙教育活动设计，并采用适宜的指导策略进行活动指导。

二 动作技能理论[2][3]

幼儿足球启蒙教育的重要目标之一就是引导幼儿了解初步的足球运动常识，掌握基本的足球动作，这也是幼儿足球教育的特色所在。而动作技能学习一直是心理学家研究的重要问题，我们希望通过梳理相关理论，为足球启蒙教育中幼儿足球动作技能的学习提供认识论和方法论的指导。

（一）动作技能形成过程

菲茨和波斯纳将动作技能的形成过程分为认知阶段、联系阶段和自动化阶段。

1. 认知阶段

掌握一种技能，首先要学习与它有关的知识，了解完成这种技能动作的基本要求，在头脑中形成这种技能的最一般的、最粗略的表象。学习者要将组成某种动作技能的活动方式反映到头脑中而形成动作映象，并对自己的任务水平进行估计，明确自己能够做得如何，这就是认知阶段。

该阶段的主要任务是对示范动作，或者参考书、参考图示进行观察，了解所要学习的动作技能的动作结构和特点，以及各组动作之间的联系，从而在头脑中形成工作映象。要形成这个映象，需要对线索和有关信息进行适当的编码，这个过程类似于尝试—错误。

2. 联系阶段

如果说认知阶段是形成对技能整体的理解，并熟悉每一个技能的具体动作，那么，形成联系阶段就是对各个独立的步骤进行合并或者"组块"，以形成更大的单元。最初，由于学习者对动作并不熟悉，注意范围比较狭窄，认知负荷较大，其注意力只能集中在个别动作上，并且不能控制动作的细节。同时，他们在生活中已经形成了许多习惯性的动作，而这些习惯性动作又往往与所要学习的动作方式不相符合，会对新的动作产生干扰。

这个阶段，学习者的注意力已从认知转向动作，逐渐从个别动作转向动作的协调与组织，开始把个别动作结合起来，以形成比较连贯的动作。但他们常常忘记动作之间的联系，在动作转换和交替之际，往往出现短暂的停顿现象。协同动作是交替进行的，即先集中注意力做出一个动作，而后再注意做出另一个动作，反复进行着交替。随着练习时间或次数的增加，这种动作交替慢慢加快，技能结构的层次也不断增多，最终在大体上构成了整体的动作系统，动作技能已经接近形成。这时，他们的动作紧张程度降低，但并没有消失，稍一分心，还会出现错误动作。

3. 自动化阶段

经过联系阶段，动作技能的学习进入自动化阶段，整个程序的完成不用经过刻意的注意，这是技能形成的最后阶段。在这个阶段中，学习者所学习的动作技能的各个动作在时间和空间上已联合成一个有机的整体并巩固下来，各个动作的相互协调已达到自动化。只要有一个启动信号，就能迅速准确地按照动作的程序以连锁反应的方式来实现，意识对动作的控制作用降低到最低限度，整个动作系统由始至终几乎是一气呵成的，动作的连贯性主要是由本体感受器提供的动觉信号来调节，但是到达自动化水平需要经过长期的实践。

动作技能形成过程的三阶段模型理论指出，动作技能的形成过程是一个渐变的过程，每个阶段的动作特点和需要学习者完成的主要任务是不同的，不能从一个阶段突然转到另一个阶段。这就要求教师在进行幼儿足球启蒙教育活动中，要依据不同阶段的特点和任务安排相应的学习内容，并在活动中对幼儿的动作技能水平进行认真观察，依据幼儿动作技能水平的变化，调整所需要学习的动作内容，保证幼儿顺利完成三阶段的动作学习任务要求，形成新的足球动作技能。

当幼儿处于学习某一足球动作的认知阶段，可以安排激发幼儿学习足球动作的兴趣、引导幼儿了解足球动作整体、引导幼儿逐一练习分解的足球动作等学习内容，帮助幼儿完成该阶段的练习任务；之后进入联系阶段，可以安排引导幼儿将在认知阶段中练习的个别的、分解的动作联系起来的学习内容，帮助幼儿完成该阶段的练习任务；之后进入自动化阶段，可以安排引导幼儿将个别的、分解的动作以连锁的形式表现出来的学习内容，帮助幼儿完

第三篇　幼儿足球全域课程的理论基础

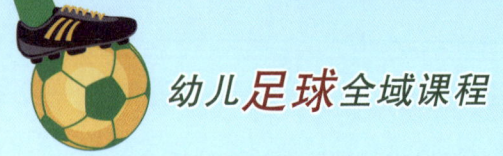

成该阶段的任务，从而帮助幼儿习得新的足球动作。

（二）影响动作技能形成的主要因素

影响动作技能形成的主要因素可以分为内部因素和外部因素。

1. 内部因素

影响动作技能形成的内部因素主要有经验与成熟度、个性、运动能力、动机等。

（1）经验与成熟度

通常情况下，个体学习动作技能的能力与水平随着年龄和经验的不断增加而提高。个体掌握动作技能的经验与成熟度在相当程度上影响着其技能的掌握效果。知识经验是动作学习的重要条件，生理成熟是动作技能学习的基础。一般而言，学习者知识经验越丰富，生理水平越成熟，动作技能的学习效果越好。这就要求幼儿足球启蒙教育要依据幼儿的年龄发展特点设计足球动作学习活动，并且要考虑到幼儿在生理、心理方面的个体差异，做到因材施教。

（2）个性

个性差异影响着个体在动作技能中的学习，而意志力是影响个体动作技能学习的重要的个性因素之一。动作技能的学习需要学习者具备一定的意志力，来克服学习过程中出现的困难，如生理"非常态"、紧张恐惧等消极情绪，从而获得良好的动作技能学习效果。因此，幼儿足球启蒙教育应该重视对幼儿良好意志品质的培养，帮助幼儿形成良好的独立性、果断性、坚定性和自制力。

培养幼儿良好的意志品质可以从两方面进行：一方面，可以设计专门的活动，如关于足球的社会领域教育活动，来培养幼儿的意志品质；另一方面，可以利用幼儿学习足球动作的契机，认真关注幼儿的学习表现，以鼓励、表扬的方式培养幼儿的意志品质。

（3）运动能力

运动能力，特别是身体素质，会影响个体动作技能的学习。所谓身体素质，是人体各器官、系统在肌肉工作中的综合反应。通常把人体在肌肉活动中所表现出来的力量、速度、耐力、灵敏和柔韧等机能能力统称为身体素质。良好的身体素质是学习掌握动作技能、提高运动成绩的基础。因此，幼儿足球启蒙教育应该重视对幼儿身体素质的培养，从而推动其对足球动作的学习。

培养幼儿良好的身体素质，幼儿园和家庭应该合力进行，利用家园共育的力量，为幼儿提供合理均衡的营养，保证幼儿充足的睡眠和适宜的锻炼，从而强健幼儿的体魄，为幼儿足球动作的学习奠定良好的生理基础。

（4）动机

人的一切行为都是有目的的，都受到一定目的的支配,这种支配人行为的目的就是动机。动机是促进学习者积极学习动作技能的内在驱动力，对学习者的持久学习起到积极的促进作用。动机产生于内部环境和外部环境共同作用的背景下，对个体产生刺激并引发动机状态，在此基础上产生动机行为。如果达到其满意状态，则动机获得满足；一旦不满意，可能再次激发新的动机。动机水平处于最佳状态时，获得的效果是最佳的；动机水平过高或过低，获得的效果都不可能是最佳结果。

学习动机是影响学习者动作技能学习结果的重要内部因素，而兴趣是学习动机中最活跃的心理成分。具有学习兴趣的学习者会把对动作技能的学习看作内心的满足，对动作技能持有积极的接纳态度，而不会把它当作负担，从而取得较好的学习效果。因此，幼儿足球启蒙教育要注重幼儿足球动作兴趣的培养，帮助幼儿形成学习足球动作的持久动力。

培养幼儿对足球动作的兴趣，可以从两方面来入手。其一，可以创设丰富多彩的活动来提升幼儿对足球运动的兴趣，如开展足球五大领域活动、足球嘉年华活动、足球亲子活动等，帮助幼儿在认识足球运动的同时，激发幼儿对足球运动的喜爱；其二，可以利用游戏的方式来引导幼儿进行足球专业动作的学习，如开展足球游戏活动等，将动作学习游戏化，激发幼儿对足球动作的学习兴趣。

2. 外部因素

影响动作技能学习的外部因素主要有指导与示范、练习以及反馈。

（1）指导与示范

在菲茨和波斯纳的动作技能形成阶段模型中，学习者对动作技能的学习首先要经历认知阶段。教师的指导与示范有利于学习者理解动作技能，明确学习任务，形成作业期望，获得完成任务的学习策略。

① 掌握相关的知识。如果学习者在学习技能之前，没有掌握相关的先前知识（图式、技能等），就会对工作记忆产生巨大的压力，导致认知负荷过大，甚至可能难以继续以后的学习。所以，教师需要帮助学习者梳理必要的先前知识，如果学习者先前的技能习惯与新技能相矛盾，更需要提供合适的任务，使学习者认识到技能之间的区别，避免相互干扰。

在幼儿学习新足球动作的活动中，教师要帮助幼儿梳理新旧动作的联系与区别。教师可以在活动开始时采用生动形象的示范讲解，引导幼儿通过观摩、模仿等方法了解新旧动作的联系与区别，让幼儿当前的学习与以往的经验联系在一起，这不仅能使幼儿对新动作有更为深刻全面的认识，还有助于幼儿提高学习新动作的效率。在某一新足球动作的学习活动中，教师除了引导幼儿了解新旧动作的关系外，还可以将幼儿在一段时间内学到的若干足球动作作为基本内容，设计一节新活动，让幼儿在一节活动中运用不同的足球动作，进一步感受旧动作和新动作的联系与区别。

② 明确练习的目的和要求。每一种运动技能都有其特定的目的和要求，只有当学习者明确了所学技能的目的和要求，他们才能自觉地组织自己的行动来掌握这种技能。练习是一种有目的、有要求、有计划、有组织的学习过程，它不同于单纯的重复。如果缺乏明确的练习目的和具体的要求，机械地重复一种动作方式，就不可能使行动方式有所改善。帮助学习者树立练习目标，有助于提高动作练习的效果。

在幼儿足球动作学习中，教师要帮助幼儿明确动作学习的目的和要求，激发幼儿对足球动作学习的兴趣。从宏观来说，教师可以通过开展足球嘉年华活动、足球亲子活动，观看青少年或成人足球训练，布置含有足球元素的园所环境等方法来激发幼儿对足球运动的喜爱。从微观来说，幼儿学习某一新的足球动作时，教师可以采用幼儿感兴趣的游戏方式来开展足球动作的学习，让幼儿认识到学习足球动作是为了更好地完成游戏这一目标，从

而调动幼儿进行足球动作学习的自觉性和积极性。

③ 形成正确的动作映象。人们的各种运动动作是在动作映象的定向调节支配下做出来的。在学习者对所学的运动技能进行练习之前或过程中，教师应通过自己的动作示范帮助他们在头脑中形成正确的动作映象。为此，教师要进行充分而准确的示范。教师的示范要做到动作示范与言语解释相结合；整体示范与分解示范相结合；示范动作要重复，动作速度要放慢；言语解释要做到简明扼要，切中要点；指导学习者观察，并纠正学习者的错误理解。在整个示范过程中，教师要防止学习者的认知负荷超载，每次示范的信息量和速度要切合学习者的实际水平。

学习活动初始，教师要重视整体动作和分解动作的示范，随着活动的开展，幼儿对新动作熟悉，教师要注意观察幼儿的行为表现，发现有问题的部分可以仅针对问题动作进行示范讲解。教师在进行动作示范后，可以请做得好的幼儿再次进行动作示范，帮助幼儿加深对动作的认识与理解。

④获得一定的学习策略。动作技能的学习也包含学习策略或窍门的问题。完成动作任务所涉及的策略面也很广，有的是学习者自我生成的，有的是指导者提供的。这些外加的策略通常是在成功完成任务的基础上总结出来的。指导者可以通过演示、解释或播放有关录像等方法对学习者进行指导。一旦学习者利用外加的策略有效地完成任务后，这些策略就会成为学习者的经验，并有可能自发地在后继学习中加以使用。

在幼儿足球动作学习中，教师要引导幼儿掌握一定的动作学习策略。幼儿的思维特点是以具体形象思维为主，不擅长对自己的动作学习过程进行抽象的分析、总结，因此，教师一般通过言语与动作示范相结合的方法帮助幼儿了解一定的动作学习策略。幼儿对动作学习策略的掌握主要体现在以下两个方面：一是从微观来说，幼儿掌握了学习某一足球动作的小窍门等；二是从宏观来说，幼儿认识到自己要学会一个足球动作需要在活动中认真观察、模仿、练习等。

（2）练习

动作技能只有经过一定的练习才能形成。练习是指以形成某种技能为目的的学习活动，是以掌握一定的动作方式为目标而进行的反复操作过程。练习包括的重复和反馈，不是单纯的反复操作或机械重复，而是以掌握一定的活动方式为目标的反复。通过练习可以促进所学技能的进步和完善。

①练习曲线。在练习过程中，技能进步的情况可以用练习曲线来表示。所谓练习曲线，就是在连续多次的练习过程中所发生的动作效率变化的图解。练习曲线表明，在学习者的动作技能形成过程中普遍存在下列几种情况。

第一，练习成绩逐步提高。学习者动作技能的练习成绩逐步提高主要表现在动作速度加快和准确性提高上，其表现形式有三种：练习进步先快后慢、练习进步先慢后快、练习进步速度前后比较一致。

练习进步先快后慢，这是因为：其一，练习初期有旧经验的积极影响，但到了练习后期，可供利用的旧经验逐渐减少，而需要建立的新的神经联系则相应增加，因此要提高成绩就比较困难；其二，练习初期要掌握的只是局部动作，比较简单，又是单独进行练习，所以成绩提高较快，而练习后期却要对各种局部动作加以协调和完善，以形成动作系统，比较困难，所以成绩提高缓慢；其三，学习者在练习初期，可能兴趣比较浓厚、情绪高涨，而到了练习后期，这些方面都有可能降低，再加上疲劳，因而影响练习成绩的进步。

练习进步先慢后快，这是因为学习者在练习初期需要花费一定的时间去掌握有关的基础知识和基本技能，再加之已有的习惯动作的干扰，所以进步缓慢。

第二，练习中的高原现象。在学习者动作技能的形成中，练习到一定阶段出现进步暂时停顿的现象，被称为高原现象，表现为练习曲线保持在一定的水平而不再上升，甚至有所下降。但是，在高原期之后，练习曲线又会上升，即表示练习成绩又可以有所进步。

高原现象产生的原因主要有两个方面：其一，当练习成绩已经达到一定水平时，继续进步需要改变现有的活动结构和完成活动的方式方法，而代之以新的活动结构和完成活动的新的方法。旧的技能结构限制了人们按照新的方式组织动作。在没有完成这种改造之前，练习成绩只会处于停滞甚至暂时下降的状态。其二，较长时间的练习使学习者的练习兴趣有所下降，甚至产生厌倦情绪，或者因身体疲劳等导致练习成绩出现暂时停顿。必须指出，高原现象并不具有普遍性，也不能表明动作技能的掌握已临近学习者身心发展的极限，相反，它就像是黎明前的黑夜。

第三，练习成绩的起伏现象。在动作技能的练习曲线中，可以看到练习成绩时而提高，时而下降，时而停顿的现象，这就是练习成绩的起伏现象。之所以产生这种现象，其原因主要有两方面：一是客观条件有了变化，如学习环境、指导教师的改变；二是学习者的主观条件发生变化，如有无强烈的学习动机和浓厚的学习兴趣，注意力是否集中、稳定，有无骄傲自满情绪，努力程度如何等。练习成绩有起伏是正常现象，但如果练习成绩出现明显的下降现象，教师就应该帮助学习者分析原因，并加强教育和指导，以便使他们的练习成绩能够尽快得到提高。

第四，学习者动作技能形成中的个别差异。不同的学习者在学习同一技能，或同一个学习者学习不同技能时，其练习进程会表现出明显的个别差异。这是学习者个体的练习态度、知识经验、预备训练情况以及练习方法等方面不同造成的。

动作技能理论关于练习曲线的论述向我们详细阐明了学习者在练习过程中出现的不同练习效果以及诱发不同练习效果的可能的主客观原因。这启示我们在引导幼儿进行动作练习时，要认真观察幼儿的练习情况，分析幼儿练习情况属于练习曲线中的哪种类型以及导致该类型出现的原因，从而"对症下药"，及时调整自己的指导策略，帮助幼儿突破练习中的各种难题，提高练习效率，使幼儿尽快熟练掌握所学的足球动作。例如，当幼儿的练习过程出现高原现象的时候，教师要思考出现问题的原因是旧动作对幼儿的阻碍，还是幼儿对练习动作的兴趣有所减弱，从而采取对应措施帮助幼儿度过动作练习的高原期。

经过梳理分析，我们发现影响学习者动作练习效果的因素主要包括练习者的练习兴趣、练习时间、已有动作经验、练习者的个体差异和教师的指导水平。因此，教师在幼儿足球动作练习过程中要努力做到以下几点。

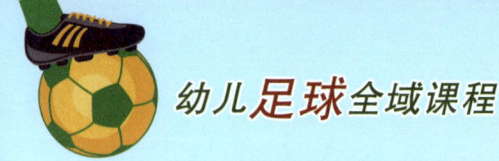

第一，善于激发幼儿练习兴趣。高涨的兴趣是学习者练习的持久动力，而兴趣的减弱则会导致幼儿的练习效果出现进步缓慢、成绩起伏较大、停滞不前等现象，这就要求教师在幼儿动作练习的活动中善于激发幼儿对动作练习的兴趣，如采用游戏化的练习模式、给予一定的奖励等方法，使幼儿能够坚持练习动作，取得良好的练习效果。

第二，合理安排练习时间。动作练习分为集中练习和分散练习，而分散练习不容易产生反应性抑制的累积作用，因而效果更佳。在幼儿进行足球动作练习时，教师要合理安排练习时间，做到集中练习和分散练习相结合。在幼儿初学一个足球动作的时候，可以采用集中练习方式，练习速度要慢，练习的时间不宜过长，每次练习的时间间隔可以短一些。随着技能的进一步掌握，可以采用分散练习方式，每次练习的时间可以适当延长，每次练习之间的时间间隔可以适当延长一些。此外，练习时间的安排还要考虑足球动作的难易程度、幼儿的个体差异等因素。

第三，帮助幼儿整合新旧动作技能。学习者掌握的旧动作技能既可能对所要学习的新动作技能产生促进作用，形成动作技能的正向迁移，也可能对新动作技能的形成产生阻碍作用，形成动作技能的负向迁移。在幼儿学习足球动作时，教师要帮助幼儿整合新旧动作技能，增加旧动作对新动作学习的促进作用，减少旧动作对新动作学习的阻碍作用。在学习新的足球动作之前，教师可以引导幼儿通过练习来精准熟练地掌握旧动作，旧动作掌握得越准确，越能减少可能出现的阻碍作用；教师还可以通过精准详细的动作讲解与示范，帮助幼儿认识新旧动作的联系和区别，从而在已有经验的基础上提高新动作的学习效果。

第四，因材施教。学习者的练习态度、知识经验、预备训练情况以及练习方式方法等方面的个体差异会影响动作学习的进程与效果，这就要求教师在幼儿练习足球动作时做到因材施教，针对不同的幼儿群体或同一群体中的不同幼儿制订有针对性的练习内容，提供有针对性的练习指导。

第五，完善练习环境。练习环境会影响学习者的动作练习效果，因此教师应当完善幼儿的动作练习环境。如：提供合理的练习道具，保证幼儿有宽敞的足球练习场地，使幼儿的练习空间是相对封闭、不被打扰的，从而提高幼儿在动作练习中取得的效果。

第六，提升教师指导水平。教师的指导水平会影响学习者的练习效果，因此教师要不断提升自身的指导水平。如：熟练掌握各种足球动作技能，能够耐心地为幼儿进行准确的动作讲解与示范，善于用幼儿喜爱的方法组织动作学习等，帮助幼儿在动作练习中取得良好的效果。

②练习方式。除了实际的身体练习之外，学习者还可以进行心理练习。将身体练习与心理练习结合起来，练习的效果更佳。心理练习的效果取决于三个因素：其一是学习者对练习任务是否熟悉，如果学习者从未进行身体练习，不可能进行心理练习，即使练习也是错误练习；其二是心理练习的时间长短，心理练习的时间不能太长，否则容易产生厌烦情绪，使作业水平下降；其三是任务的性质，如果任务中认知因素起的作用较小，反应主要依靠肌肉的线索，则心理练习作用甚微。

教师可以引导幼儿采用身体练习和心理练习相结合的方法进行足球动作练习。由于幼儿期的思维特点是以具体形象思维为主，到了六七岁的时候抽象逻辑思维才开始萌芽，因此，心理练习就是教师通过生动形象的语言讲解和动作示范，引导幼儿将所要学习的新足球动作与学过的旧动作等以往的知识经验联系起来，了解二者之间简单的联系和区别。此方法适用于已经掌握了较多足球动作技能经验的大班幼儿，尤其适合幼儿对相对复杂的足球动作技能的学习。

（3）反馈

在技能的练习中，让学习者及时了解自己的练习结果，有利于提高练习效率。具体来说，学习者在练习运动技能时，如果能够及时掌握练习的情况，如知道自己的成绩和错误、优点和不足等，就可以把符合要求的、符合目的的动作保留下来，把不符合要求的动作抛弃掉，这样才能有助于迅速地提高练习质量。可见，在练习中给学习者提供反馈信息是提高练习效果的有效措施。在提供反馈时，要注意以下几个问题。

①结果反馈。在技能的练习中，让学习者及时地了解自己的练习结果，有利于练习效率的提高，可以帮助学习者将线索联合在一起，自动识别相关信息，把一些小的步骤形成大的产生式或者步骤。

因此，在幼儿进行足球动作练习时，不论教师采用哪种形式反馈，都要对幼儿练习结果的对与错进行及时反馈。当幼儿动作出现错误或表现异常时，教师要及时提供矫正信息，重新讲解或重点示范，使幼儿通过反馈尽快改进动作；当幼儿动作完全正确时，教师也要及时向幼儿发出肯定的信息，这对幼儿正确足球动作的定型和练习积极性的提高都有重要的作用。在反馈的时候，教师的指令性信息应当简明扼要，抓住关键，避免过于复杂，进而减少幼儿的记忆负荷，提高动作练习的效率。

②情境反馈。反馈不仅仅针对学习的结果，一针见血地指出问题所在，更重要的是给学习者提供技能使用的具体情境。真实的情境不仅能帮助学习者学会技能本身，而且能使其学会为什么要使用这个技能和何时使用。即使学习者在认知阶段里进行这些练习时，也要注意在真实的情境中对技能的全部过程有一个大概的了解。

因此，教师要在真实的情境中对幼儿动作练习的情况进行反馈。在幼儿足球启蒙教育中，幼儿足球动作练习的情境往往是游戏、比赛等丰富多彩的活动，教师在对幼儿的动作练习进行反馈的时候，要结合游戏等活动的玩法、规则来进行。

③分情况反馈。如果某一特定的步骤、成分或者整个过程出现了问题，就要对其进行分解，单独练习，直到这个单元比较自动化，再把它整合到这个系列中，这样可以降低工作记忆的负荷。所以，在技能形成的不同阶段，教师要给学习者提供不同类型的反馈。

在幼儿足球动作练习中，教师应当针对幼儿做得好或出现问题的部分进行反馈，不要因为某一个环节出现问题，就对整个练习过程进行反馈。在进行动作练习的初期，为了帮助幼儿正确掌握动作要领，教师可以为幼儿积极提供身体动作过程或姿势方面的信息；在进行动作练习的后期，为了帮助幼儿更好地实现动作的连贯性与自动化，教师可以通过对幼儿进行提问、引导幼儿观察、榜样示范等方法，把信息反馈的关注点从动作姿势转移到练习技巧与方法上。

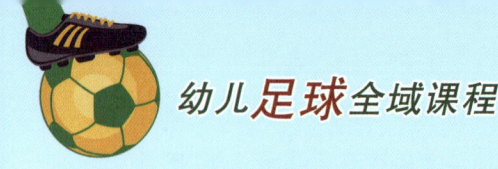

最后需要指出的是，任何学习都不能仅仅停留在动作和知识层面，情绪情感对学习的结果有着重要的影响。如果学习者对技能本身没有明确的目标，没有积极的接纳态度，就难以产生主动的学习。另外，旧的技能的惯性作用往往会阻碍新技能的接受，就算被迫学会了新的技能，如果在情感和态度上没有接受，也会因疏于使用而荒废。因此，教师要以保护幼儿动作练习的兴趣与自信心，激发其在练习中的意志力的方式进行反馈。对于幼儿来说，正面鼓励的反馈方式尤为适宜。教师应当善于发现幼儿在动作练习中的闪光点，如动作技能方面、运动习惯方面、良好个性品质方面等，给予及时的鼓励与表扬；发现幼儿的问题时，要以正面引导的方式提出问题，避免直接严厉的批评。此外，教师在反馈中还要做到态度和蔼亲切，有耐心。

三 幼儿园课程理论[4]

我园将园本课程作为实现幼儿足球启蒙教育的特色育人理念与育人目标的媒介。因此，我们希望通过梳理幼儿园课程相关理论来寻求其对幼儿足球启蒙教育在教育实践中的启示。

不同学者对幼儿园课程理论提出了不同的观点，其中比较权威、得到学术界普遍认可的是北京师范大学冯晓霞教授依据活动理论对幼儿园课程进行的建构。她在《幼儿园课程》一书中指出，幼儿园课程是实现幼儿园教育目的的手段，是帮助幼儿获得有益的学习经验，促进其身心全面和谐发展的各种活动的总和。幼儿园的课程具有启蒙性、生活化、游戏性、活动性和直接经验性、潜在性等主要特点。启蒙性是指幼儿园课程要能开启幼儿的智慧与心灵，使他们萌发优良的个性品质，促进幼儿身心全面和谐发展；生活化是指幼儿园课程内容要来自于幼儿的生活，课程的实施要贯穿于幼儿的生活，科学、有效地利用幼儿园一日生活中的各个环节进行教育；游戏性是指游戏应当作为幼儿园课程整体结构中的重要形式，教师专门设计、组织、指导的学习活动也要强调其游戏性；活动性和直接经验性是指幼儿园课程必须以幼儿主动参与的教育性活动为其基本的存在形式和结构成分，幼儿在活动中的学习才是有意义的学习，只有以直接经验为基础的学习，才是理解性的学习；潜在性是指幼儿园课程不是体现在课程表、教材、课堂教学或作业中的，而是蕴藏在环境、生活、游戏和各种幼儿喜闻乐见的活动中的。

依据冯晓霞教授的课程观，我们可以将幼儿足球全域课程定义为为了实现培养3~6岁幼儿的足球运动兴趣，促进其身心全面和谐发展这一教育目的，在幼儿园中开展的以足球为载体的各种活动的总和。幼儿足球全域课程应该同样具有启蒙性、生活化、游戏性、活动性、直接经验性及潜在性。

幼儿足球全域课程应具有启蒙性，体现在课程目标上，即幼儿足球启蒙教育应该侧重于培养幼儿对足球运动的兴趣，对足球运动的一些基本的常识和技能的初步了解，着重培养幼儿不怕困难、团结合作、宽容谦让等健康的品质，与重视提高个体足球运动技能和水平的少年儿童足球教育课程相区别。此外，《指南》中指出，要重视幼儿学习与发展的整体性，因此，幼儿足球启蒙教育除了要对幼儿在健康活动中的发展进行启蒙教育，还应该依据幼儿的身心发展特点，设计以足球为载体的语言、社会、科学、艺术活动，从而促进幼儿身心全面和谐发展。

幼儿足球全域课程应是生活化的，体现在课程内容上，即幼儿足球启蒙教育的内容要来源于幼儿的生活，不仅要包含幼儿认识周围世界、启迪心智的学习内容，还应包含一些基本的生活和做人所需要的态度和能力，如自立意识、如何与他人相处等，这也符合《纲要》中所提出的"保教并重"的理念；体现在课程实施上，即幼儿足球启蒙教育要贯穿于幼儿一日生活的各个环节，如幼儿园可以将足球启蒙教育的理念与内容渗透于每天的学习活动、体育活动、游戏活动乃至家园共育中，综合利用各种教育途径对幼儿进行足球启蒙教育。

幼儿足球全域课程应具有游戏性，体现在课程形式上，即要以游戏作为幼儿足球启蒙教育的重要形式，让幼儿在丰富多彩的游戏活动中获得有益的学习经验。例如，教师可以依据小、中、大班幼儿的年龄特点设计有趣的足球游戏活动，让幼儿在游戏的同时学习脚背击球等相应年龄段幼儿可以掌握的足球动作。此外，在教师专门设计的以足球为载体的学习活动中，也应当注重活动展开的游戏性，让幼儿在符合自己兴趣、没有压力的情境中积极主动、富有创造性地学习，获得愉快的情感体验。

幼儿足球全域课程应具有活动性和直接经验性，体现在课程形式上，即要以幼儿主动参与的各种活动作为幼儿足球启蒙教育的基本的存在形式和构成成分，让幼儿在活动中通过直接感知、实际操作和亲身体验获取丰富的感性经验，从而理解周围的世界；体现在课程内容上，即要通过丰富足球启蒙教育的活动内容来拓展幼儿的直接经验。例如，幼儿园可以开展足球嘉年华活动、足球亲子活动，激发幼儿对足球的兴趣；开展足球游戏活动、足球专业训练活动、足球比赛活动，引导幼儿学习足球的相关常识，掌握基本的足球动作；开展以足球为载体的五大领域教育活动，提高幼儿对足球熟悉、喜爱程度的同时，促进幼儿在五大领域活动中的全面协调发展。

幼儿足球全域课程应具有潜在性，这意味着在课程实施中，幼儿园不但要关注幼儿的活动，还要重视幼儿所处的环境和教师的行为，实现活动、环境、教师行为共同服务于幼儿足球全域课程的目标。例如，为了激发幼儿对足球的喜爱，幼儿园不仅需要为幼儿提供游戏性的足球活动，让幼儿在对足球充满激情的教师的引导下，感受足球运动的乐趣，还应该将足球元素融入幼儿园和班级的环境布置，让足球成为幼儿生活中不可或缺的一部分。

参考文献

［1］王忠民.幼儿教育辞典［M］.北京：中国大百科全书出版社，2004.

［2］陈琦，刘儒德.当代教育心理学［M］.北京：北京师范大学出版社，2007.

［3］杨华东，张莉斌.体育心理学［M］.北京：北京师范大学出版社，2012.

［4］冯晓霞.幼儿园课程［M］.北京：北京师范大学出版社，2000.

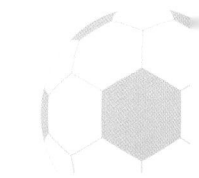

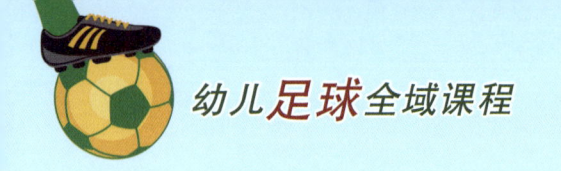

第四篇　幼儿足球全域课程的内容

　　幼儿园的课程内容是根据幼儿园的课程目标和幼儿相应的学习经验选择的、蕴含或组织在幼儿的各种活动中的基本态度、基础知识、基本技能和基本行为方式。根据幼儿足球启蒙教育课程的目标，幼儿园足球启蒙教育课程的内容是与足球相关的、可以通过五大领域促进幼儿身心全面和谐发展的，例如符合3~6岁幼儿身心发展特点的足球基本知识、动作与技能、良好的运动兴趣和习惯、积极的足球精神与品质等。

　　按照活动形式来区分，幼儿足球启蒙教育课程内容包含足球游戏活动、足球融合活动、足球训练活动和足球主题活动。

一 足球游戏活动

　　《指南》指出，幼儿的学习是以直接经验为基础，在游戏和日常生活中进行的。要珍视游戏和生活的独特价值。游戏应当作为幼儿园课程整体结构中的重要形式。

　　足球游戏活动是指以足球为载体，以培养幼儿的足球兴趣和促进幼儿身心健康发展为主要目标的游戏活动。幼儿园将足球动作与幼儿身心发展特点相结合，通过"一学、二研、三试、四玩、五评"的"五步式"足球游戏开发模式，研发了37个适用于3~6岁不同年龄段幼儿的足球游戏活动，具体可分为运球、突破、抢球、传球、抛球、射门、配合七大类。五步式足球游戏开发模式中，"一学"是指学习专业的足球动作；"二研"是指在足球动作基础上，结合幼儿的年龄特点研究初步的足球游戏方案；"三试"是指在各个年龄段中试玩，观察幼儿的反馈并进行适度调整；"四玩"是指让幼儿再次玩修改过的游戏，观察游戏反馈，且教师亲身参与到游戏中，体验游戏；"五评"就是最后综合评价游戏的专业性以及趣味性，将其修改成最终的游戏案例，使其有助于幼儿发展。

二 足球融合活动

　　《指南》指出，关注幼儿学习与发展的整体性。儿童的发展是一个整体，要注重领域之间、目标之间的相互渗透和整合，促进幼儿身心全面协调发展，而不应片面追求某一方面或几方面的发展。幼儿园课程的启蒙性也强调幼儿园课程要能开启幼儿的智慧与心灵，使幼儿萌发优良的个性品质，促进幼儿身心全面和谐发展。

　　幼儿足球全域课程重视幼儿在课程中的全面发展，将足球融入五大领域活动中，形成了以足球为载体，包含足球健康、足球科学、足球语言、足球艺术、足球社会在内的足球五大领域教学活动。足球健康是指将足球动作的练习作为教学内容的健康领域活动；足球科学是指将足球的特性，如：形状、颜色、触感、弹性等作为教学内容的科学领域活动；足球语言是指将讲述足球故事、尝试解说足球比赛等作为教学内容的语言领域活动；足球艺术是指将足球绘画、创作、歌唱等作为教学内容的艺术领域活动；足球社会是指将足球比赛的规则、团队的配合等作为教学内容的社会领域活动。

三 足球训练活动

作为开展足球教育活动最常见的方式之一，足球训练活动是指足球教练依据足球训练计划，采用符合幼儿身心发展特点的训练方法，帮助幼儿掌握足球常识和足球基本动作的体育活动。《指南》指出，要充分理解和尊重幼儿发展进程中的个别差异，支持和引导他们从原有水平向更高水平发展……为了满足有意愿、能力强的幼儿在足球运动方面发展的需要，幼儿园研发出一学年32周的幼儿园足球队训练方案。训练内容包括足球常识规则、基础技能训练和基础体能训练三个方面。足球常识规则是指一些足球运动的简单历史、比赛规则等；基础技能训练的内容包含基本动作、战术配合、技能技巧；基础体能训练的内容包含速度、灵活性、力量和柔韧性。此外，考虑到幼儿园外聘或自培的专业足球教练非常少，所以对于人数较少的足球队，应以混龄训练形式为主。足球训练内容难度可以主要依据中班幼儿的身心发展特点来确定，面对小班幼儿，训练内容减少、难度降低，面对大班幼儿，训练内容和难度增加。除了引导幼儿学习足球专业知识，足球训练还应注重培养幼儿坚强、勇敢、不怕困难的意志品质和主动、乐观、合作的处事态度与适应环境的能力。

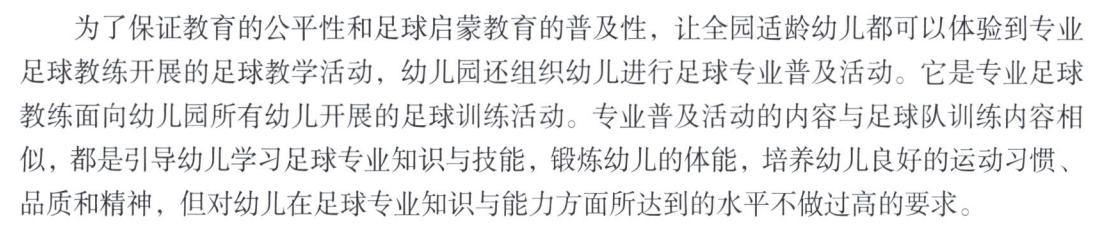

为了保证教育的公平性和足球启蒙教育的普及性，让全园适龄幼儿都可以体验到专业足球教练开展的足球教学活动，幼儿园还组织幼儿进行足球专业普及活动。它是专业足球教练面向幼儿园所有幼儿开展的足球训练活动。专业普及活动的内容与足球队训练内容相似，都是引导幼儿学习足球专业知识与技能，锻炼幼儿的体能，培养幼儿良好的运动习惯、品质和精神，但对幼儿在足球专业知识与能力方面所达到的水平不做过高的要求。

四 足球主题活动

作为当前国内幼儿园所采用的较为普遍的课程组织形式之一，主题活动能够使幼儿零散的经验得到整合，使碎片化的知识获得组织，是经验与知识衔接的中介。

足球主题活动是指基于小、中、大班幼儿身心发展规律，依据幼儿对足球的兴趣和相关学习生活经验，围绕足球相关内容展开的、具有一定时间跨度的、相互关联的一系列教育教学活动的集合体。

幼儿园在原有游戏活动和五大领域活动的基础上，以小、中、大班幼儿对足球的兴趣与学习生活经验为切入点，通过教育内容和教育途径的整合，创编了包含主题说明、主题目标、主题网络图、环境创设、家园共育、游戏活动、集中教育活动和区域游戏活动的小、中、大班主题活动，具有整合性、生活性、自主性和开放性，更能激发幼儿参与足球探究活动的热情，引导幼儿在丰富多彩的足球活动中发现问题、解决问题，实现足球相关学习经验的内化和迁移。开展主题活动需要幼儿和教师有一定的足球经验，因此主题活动更适合有一定足球教育基础的幼儿园。

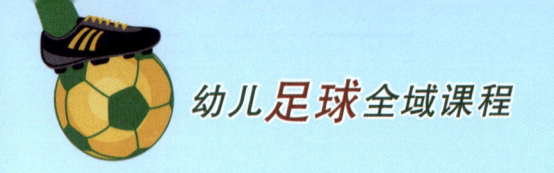

幼儿技能训练的基本内容

年龄	基本动作	战术配合	技能技巧
3~4 岁	1. 脚背运球 2. 脚掌停球与脚弓停球 3. 侧身拖拉球 4. 双脚拨球 5. 前后踩球 6. 左右踩球 7. 斜向拉球 8. 定点射门 9. 前脚掌交替踩球（原地）	1. 二人传球 2. 行进间脚弓传球	听信号运球，听信号停球

4~5 岁	1. 脚掌推球
	2. 脚掌拉球
	3. 脚掌拖拉，脚内侧挡
	4. 脚掌拖拉，外脚背拨
	5. 里脚背带球走"8"字
	6. 外脚背带球走"8"字
	7. 变向扣球
	  A. 外脚背急转
	  B. 脚内侧扣球
	  C. 单脚拉推变向（"V"字假动作）
	8. 单脚后踩球
	9. 勾球
	10. 颠球
	  A. 颠反弹球
	  B. 脚背颠球
	  C. 大腿颠球
		1. 变方向传球
		2. 回传射门
		3. 球门球配合
		4. 抢截球
			1. 听哨声、看手势变向运球
			2. 射定位球
			3. 行进中射门

5~6 岁	1. 后拖拉
	2. 侧拖拉挡球
	3. 背后运球（内跨内拨）
	4. 晃带球（外跨外拨）
	5. 拉、拨、扣
	6. 停接球训练
	  A. 前脚掌停接
	  B. 腹部停接
	  C. 脚背停接
		1. 直接任意球与间接任意球
		2. 下底传中
		3. 人墙排列
		4. 防守反击
			1. 各部位连续颠球
			2. 分两队对面穿插运球
			3. 全队无定向穿插运球

（续表）

年龄	基本动作	战术配合	技能技巧
5~6 岁	7. 各部位颠球 　A. 肩 　B. 胸 　C. 脚背 8. 内、外脚背晃带球（钟摆过人） 9. 守门员技术 　A. 接球技术 　B. 发球技术 10. 领球 　A. 正面领球，侧向送球 　B. 正面领球，背向送球 　C. 领球转身 11. 射门 　A. 带球射门 　B. 过人射门 　C. 领球射门		

幼儿体能训练的基本内容

速度与灵活性	力量训练	柔韧性
1. 加速跑 2. 曲线跑 3. 折返跑 4. 背向倒退跑 5. 蹲下起立向前跑 6. 侧身交叉错位跑 7. 跨步跑 8. 侧摆腿触手跑 9. 侧身错步跳跃跑 10. 后摆腿跑 11. 小步跑 12. 坐下起立跑 13. 背向坐下起立跑 14. 高抬腿跑（原地、向前） 15. 单腿跳 16. 前伸提腿跑	1. 仰卧起坐 2. 深蹲起立 3. 负重跑	1. 正向压腿 2. 横叉 3. 竖叉

幼儿足球全域课程

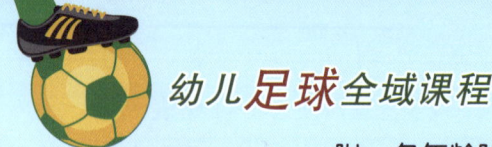

附：各年龄阶段幼儿足球启蒙教育基本动作要领及图解

3~4岁

足球基本动作

1. 脚背运球：击球脚脚尖下压，以膝盖带动脚踝摆动，用正脚背轻击足球中后部，使球向前运动。

2. 脚掌停球与脚弓停球：运球过程中快速向前跑动，并抬起击球脚，前脚掌稳稳踩住球的正上方，使球停止运动；运球过程中快速跑到球的前方转身并抬起脚，用脚弓部位压住球，使球停止运动。

3. 侧身拖拉球：支撑脚脚尖朝运动方向，身体与运动方向成90度，触球脚与支撑脚成90度，且前脚掌脚尖翘起，轻点球的上部，由上至前轻轻抹过顺势落下，让球向身体侧向滚动，同时移动支撑脚，连续重复以上动作。

4. 双脚拨球：双脚脚尖向前，球置于双脚之间，击球脚用脚弓将球横推至支撑脚，然后顺势落下，转换为支撑脚，原支撑脚抬起转换为击球脚，轮换进行。

5. 前后踩球：支撑脚保持位置不动，球置于体侧，击球脚脚掌轻触球正上方，将球向前推，同时保持击球脚悬空，待球向前滚动一定距离后用击球脚前脚掌压住球，向后将球拉回原位。

6. 左右踩球：方法同5，练习方向改为横向。

7. 斜向拉球：球置于体侧，距离球近的脚为击球脚，击球脚脚掌由球的顶部拉过，使球向斜前方支撑脚的方向运动，拉球后顺势落地，击球脚与支撑脚转换，原支撑脚重复击球脚拉球动作。

8. 定点射门：将球置于身体前方两米处，身体重心前倾，小步启动，加速跑，拉开最后一步的步伐，支撑脚落在球的侧面，击球脚顺势后摆，并由大腿带动小腿迅速朝前摆动，脚背摆正，用正脚背敲击球的中后方。

9. 前脚掌交替踩球（原地）：一只脚抬起，前脚掌踩球的上部，同时另一只脚轻轻跳一次，然后交换另一只脚踩球，双脚不停轮换进行，上体自然前倾，两臂体侧微屈自然摆动。

战术配合要领

1. 二人传球：二人相距5~8米相对站立，用脚弓向前推球，将球传给对方，再用前脚掌踩住对方传过来的球，用同样的方法将球传给对面幼儿。也可在对方传来球后直接用脚弓推球的方法传过去。

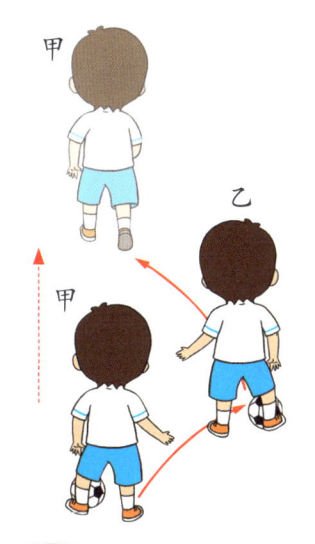

2. 行进间脚弓传球：二人相距5米左右，朝同一方向站立，二人同时向前以同样的速度慢跑，左侧幼儿用左脚脚弓将球向斜前方传给右侧幼儿，右侧幼儿再用右脚将球传给左侧幼儿。

其他技能技巧：
听信号运球，听信号停球：全队幼儿随意分布在球场内，哨声响起，自由运球，以不出界、不碰到别人为要求。哨声再次响起，立刻停球。

4~5岁

足球基本动作

1. 脚掌推球：左脚前脚掌踩球，向前推一下球，使球向前滚动1/4周，跳起换右脚前脚掌踩球，再向前推一下球，左、右脚轮换。

幼儿足球全域课程

2. 脚掌拉球：身体稍向后倾，左脚脚掌踩球，向后拖一下，使球向后滚动1/4周，跳起换右脚，以同样方法拖球，左、右脚轮换。

3. 脚掌拖拉，脚内侧挡：右脚脚掌踩球，向左前方拖拉球，左脚内侧将球向右斜前方挡。

4. 脚掌拖拉，外脚背拨：右脚脚掌踩球，向左前方拖拉球，右脚外脚背向右斜前方拨。

5. 里脚背带球走"8"字：右脚脚背里侧带球，走一个圆。换左脚脚背里侧带球，再走一个圆。

6. 外脚背带球走"8"字：左脚脚背外侧带球，走一个圆。换右脚脚背外侧带球，再走一个圆。

7. 变向扣球

A. 外脚背急转：向前带球时，右脚外脚背向右停球，转身180度，将球带回。

B. 脚内侧扣球：向前带球时，跑到球的右侧，立足脚与右脚同时转体180度，右脚里脚背扣球，带回。

C. 单脚拉推变向（"V"字假动作）：向前带球时，击球脚做出要射门的假动作，当脚掌运动到球的正上方时，用前脚掌踩在球的上部向后拉球，支撑脚为轴，身体向侧方转身90度，击球脚变脚弓将球向侧前方推出，球的运动轨迹与英文字母"V"相同。

8. 单脚后踩球：右脚脚掌踩球，向后拖球，熟练后，可原地转圈。

9. 勾球：将球向上抛起，球下落时，用脚背前半部分触球，用脚趾将球向身后勾。

10. 颠球

A. 颠反弹球：将球抛向地面，当球反弹离开地面时，用正脚背向上方颠球，落地一下，颠球一下，脚踝要放松。

B. 脚背颠球：将球向上抛起，球下落时，用正脚背触球，向上连续颠球。

C. 大腿颠球：将球向上抛起，球下落时，用大腿触球，向上连续颠球。

战术配合要领

1. 变方向传球：几人围成一个圈，分别站在间距相等的位置，甲用脚弓将球传给乙，乙再传给丙，不能将球沿来的方向传回去。

幼儿足球全域课程

2. 回传射门：一名幼儿带球向前，跑至球门前将球向斜后方传给同伴，同伴得球后射门。

3. 球门球配合：分两组，教练员在球门前将球随意抛出禁区后，甲组球员抢到球将球带过半场，乙组球员抢到球后将球射向球门。

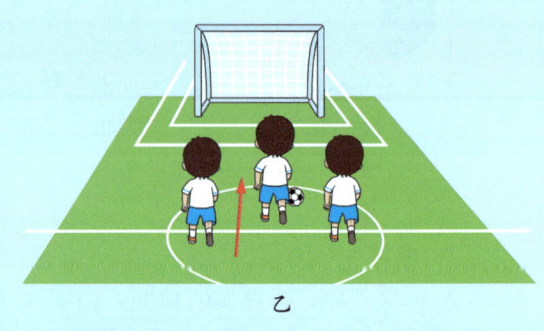

4. 抢截球：幼儿两人一组在球场中圈内练习，甲带球在圈内躲避，乙设法将甲的球踢出圈外或抢到自己脚下。

其他技能技巧：

1. 听哨声、看手势变向运球：幼儿带球跑，听到哨声后，抬头看教练手指的方向，迅速调整带球的方向。

2. 射定位球：将球放在球门正前方、左右斜前方8~10米处，后退2~3米，加速跑，在触球的一刹那，立足脚弯曲，大腿带动小腿发力，身体前倾，用正脚背射门。

3. 行进中射门：幼儿由中圈出发，带球跑向球门，带至禁区附近时观察守门员站位，判断有空当后将球踢入球门。要求控球时注意抬头观察，跑动速度与球速一致，射门动作连贯自然。

5~6岁

足球基本动作

1. 后拖拉：右脚脚掌踩球，左脚向前跳一下，右脚前脚掌将球从身后推至左斜前方。

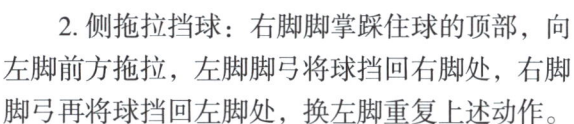

3. 背后运球（内跨内拨）：左脚从球后面用外跨动作跨至球的前方，右脚脚弓将球从背后推向左前方。

5. 拉、拨、扣：右脚将球向后拉，两脚向后退，右脚外脚背拨，身体再向左转90度，右脚里脚背扣球。

2. 侧拖拉挡球：右脚脚掌踩住球的顶部，向左脚前方拖拉，左脚脚弓将球挡回右脚处，右脚脚弓再将球挡回左脚处，换左脚重复上述动作。

4. 晃带球（外跨外拨）：右脚在球前面划一圈，再用左脚外脚背将球带走。

6. 停接球训练

A. 前脚掌停接：将球向上抛起，在球落地的一瞬间，脚抬高20厘米左右将球踩住，不让球弹起。

B. 腹部停接：球向上抛起落地后，腹部前倾40度压弹起的球。

C. 脚背停接：将球向上抛起，球下落时，正脚背向上迎球并顺势向下，减缓球下落的力量，让球轻轻落在脚背上。

7. 各部位颠球

A. 肩：将球向上抛起，球下落时，用肩部触球，将球向上连续颠起。

B. 胸：将球向上抛起，球下落时，身体后倾30度，用前胸触球，将球向上连续颠起。

C. 脚背：脚掌踩球，快速向后拖球，拖球后将脚放在球的下面，让球滚到脚背上，用正脚背向上连续颠球。

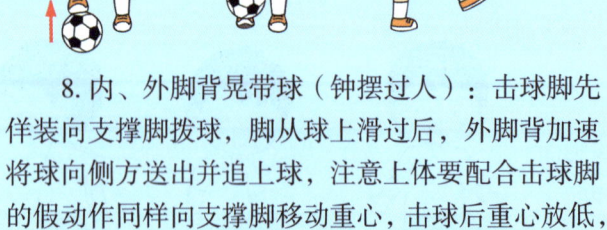

8. 内、外脚背晃带球（钟摆过人）：击球脚先佯装向支撑脚拨球，脚从球上滑过后，外脚背加速将球向侧方送出并追上球，注意上体要配合击球脚的假动作同样向支撑脚移动重心，击球后重心放低，加速转移。整个击球脚的动作如钟摆一般。

9. 守门员技术

A. 接球技术：准备时守门员双手掌心向外，五指分开，双手食指与拇指相对，形成一片三角形视线区域，置于眼睛正前方；接地面球时前臂略弯曲，重心稍下移，一侧膝盖内翻接触地面，同时双手迅速下压，双臂尽量靠近，掌心向外触球，迅速弯腰下压将球抱在胸前；接高空球时则直接在触球后弯曲手臂，将球紧抱，置于腹部并弯腰护球。

准备　　　　　接地面球　　　　　接高空球

B.发球技术：做手抛球时看准抛球方向，可单手或双手将球经体侧用力抛掷向目标；踢球门球时将球摆放在禁区线上，助跑后以大腿带动小腿重击球的下部，脚面由球与地面的夹角处插入，将球踢离地面；开球时需双手持球平举，松手后球自然下落，看准球后将球踢出。

手抛球　　　　　　球门球　　　　　　开球

10.领球

A.正面领球，侧向送球：面对来球，击球脚侧向90度，脚弓迎球，触球后向触球脚方向转体90度，并完成脚弓推球动作。

B.正面领球，背向送球：面对来球，击球脚前脚掌迎球，接球后同时完成向后拉球与反向转体180度的动作。

C.领球转身：击球脚内侧向前迎向来球，接球后脚顺势向后滑行并沿击球脚同侧转体180度，直至球停止，外脚背将球带走。

11.射门

A.带球射门：以各种带球的动作将球带至适当距离处起脚射门。

幼儿**足球**全域课程

B. 过人射门：以变速、变向、假动作等带球动作将球带至适当距离处起脚射门。

C. 领球射门：以领球动作处理好来球后，迅速起脚射门。

战术配合要领

1. 直接任意球与间接任意球：直接任意球可以安排队员以定点射门的方式开展练习；间接任意球则需要两名以上队员以传接球传球射门的方式练习。

2. 下底传中：甲在场地右侧带球，行至靠近底线处时用右脚脚弓将球向左传给跑至门前的同伴，同伴得球后射门。

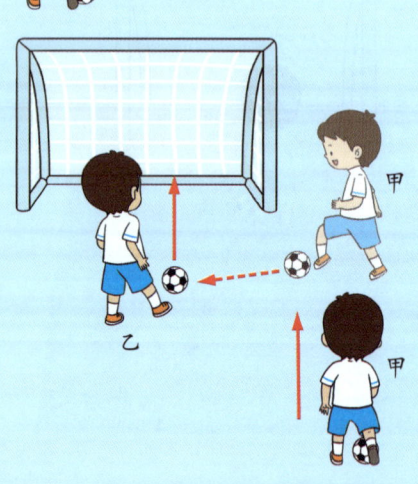

3. 人墙排列：需要守门员及 3 名防守队员共同练习，要领是球门中点、三位防守队员中间的一位和球的位置三点处于一条直线上，剩余防守队员则练习盯紧对方跑位的球员。

4. 防守反击：分两组进行，一组进攻，另一组全线防守，并积极拼抢，抢到球后，后卫控球，前锋迅速跑向对方球场，后卫看准前锋运动方向，大脚将球迅速传至前锋脚下，形成单刀或二过一局面，制造射门得分机会。

其他技能技巧：

1. 大腿、正脚背、脚弓、脚外侧等八个部位连续颠球：手持球按照这个顺序，每个部位分左、右两次。

2. 头顶球：教练手持球，放在高处幼儿跳起能顶到的位置，幼儿用头顶球。

3. 分两队对面穿插运球：幼儿分成两队，面对面站好，听到指令后，带球向前跑，看谁的球没被其他幼儿碰到。

4. 全队无定向穿插运球：幼儿在一定范围内带球，方向随意，用各种动作保护好自己的球，防止被其他幼儿碰到。

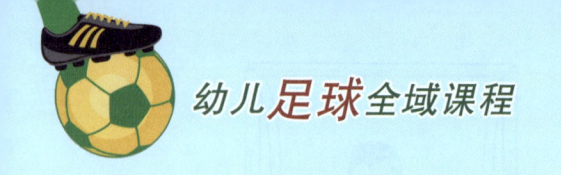

第五篇　幼儿足球全域课程的实施途径

幼儿园基于学习环境、教学活动、游戏、家园共育四种教育途径和集体活动、小组活动、个别活动三种活动组织形式，架构了通过环境创设、足球普及和区域互动来组织实施的幼儿足球全域课程。

一 环境创设

环境在幼儿园教育中有着极为重要的价值，创设适宜的教育环境既是幼儿园课程建设的需要，也是实现幼儿园环境教育功能的需要。环境创设一般包括物质环境创设和人文环境创设。因此，幼儿园可以通过创设丰富的物质环境和人文环境，让幼儿在潜移默化中对足球产生兴趣。

（一）物质环境创设

物质环境创设包含幼儿园公共环境创设和班级区域环境创设。公共环境中，幼儿园可以建设、投放足球运动需要的场地和用具，例如铺设五人制足球绿茵场，投放足球门、足球标志桶、足球标志碟、足球杆、敏捷梯、敏捷圈，准备足球队服、足球鞋等。此外，还可以打造足球文化墙，悬挂国内外知名足球队队旗等；班级区域环境中，每个班级可以设置不同内容、不同风格的足球角。

（二）人文环境创设

人文环境创设是指以足球为载体开展的同伴活动、师幼活动和亲子活动，以发展良好的同伴关系、师幼关系和亲子关系。如请同伴讲述足球故事，教师及时处理幼儿在足球活动中遇到的问题，开展亲子足球游戏、亲子粘贴画活动等，让足球全天候伴随幼儿成长。

二 足球普及

普及性是幼儿足球启蒙教育的一个重要特征，因此，足球普及可以作为幼儿园开展幼儿足球全域课程的组织实施方式，即通过在幼儿园中面向幼儿组织开展各种类型的足球教育活动，使幼儿足球启蒙教育惠及所有适龄的幼儿。

结合幼儿足球全域课程的内容，足球普及包含组织开展足球半小时活动、足球专业普及活动、足球融合活动、足球队训练活动和足球主题活动。

（一）组织开展足球半小时活动

组织开展足球半小时活动是指由班级教师带领本班幼儿在户外游戏活动时间组织开展以足球韵律操和足球游戏为主要内容的足球活动，整个活动的时间控制在半小时内，目的就是让足球运动融入幼儿的常规户外活动，引导幼儿通过做韵律操、玩游戏，达到在锻炼身体的同时增加对足球的喜爱的目的。足球半小时活动的趣味性强，内容相对简单，便于幼儿理解操作，同时也便于教师组织开展，所以幼儿园可以在每天上午或下午的幼儿户外活动时间开展。足球韵律操和足球游戏的内容可以随着幼儿的发展需要进行适时调整，一般足球韵律操每半学期调整一次，足球游戏可以每周调整1~2次，对于年龄稍长的中、大班幼儿，教师可以请他们参与活动内容的设计和调整。

（二）组织开展足球专业普及活动

组织开展足球专业普及活动是指由专业的足球教练带领幼儿以班级为单位进行基本足球动作和技能学习的足球活动。足球专业普及活动的学习难度、强度与专业性较强的足球训练有很大区别，其目的是帮助幼儿了解、掌握与自己身心发展特点相符合的简单、基本的足球知识、动作与技能，这也为全园适龄幼儿体验专业足球学习提供了机会。在活动中，教练主要以游戏的方式引导幼儿学习，重视幼儿对动作与技能的体验，在完成度方面并不做过高的要求。活动内容相对于足球游戏来说有一定的难度，因此幼儿园可以安排每个班级每周进行1次活动，每次活动的时间根据小、中、大班不同班型分别设定为15~20分钟、20~25分钟、25~30分钟。鉴于很多外聘专业足球教练缺乏学前教育的专业知识，为了保证足球专业普及活动的有效开展，班级教师最好进行配课，这对班级教师来说也是向足球教练学习专业足球知识技能和教法的好机会。

（三）组织开展足球融合活动

组织开展足球融合活动主要是指班级教师带领本班幼儿进行以足球为载体的五大领域集中教育活动，旨在将足球与常规的五大领域集中教育活动相融合，丰富足球教育活动的表现形式，引导幼儿在健康、语言、社会、科学、艺术领域活动中学习与足球有关的、能够促进自己身心全面和谐发展的基础知识、基本技能和基本行为方式等。幼儿园可以根据足球融合活动的具体内容与目标，将其与本园实施的课程或园本课程搭配使用，可以每周开展一次活动，每次活动的时间根据小、中、大班不同班型分别设定为15分钟、20分钟、25分钟。

（四）组织开展足球队训练活动

组织开展足球队训练活动是指专业足球教练面向足球队的幼儿开展的以足球常识规则、基础技能训练和基础体能训练为主要内容的足球教育活动，旨在为有意愿、有能力的幼儿提供专业的足球学习机会，为社会培养足球后备人才。因此，足球队队员是在幼儿自愿报名的基础上，通过教练的选拔和教师的推荐产生出来的。鉴于足球训练有较强的专业性，幼儿了解掌握学习内容有一定的难度，需要较多时间学习与实践，因此幼儿园可以将训练

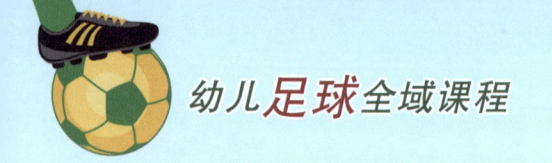

时间安排在每天早上的7点到8点之间，要坚持做到风雨不误，如果遇上恶劣天气可以从室外转移到室内训练。足球训练可以混龄训练的形式开展，同时还要充分考虑幼儿的身心发展特点，要以游戏的方式为主，但是每个年龄段之间还要有所区别。对于小班幼儿，可以采用游戏式的训练方式；对于中班幼儿，可以采用游戏和动作练习相结合的训练方式；对于大班幼儿，可以更多地采用比赛式的训练方式。

（五）组织开展足球主题活动

组织开展足球主题活动是指教师基于本班幼儿身心发展规律，依据幼儿对足球的兴趣和相关学习生活经验，生成与足球相关的活动主题，请幼儿在一定的时间范围内，围绕活动主题，自主观察、探索与足球相关的事物、现象，教师适时给予支持和引导。组织开展足球主题活动适合有一定幼儿足球启蒙教育经验的幼儿园。这些幼儿园可以结合整个学年的教育教学计划安排，以足球主题月的方式来实施足球主题活动。在具体的活动中，教师要注意采用适宜的方式激发幼儿自主探究的兴趣，例如请幼儿参与主题环境的创设，运用观察记录发现幼儿的兴趣与需求、寻找为幼儿提供支持的时机、取得幼儿的信任等。

三 区域互动

《纲要》中指出，环境是重要的教育资源，应通过环境的创设和利用，有效地促进幼儿的发展……充分利用自然环境和社区的教育资源，扩展幼儿生活和学习的空间。

为了充分开发利用园外足球教育资源，拓展幼儿的学习空间，同时与园外足球教育组织、机构共享优质足球教育资源，幼儿园可以采用区域互动的方式开展幼儿足球全域课程。

区域互动是指整合园内外的足球教育资源，让优质的幼儿足球启蒙教育资源惠及更多幼儿的足球教育与推广模式，具体包含外出送教、接待观摩、专业衔接、园际互动等。外出送教是指幼儿园教师或教练去外园进行课程培训。接待观摩是指接待各级单位、团体来园观摩、体验幼儿园开展足球启蒙教育课程。专业衔接是指幼儿园依托园外专业足球力量来推进足球启蒙课程，例如带领幼儿参观、体验小学足球队训练，带领幼儿参观市级足球队训练基地，邀请足球明星来园与幼儿交流等。园际互动是指邀请其他幼儿园幼儿来本园体验课程，如开展混合友谊比赛、参与趣味足球游戏等。

幼儿园可以根据每学年幼儿足球启蒙教育工作的计划、开展幼儿足球全域课程的需要、园外组织与机构提出的合作要求与安排等，合理安排区域互动的时间和频率。

小班主题 足球宝宝

主题说明

幼儿天生能被足球吸引,足球滚动的状态能促使幼儿做出踢、扔、拍、打等一系列动作,从而锻炼肢体协调能力。玩足球能满足幼儿奔跑的需要,刺激幼儿骨骼和肌肉生长,培养幼儿良好的规则意识和合作意识,在玩足球中产生的愉快情绪有益于幼儿心理健康。

为了培养幼儿对足球运动的兴趣,引导幼儿在足球活动中获得身心和谐发展,我们设计了"足球宝宝"主题教育活动,围绕"说说球宝宝""摸摸球宝宝""画画球宝宝""玩玩球宝宝"四大板块,从幼儿已有经验出发,引导幼儿在感知、操作、体验中认识足球的基本特征,形成初步的规则意识,增强幼儿体质和发展身体协调能力,萌发其对足球的喜爱。

主题目标

1. 喜欢参与足球游戏和活动,爱护足球,形成初步的规则意识,体验与同伴一起玩足球的乐趣。
2. 能够通过直接感知、亲身体验和实际操作了解足球的基本特征,在体育运动中发展动作的协调性,通过儿歌、绘画、舞蹈表现玩球的乐趣。
3. 了解关于足球的简单常识与基本特征,学习脚背带球等基本足球动作。

主题网络图

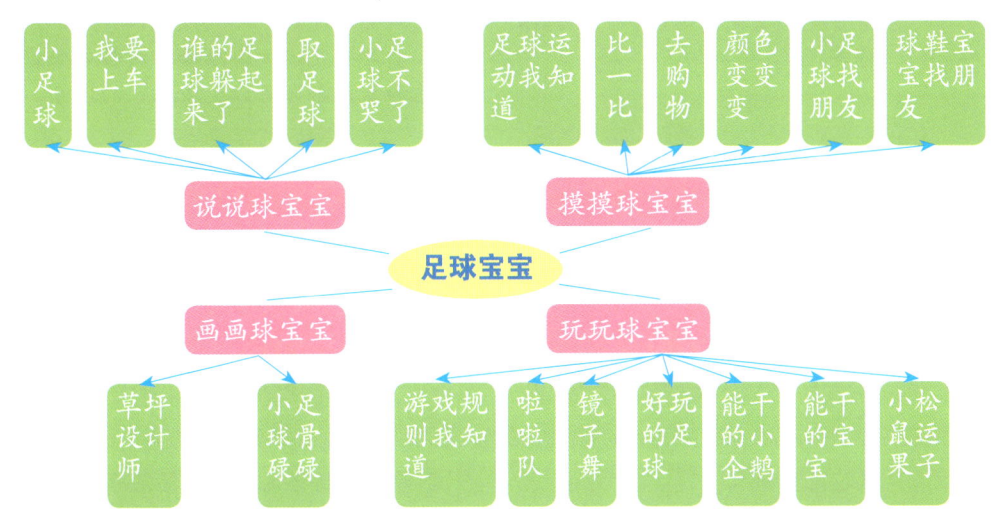

- 说说球宝宝:小足球、我要上车、谁的足球躲起来了、取足球、小足球不哭了
- 摸摸球宝宝:足球运动我知道、比一比、去购物、颜色变变变、小足球找朋友、球鞋宝宝找朋友
- 画画球宝宝:草坪设计师、小足球骨碌碌
- 玩玩球宝宝:游戏规则我知道、啦啦队、镜子舞、好玩的足球、能干的小企鹅、能干的宝宝、小松鼠运果子

环境创设

1. 主题环境

我的问题

教师可以通过提问或观察来了解幼儿关心的足球问题,收集并梳理幼儿最感兴趣的典型问题,如"足球是什么样的""足球可以怎样玩"等,用图画或照片的形式呈现在主题墙上。

我的研究

针对幼儿的问题，引导幼儿用询问家长或相互分享等方式，寻找问题答案，获得经验，并以图文并茂的形式呈现在"我的探究"板块。

投放"足球运动我知道"等活动中家园共同收集的相关实物或图片，供幼儿在活动中观察和交流，不断丰富幼儿的认知经验。

以照片的形式捕捉幼儿在"好玩的足球""能干的小企鹅""镜子舞"等实践体验活动过程中的精彩瞬间，感受体验活动带来的快乐情绪。

在"比一比""颜色变变变"等活动中把幼儿操作探究的过程资料进行展示、分享。

我的作品

展示与主题相关的幼儿艺术作品，如"草坪设计师""小足球骨碌碌"等。

2. 区域环境

区域	材料	指导建议
语言区	1. 小足球。 2. 幼儿踢足球的视频和图片。 3. 小故事书《取足球》。 4. 著名足球运动员的图片。	1. 引导幼儿结合视频和图片说儿歌。 2. 引导幼儿结合小故事书讲述故事《取足球》。 3. 引导幼儿认识著名的足球运动员，了解他们的故事并大胆进行交流。
科学区	1. 足球运动、篮球运动、排球运动等常见球类运动的活动图片。 2.《足球物品》游戏卡。 3. 黄色和蓝色丙烯颜料、油画棒、橡皮泥。	1. 引导幼儿结合图片内容认识常见的球类运动。 2. 引导幼儿利用《足球物品》游戏卡进行大小配对。 3. 引导幼儿通过实际操作材料感知黄色和蓝色融合可以变成绿色的现象。
美工区	1. 油画棒和没有草坪的足球场画纸。 2. 丙烯颜料、塑料小足球和白色画纸。	1. 引导幼儿用绿色油画棒练习画短线。 2. 引导幼儿用塑料小足球和丙烯颜料在画纸上进行足球滚画。
表演区	1.《库企企》歌曲。 2.《波基上校进行曲》乐曲和足球。 3. 树林背景舞台、小猪头饰、小足球头饰。	1. 引导幼儿随音乐节奏表演足球啦啦操。 2. 引导幼儿与同伴一起跳镜子舞。 3. 引导幼儿与同伴一起表演故事《小足球不哭了》。
建构区	纸芯筒和积木。	引导幼儿拼搭足球或拼插足球、足球运动员等足球运动中常见的人物、事物。

家园共育

1. 请家长引导幼儿了解常见球类运动的简单常识。
2. 请家长帮助幼儿了解足球的相关知识，如国内外著名足球运动员、球队、赛事等。

3. 请家长和幼儿一起说一说在幼儿园学到的足球儿歌和故事。
4. 请家长引导幼儿感知生活中常见事物的大小，并引导幼儿进行大小分类。
5. 请家长指导幼儿在日常生活中遵守基本的行为规范。
6. 请家长在生活中为幼儿提供 5 以内点数和按数取物的机会。
7. 请家长在生活中鼓励幼儿自己的事情自己做。

游戏活动

抢球大战

游戏目标

1. 体验与同伴共同游戏的快乐。
2. 能在游戏中听信号并迅速做出反应。
3. 尝试在游戏中思考抢球的策略，提高身体灵活性。

游戏准备

1. 布球（或足球）若干，摆放在两条标记线正中间（标记线间距 2 米，平行摆放）。
2. 宽敞平坦的场地。
3. 欢快的音乐。

游戏玩法

玩法一：幼儿分成两队，两人一组，面对面站在各自的标记线上，教师发出摸不同身体部位的指令（如"摸摸头"或"头头头"），幼儿按要求碰触自己的身体，当听到教师说"球"的时候，要迅速用手抢自己和对方幼儿之间的球，抢到者为胜，游戏可反复进行。

玩法二：幼儿分成两队，两人一组，背对背站在各自的标记线上，听到哨声后，两队幼儿迅速转身用手去抢放在自己和对方幼儿之间的球，抢到球数量多的组获胜。

玩法三：在宽敞的场地上随意摆放布球（或足球），数量为幼儿人数的一半，幼儿随音乐在场地自由行走，音乐停止后，迅速用脚掌踩球，踩到球者为胜，游戏可反复进行。

游戏规则

1. 听到哨声（或口令）后才能抢球。
2. 玩法一中，只能跟与自己同组的幼儿抢球。
3. 前两种玩法中，若一人先用手抢到球，对方就不能再抢夺。

游戏建议

游戏前，教师可带领幼儿进行全身各部位的热身练习，避免游戏中动作幅度过大而造成身体拉伤。游戏准备中，教师要注意调整两队幼儿之间的距离，避免因为距离太近造成抢球中的肢体碰撞。游戏过程中，教师可以提示幼儿抢到球后将球高高举起，方便统计两队抢球的数量。为增加游戏的趣味性，还可以鼓励幼儿用多种形式抢球，如仰卧抢球等。

鱼雷来啦

游戏目标

1. 大胆躲避"鱼雷",勇于挑战自己。
2. 能灵活躲避"鱼雷"。
3. 练习脚背击球的动作。

游戏准备

1. 幼儿围坐成圈,排好"鱼雷阵"。
2. 足球1~2个,当作鱼雷。

游戏玩法

幼儿分成两组,一组围坐成圈当海军,布成"鱼雷阵",另外一组在圈内当敌方军舰。游戏开始,"海军"将"鱼雷"滚向圈内的"敌方军舰","鱼雷"滚到对面,由"鱼雷阵"上最近的幼儿接住后,再次瞄准"敌方军舰"快速滚出,反复进行。"敌方军舰"在圈内不停地跑动躲闪"鱼雷"的袭击,被"鱼雷"碰到的"敌方军舰"就算被击中,要马上退出"敌方军舰"阵营,坐到圈上加入"鱼雷阵",参与滚"鱼雷",直至圈中仅剩一艘"敌方军舰",本轮结束。换人当敌方舰队,游戏继续进行。

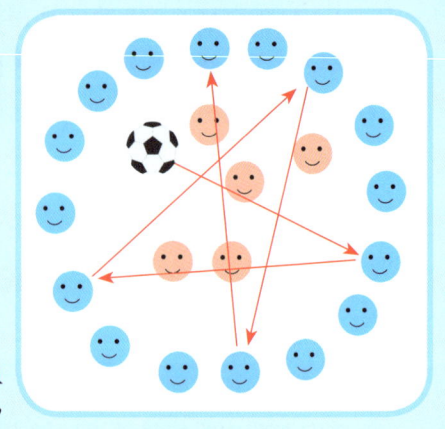

游戏规则

"海军"在使用"鱼雷"时,只能在地面滚动,不能投掷,违者退出游戏;"敌方军舰"只能在圈内"航行",不能跑到"鱼雷阵"外。

游戏建议

游戏前分配角色时,圈内"敌方军舰"数量不宜过多,以保证有足够的空间躲闪。在使用"鱼雷"时,提醒幼儿要用脚背击球,不能用手投掷。在幼儿熟悉游戏玩法后,可以将"鱼雷"增加到2~3个,以减少"海军"的等待时间,提高"敌方军舰"的躲闪难度。还可以创设新的游戏角色和情景,如"喜羊羊大战灰太狼"等。

炸弹来啦

🔵 **游戏目标**

1. 注意自我保护，不碰撞同伴，有一定的安全意识。
2. 尝试灵活地躲避滚向自己的"炸弹"。
3. 练习脚背用力将"炸弹"踢走。

🔵 **游戏准备**

1. 足球若干，红、黄两色训练服若干。
2. 根据幼儿数量在场地中间设置一个合适的"家"（如图）。

🔵 **游戏玩法**

玩法一：教师扮大灰狼，幼儿扮小动物。森林里滚来了很多"炸弹"，"小动物"们一定要躲开"炸弹"。"小动物"们躲在"家"里，"大灰狼"将"炸弹"踢进"小动物"们的家，"小动物"们要注意躲避。

玩法二：请一名幼儿扮大灰狼，从各个方向"踢炸弹"，其他"小动物"们除了躲避，还可以将"炸弹"踢出"森林"或踢向"大灰狼"，击中"大灰狼"为胜。

🔵 **游戏规则**

"大灰狼"和"小动物"们只能用脚踢"炸弹"。

🔵 **游戏建议**

熟悉游戏后，可增加"大灰狼"的数量，增加游戏的难度和趣味性。教师要提醒幼儿躲避"炸弹"时注意不要和其他小朋友撞在一起，有自我保护意识。

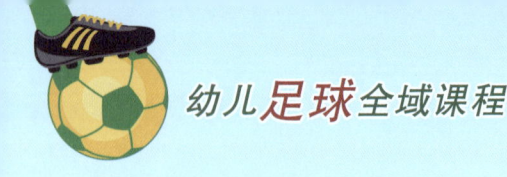

攻城堡

⭐ **游戏目标**

1. 愿意与同伴合作玩游戏。
2. 尝试在游戏中想不同办法去"争抢"足球。
3. 练习用脚背击球，提高动作的灵敏性。

⭐ **游戏准备**

1. 在地上画一个大圆圈，表示城堡。
2. 圆圈中心放一个足球，表示城堡中的宝贝。

⭐ **游戏玩法**

三分之一人数的幼儿站在圈内扮守城小兵，三分之二人数的幼儿站在圈外扮攻城人。游戏开始，"攻城人"要想办法取到"宝贝"（将足球踢出圈），而"守城小兵"要尽力保护"宝贝"不被"抢走"（踢走）。如果"宝贝"被踢出圈则表示"城堡"被攻破。可以调整角色，重新开始游戏。

⭐ **游戏规则**

"宝贝"只能用脚踢，不能用手抓。

⭐ **游戏建议**

游戏熟练后，可增加游戏难度，如增加"宝贝"的数量，"攻城人"要将所有"宝贝"踢出圈才算赢。

打老鼠

🔵 游戏目标

1. 勇于克服游戏中的困难。
2. 能双手将球投掷到2米远的位置。
3. 学习掷界外球的动作。

🌟 游戏准备

1. 老鼠图片若干（用纸壳做成无底三棱柱，悬挂在10米长的线绳上，每个三棱柱正面贴上一张老鼠图片，并将线绳置于距起点线2米处）。
2. "炸弹"（布球）人手1个。

🔵 游戏玩法

游戏开始，教师说："幼儿园里出现了一群偷吃粮食的老鼠，请小朋友帮忙用'炸弹'赶走它们。"幼儿站在起点线上，听到"打老鼠"口令后，迅速用双手把"炸弹"举过头顶，用力将"炸弹"抛向"老鼠"，并迅速跑到绳子后面捡回"炸弹"，返回起点线站好。游戏可以反复进行。

🌟 游戏规则

幼儿以发界外球的方法投掷"炸弹"击打"老鼠"。

🌟 游戏建议

教师在示范游戏玩法时，动作要规范，指导语要精准，便于幼儿掌握游戏规则。如果多数幼儿打不到"老鼠"，教师一方面要鼓励幼儿不怕困难，敢于尝试，另一方面可以适当降低绳子的高度或缩短绳子与幼儿之间的距离。如果幼儿人数过多，可以分两组进行，也可以在三棱柱的另一面贴上老鼠图片，让两组幼儿同时打"老鼠"，捡球的时候要提醒幼儿捡身边的球，避免混乱。当幼儿熟悉玩法后，教师可根据幼儿水平，鼓励幼儿去打逃到远处的"老鼠"（扩大绳子和起点线的间距）和吓得来回跑的"老鼠"（配班教师拉动绳子使"老鼠"左右移动）。

老鹰捉小鸡

游戏目标

1. 在躲闪的过程中提高动作敏捷性。
2. 在躲避"老鹰"追捕的过程中，初步锻炼带球控球的能力。
3. 初步学习边带球边抬头观察场上情况的方法。

游戏准备

1. 老鹰头饰一个。
2. 小鸡头饰，与幼儿人数相同。
3. 宽敞平坦的足球场地。
4. "粮食"（积木和足球）若干。

游戏玩法

教师扮老鹰，幼儿扮小鸡。

玩法一："小鸡"在草坪上寻找"粮食"（积木），看到"老鹰"来了，快速跑回"鸡窝"（自己的球门区）里躲好，同时把找到的"粮食"放进"鸡窝"。"老鹰"走后，"小鸡"继续出来寻找"粮食"，被抓到的"小鸡"到场外等候。

玩法二：足球当作粮食，"小鸡"需要用脚将"粮食"运回"鸡窝"，"老鹰"会在"小鸡"经过的地方将"粮食"拦下（将足球踢走），"小鸡"要注意抬头观察情况，带球改变方向和速度躲避"老鹰"，"粮食"被踢走后要重新寻找"粮食"。

游戏规则

"老鹰"走后，"小鸡"才可以出门找"粮食"。

游戏建议

游戏熟练后，可以增加"老鹰"的数量，也可以将"抓到"的"小鸡"变成"老鹰"的帮手去捉"小鸡"。活动中教师要提醒幼儿抬头观察场上的情况，想办法躲避"老鹰"的追赶，避免撞到同伴。

小鳄鱼去踢球

🔵 **游戏目标**

1. 愿意倾听。
2. 能根据信号做动作，懂得按照规则游戏。
3. 练习脚掌停球的动作。

🔵 **游戏准备**

1. 鳄鱼宝宝胸饰每人1个。
2. 布球若干。
3. 画有起点线和终点线的方形场地。

（起点） （终点）

🔵 **游戏玩法**

玩法一：请幼儿扮鳄鱼宝宝来玩球。当教师说"'鳄鱼宝宝'去踢球"时，"鳄鱼宝宝"从起点线出发用脚背把球踢出去，然后追上自己的球，并"咬住球"（用前脚掌轻轻踩球）保持不动，当再次听到"'鳄鱼宝宝'去踢球"的口令，重复上述动作，直到将球运到终点线处。游戏可根据幼儿的兴趣反复进行。

玩法二：幼儿分成两组，一组幼儿踢球前进，另一组幼儿在场地中间准备接力，玩法同上。

🔵 **游戏规则**

当听到"'鳄鱼宝宝'去踢球"时，要按顺序完成脚背击球和前脚掌踩球两个动作，然后保持踩球动作不动，等待教师再次发出口令。

🔵 **游戏建议**

游戏借助幼儿熟悉的"鳄鱼宝宝"的形象，通过引导幼儿扮演鳄鱼宝宝去玩球，激发幼儿的游戏兴趣。因此，教师应当做到将"鳄鱼宝宝"这一游戏角色贯穿始终，保持幼儿游戏角色的一致性。教师在游戏中可设置分享交流环节，引导幼儿谈谈游戏的体会，帮助幼儿进一步感受足球游戏乐趣的同时，加深其对脚背击球和脚掌踩球两个足球基本动作的理解，如脚掌踩球时，要像鳄鱼张开的嘴巴一样。

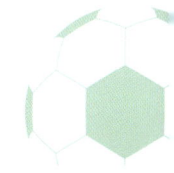

穿越小树林

⭐ **游戏目标**

1. 体验合作游戏的快乐。
2. 能动作协调地带球绕杆。
3. 练习带球绕杆的动作。

⭐ **游戏准备**

1. 足球 2 个。
2. 锥形筒若干，与幼儿人数相同。

⭐ **游戏玩法**

玩法一：幼儿分成两队，站在自己的锥形筒旁边。听到哨声后，每队第一名幼儿用脚背击球的方法带球依次绕过队友和锥形筒，绕至队尾后，用脚弓传接球的方法将球从后往前依次传回排头，排头幼儿重复做带球绕杆与传球动作，依次类推，直到所有幼儿都参与游戏。游戏可反复进行。

玩法二：将锥形筒布置成"小树林"场景，幼儿扮猪妈妈（或猪爸爸）站在场地一端，听到哨声后，带着"猪宝宝"（足球）穿过"小树林"（用绕杆的形式带球），将"猪宝宝"送回"猪窝"（球门）。游戏熟练后，教师可扮大灰狼，在"小树林"后方拦截"猪宝宝"（将球踢走），足球被踢走的幼儿要重新穿越"小树林"，游戏可反复进行。

⭐ **游戏规则**

带球绕杆时，身体和球均不能与队友和锥形筒发生碰撞。

⭐ **游戏建议**

热身活动中，教师可带领幼儿绕锥形筒进行 S 形穿梭跑，激发幼儿活动的兴趣。教师要注意保护幼儿安全，避免碰撞。如果幼儿人数过多，可分成多组进行游戏，以减少幼儿等待的时间。幼儿熟悉玩法后，可组织幼儿进行比赛，调动其竞争意识，提高游戏趣味性。游戏玩法二中，可请幼儿当大灰狼，或者增加"大灰狼"的数量，增加游戏的难度，调动幼儿的积极性。

集中教育活动

小足球

活动导引

本活动主要涉及语言领域，重点培养幼儿对儿歌的理解与表达能力。活动中，教师可以鼓励幼儿大胆运用肢体动作表现儿歌内容，加深对儿歌内容的理解。

活动目标

1. 喜欢说儿歌。
2. 能用肢体动作表现儿歌内容。
3. 知道足球的形状特点。

活动准备

1. 儿歌《小足球》（见资料包）。
2. 足球若干。
3. 大图画纸。
4. 彩笔。

活动过程

1. 观察感受

教师边说儿歌边在大图画纸上画出足球，引起幼儿兴趣。

2. 感知发现

教师出示小足球，让幼儿看一看、摸一摸，通过观察和触摸感知足球的形状。

3. 学说儿歌

教师引导幼儿学说儿歌《小足球》。可以引导幼儿一边做动作一边说儿歌，便于幼儿理解儿歌的内容。开始的时候，教师可以带幼儿说儿歌，也可以根据幼儿的表现情况，请能力强的幼儿来带领其他幼儿一起说儿歌。

4. 分组游戏

请幼儿两人一组，边说儿歌边玩足球。

活动建议

教师在活动中要引导幼儿用感官去感知足球的颜色和形状。在学说儿歌的过程中，教师可以采用集体表演、分组表演、个别表演等多种方式引导幼儿说儿歌。

资料包

儿歌　　　　　　　　　　小足球

小足球，圆溜溜，你传我，我传你。
踢一踢，跑一跑，天天锻炼身体好。

足球运动我知道

⭐ 活动导引

本活动主要涉及科学领域，重点引导幼儿在探究中认识足球和常见球类运动。活动中，教师可以通过直接感知、亲身体验、实际操作的方法，引导幼儿了解足球和其他常见球类运动的基本特征。

⭐ 活动目标

1. 体验足球运动的快乐。
2. 能够区分足球运动和其他常见球类运动。
3. 了解足球运动的基本特征。

⭐ 活动准备

1. 关于足球运动的PPT（幻灯片）。
2. 球类运动（足球运动、篮球运动、羽毛球运动、乒乓球运动）操作卡。
3. 足球运动场地。
4. 足球1个。
5. 足球训练服若干。

⭐ 活动过程

1. 观察感知

教师播放PPT，引导幼儿观看足球运动视频，初步感知足球运动。

教师：看一看，视频里的小朋友们在做什么？

2. 讨论分享

教师通过提问、播放PPT中足球运动的相关图片，引导幼儿认识、掌握足球运动的基本特征。

教师：足球是什么形状的？常见的足球是什么颜色的？有什么样的图案？

教师：足球场是什么形状的？是什么颜色的？足球场上有什么？

教师：足球比赛的基本规则是什么？

教师：足球是常见的体育运动之一，圆圆的小足球穿着黑色和白色的衣服，由五边形和六边形组成。在绿色的长方形足球场两边有球门。参加足球比赛的人由两队组成，身穿不同的衣服，哪一队踢进对方球门的球多，哪一队就获得胜利。

3. 操作体验

出示常见的球类运动（足球运动、篮球运动、羽毛球运动、乒乓球运动）操作卡，鼓励幼儿根据足球运动的基本特征，找出足球运动。

教师：请小朋友找一找，哪一个是足球运动？足球是什么样的，怎么玩的？其他球类运动的球是什么样的？应该怎么玩？

4. 游戏体验

教师将幼儿分成两组，进行足球比赛。

教师：请小朋友穿好足球服进行足球比赛，看谁能先把球踢进对方的球门。

⭐ **活动建议**

在活动准备中，教师在 PPT 里展示的足球运动视频要确保画面清晰、速度慢，方便幼儿观察、感知。

在操作体验中，教师要在幼儿操作结束后，通过提问，鼓励幼儿大胆表述足球运动的基本特征，加深对足球基本特征的理解。

在游戏体验中，教师除了要引导幼儿感受足球运动的乐趣，还要激发幼儿对足球运动探索的兴趣，如了解家乡的足球队、掌握简单的足球技能等。

⭐ **活动拓展**

可以将球类运动操作卡投放到科学区中，供幼儿继续感知常见球类运动的基本特征。

⭐ **家园共育**

为了能让幼儿更好地掌握足球运动的基本特征，建议家长在活动前帮助幼儿了解常见的球类运动（篮球运动、乒乓球运动、羽毛球运动）的简单知识，做好活动准备。

小足球找朋友

⭐ **活动导引**

本活动主要涉及社会领域，重点发展幼儿的同伴交往能力。活动中，对于能大声介绍自己的幼儿教师要及时进行表扬，对于不会介绍自己的幼儿，教师要引导他们说出自己的名字。

⭐ **活动目标**

1. 愿意向同伴大胆介绍自己。
2. 能够比较完整、清楚地介绍自己。
3. 学说短句"我叫×××""××× 欢迎你"。

⭐ **活动准备**

足球若干。

⭐ **活动过程**

1. 情境导入

幼儿站成半圆，教师出示足球，创设小足球找朋友的情境。

教师：看，这是什么？

教师：小足球刚刚到我们班，有点怕生，它想和大家做朋友。它对小朋友们说："大家好，我叫小足球，谁可以成为我的好朋友？"

2. 游戏练习

教师带领幼儿玩游戏"小足球找朋友"。

教师边说儿歌边从一名幼儿开始沿顺时针方向依次将球踢向幼儿。"小足球，圆溜溜，

找到一个好朋友。"幼儿接球后，教师问："这个朋友叫什么？"请幼儿响亮地介绍自己的名字"我叫×××"，再将球踢回给教师。其他幼儿一起拍手说："×××，欢迎你！"

3. 分组活动

教师引导幼儿分组玩足球游戏"小足球找朋友"。

活动建议

教师要创设轻松愉悦的活动氛围，鼓励幼儿大胆向同伴介绍自己。活动中，要注意观察幼儿的表现，在分组游戏中可以请一名能力强的幼儿带领本组其他幼儿进行游戏。

草坪设计师

活动导引

本活动主要涉及艺术（美术）领域，重点发展幼儿的美术表现能力。教师应注重细节的把握，如在示范时要放慢语速、讲解清晰，让幼儿充分观察、学习正确的握笔方法，帮助幼儿养成良好的作画习惯。

活动目标

1. 体验合作绘画的乐趣。

2. 养成良好的绘画习惯。

3. 学习画短线的方法。

活动准备

1. 图1：幼儿在有草坪的场地上踢球的场景。

2. 图2：幼儿在没有草坪的场地上踢球的场景（每组一张）。

3. 油画棒。

图1

图2

活动过程

1. 观察发现

教师出示两张图片，引导幼儿观察。

教师：这两张图片有什么不一样的地方？为什么要有草坪？我们来帮他们设计上草坪吧。

2. 示范讲解

引导幼儿观看绘画小草的方法。

教师：伸出大拇指、食指、中指三根手指头，握住小蜡笔，三条短线"脚跟"对"脚跟"向上画，我的小草画好了。

3. 合作绘画

教师为幼儿分好组，为每组发一张没有草坪的踢球场景图片。

● 教师指导幼儿进行绘画，提醒幼儿在绘画的时候要注意，让整个球场都长满小草，在空白的地方画上小草。

● 幼儿合作绘画。

4. 欣赏作品

● 请幼儿互相说说自己喜欢哪组作品，为什么。

● 对幼儿间的团队协作精神进行鼓励及肯定。

🔵 活动建议

活动中教师可以将音乐融入其中，让幼儿在轻柔的音乐中作画，既可以陶冶情操，又可以体验到美的感受。欣赏作品环节，教师可尝试用多种方式进行评价。如奖励法，用幼儿熟悉的"笑脸"、粘贴等作为刺激物让幼儿把这些奖品送给自己喜欢的作品，以奖品的多少选出幼儿喜欢的作品。

🔵 活动拓展

教师可以在美工区投放没草坪的踢球场景图片和油画棒，引导幼儿画短线添加草坪。

好玩的足球

🔵 活动导引

本活动主要涉及健康领域，重点发展幼儿动作的协调性。活动中，教师在带领幼儿探索脚的不同部位的踢法时，要注意培养幼儿的创新性，增强幼儿的自信心，激发幼儿对足球活动的兴趣。

🔵 活动目标

1. 体验踢足球的乐趣。
2. 能够用脚的不同部位踢球。
3. 了解踢足球的简单规则。

🔵 活动准备

1. 小足球每人1个。
2. 节奏感强的音乐。

◉ 活动过程

1. 热身活动

教师带领幼儿进入场地做热身运动，引导幼儿听音乐做动物模仿操。

教师：今天天气真好，让我们一起来锻炼身体吧！

2. 了解规则

教师出示小足球，通过谈话与示范引导幼儿了解踢足球的基本规则。

教师：小朋友们看一看，这是什么？

教师：运动员们主要用身体的哪个部位来踢足球呢？

教师：运动员主要用脚来踢球。（教师边说边示范踢球）

3. 探索练习

●引导幼儿探索用脚的不同部位踢球的方法。

教师：小足球都可以用脚的哪些部位来踢呢？小朋友们自己试一试吧。

●请幼儿自由练习，教师进行观察指导。

教师请方法独特、动作协调的幼儿进行动作示范，并引导其他幼儿模仿。

4. 游戏提升

教师创设小足球回家的游戏情境，引导幼儿用不同的脚部带球方法将球送回"家"。

◉ 活动建议

教师引导幼儿尝试不同的脚部带球方法时，不要强调动作的整齐划一，应当关注幼儿是否乐于用不同的方法带球。

我要上车

◉ 活动导引

本活动主要涉及语言领域，重点引导幼儿在倾听、理解以及尝试角色对话中，学会用"您好""请"等礼貌用语与他人交往。

◉ 活动目标

1. 体验角色扮演的乐趣。

2. 能够模仿故事中的对话。

3. 倾听理解故事内容。

◉ 活动准备

1. 出租车模型或卡片。

2. 小猪、小猫、小狗、小兔手偶。

3. 故事形象卡片。

◉ 活动过程

1. 谈话导入

●教师出示出租车卡片，让幼儿观察是什么车，引起幼儿兴趣。

●通过提问引发幼儿倾听故事的兴趣。

教师：森林里又要举办足球比赛了，看，什么车开来了？

2. 讲述故事

教师利用卡片完整讲述故事，引导幼儿理解故事，重点倾听小动物和小猪司机之间有礼貌的对话。

3. 角色对话

教师分段讲述故事，按照故事内容依次提问，引导幼儿模仿故事中的对话。

4. 操作讲述

请幼儿利用卡片进行操作讲述。

活动建议

角色对话时，教师用提问或追问的方式引导幼儿观察图片，鼓励他们用不同的语句表达动物间的对话，不必拘泥于故事中的原对话，要引导幼儿使用礼貌用语。

活动拓展

在表演区投放立体汽车、小猪、小猫、小狗、小兔手偶，引导幼儿表演故事《我要上车》。

资料包

故事

我要上车

今天的天气可真好，森林里要举办一年一度的足球比赛了，出租车也开始忙了起来。

小猪司机说："我要开车去足球场，谁要坐车啊？"

小猫跑来说："司机您好，我要坐车到足球场踢球！"小猪司机说："好，请上车。"

小狗跑来说："司机您好，我要坐车到足球场看球赛！"小猪司机说："好，请上车。"

小兔跑来说："司机您好，我要坐车到足球场当啦啦队员！"小猪司机说："好，请上车。"

关上车门，大家高高兴兴地出发了。

比一比

活动导引

本活动主要涉及科学（数学）领域，重点发展幼儿感知和区分物体大小的能力。活动中，教师要利用观察、比较、操作等方法引导幼儿进一步感知不同物体的大小，尝试按照大小不同进行配对游戏。

活动目标

1. 体验按大小进行足球物品配对的乐趣。
2. 能够按照足球物品的大小不同进行配对。
3. 理解足球物品大小的相对性。

幼儿足球全域课程

🔵 **活动准备**

1.《足球物品》PPT。

2.《足球物品》游戏卡（幼儿）。

🔵 **活动过程**

1. 儿歌导入

教师引导幼儿说儿歌，引出大和小的活动主题，激发幼儿活动兴趣。

教师：我们一起说一说儿歌《大猫和小猫》。

教师：大猫和小猫一起去踢足球，发现了大小不同的足球。

2. 观察比较

● 教师播放PPT，出示大足球和小足球游戏卡片，请幼儿观察并比较大小。

教师：请你帮大猫小猫比一比，说说哪个是大足球，哪个是小足球。

● 教师播放PPT，出示足球游戏卡片，引导幼儿比较三个足球的大小。

教师：它与大足球比，谁大，谁小？

教师：它与小足球比，谁大，谁小？

教师：它比大足球小，比小足球大，应该放在大足球和小足球中间，我们叫它中足球。

3. 游戏体验：足球家里有什么

● 教师播放PPT，依次出示大中小足球场、足球门、足球鞋的图片，采用重叠的方式引导幼儿比较大小。

教师：大猫和小猫来到足球家里做客，请你对它们说一说足球家里都有什么，它们有什么不同。

● 幼儿操作游戏卡片，按照大中小将三种足球物品送到三个足球的家里。

教师：请你帮大猫和小猫把三种足球物品分别送到大中小足球的家里，并说说为什么。

🔵 **活动建议**

按照物体的大小进行配对是活动的难点，因此，教师在引导幼儿将不同大小的足球物品送到三个足球家里时，要先引导幼儿比较出大小，可以采用重叠比较的方法来解决。

🔵 **活动拓展**

教师可以将《足球物品》游戏卡投放到科学区，引导幼儿继续进行大小配对游戏。

🔵 **家园共育**

家长可以引导幼儿感知生活中常见事物的大小，并指导幼儿进行事物的大小分类。

🔵 **资料包**

儿歌

大猫和小猫

我是一只大猫，我的声音很大，喵喵喵喵喵，

我是一只小猫，我的声音很小，喵喵喵喵喵。

游戏规则我知道

🔵 活动导引

本活动主要涉及社会领域和健康领域，重点帮助幼儿建立遵守基本行为规范的意识。活动中，教师应该结合具体游戏情境中的规则，引导幼儿通过观察、体验、思考等多种方式理解游戏规则，体会遵守规则的重要性，愿意遵守规则。

🔵 活动目标

1. 体验遵守足球游戏规则带来的乐趣。
2. 能够遵守足球游戏"比比谁更强"的规则。
3. 了解足球游戏"比比谁更强"的规则。

🔵 活动准备

1. 布球若干，摆放在两条标记线正中间。
2. 两条标记线间距2米，平行摆放。

🔵 活动过程

1. 规则理解

教师示范足球游戏"比比谁更强"的玩法，帮助幼儿理解足球游戏规则。

教师：今天我们要玩足球游戏"比比谁更强"，谁先抢到布球，就可以获得一枚小粘贴。

教师：小朋友们在玩游戏的时候一定要注意遵守游戏规则，听到哨声后才能抢球，只能抢自己小组的球，如果别人已经先抢到了球自己就不能再去抢了。游戏结束后，请小朋友们把球放在中间，背对背站好，等待下一次游戏的开始。

2. 游戏体验

幼儿分成两组，一组幼儿进行游戏，另一组幼儿和教师一起当观察员，两组幼儿交替游戏，担当观察员。

教师：请当观察员的小朋友帮助老师看一看小粘贴可以发给谁。

3. 讨论分享

教师请幼儿结合自己在游戏中的观察，讨论"为什么先抢到球的小朋友没有得到粘贴"，引导幼儿理解遵守游戏规则的重要性，愿意遵守规则。

教师：为什么有些先抢到球的小朋友没有得到粘贴？

教师：先抢到球，但是没有遵守游戏规则，不会得到粘贴。先抢到球，还能遵守游戏规则，才会得到粘贴。

4. 游戏强化

组织幼儿再次游戏，引导幼儿体验遵守规则的快乐，愿意遵守游戏规则。

教师可以改变奖励策略：先抢到球还遵守规则的幼儿获得两个粘贴，没有抢到球但遵守游戏规则的幼儿获得一个粘贴，先抢到球没有遵守规则的幼儿没有粘贴。

教师：遵守规则的小朋友们会获得奖励，会有更多的小朋友愿意和他玩，希望小朋友们在做游戏的时候都能够遵守规则。

幼儿足球全域课程

⭐ 活动建议
教师可以用不同的激励方式引导幼儿遵守游戏规则。

⭐ 活动拓展
教师可以利用一日生活中的过渡环节组织谈话，请幼儿说一说生活中有哪些需要遵守的规则，促进经验的泛化。

⭐ 家园共育
在日常生活中请家长注意引导幼儿遵守基本的行为规范。

⭐ 资料包
游戏

比比谁更强

游戏玩法：

幼儿两人一组，背对背站在各自的标记线上，听到哨声后，迅速转身去抢放在自己和对面幼儿之间的布球，谁先抢到布球，谁就获得胜利。

游戏规则：

1. 听到哨声后才能抢球。

2. 只能跟与自己同组的幼儿抢球。

3. 一人先抢到球，对方就不能再抢夺。

啦啦队

⭐ 活动导引
本活动主要涉及艺术（音乐）领域，重点发展幼儿的歌曲节奏的表现能力。活动中，教师可以通过欣赏、律动、创编动作等方式引导幼儿感受音乐的节奏。

⭐ 活动目标
1. 体验律动游戏的快乐，能积极为球队加油。

2. 能创编简单动作表现|×－|×－|××|×－|节奏。

3. 初步感知|×－|×－|××|×－|节奏。

⭐ 活动准备
1.《库企企》音乐。

2. 足球比赛视频。

3. 草坪。

4. 手花若干。

5. 前期经验：幼儿了解足球比赛规则和啦啦队常识。

⭐ 活动过程
1. 情境导入

创设"啦啦队为比赛加油"的情境，激发幼儿参与律动游戏的兴趣。

● 播放乐曲，教师带领幼儿做律动入场，帮助幼儿初步感知音乐旋律。

教师：今天，幼儿园的足球队要参加一场足球比赛，请啦啦队员们入场为他们加油吧！

● 播放足球比赛视频。

教师：小球员马上要射门进球了，我们一起为他们加加油吧！

2. 示范模仿

● 教师播放音乐，跟随乐曲表现肢体动作。

● 教师引导幼儿回顾并练习节奏，用语言和肢体动作感受 |× -|× -|× ×|× -| 节奏。

教师：歌曲里有一句特别有意思的加油口号，你听到是什么了吗？

教师："库企企"是啦啦队在跳加油舞时喊的一句加油口号，这句加油口号必须要喊得既大声又有节奏，加油气势才会变强。

教师：如果能一边拍手一边有节奏地喊口号，加油气势一定会更强的，大家一起试一试！

3. 创编动作

教师播放足球队员进球视频，引导幼儿创编脚部动作。

教师：小球员踢球时间太长了，他们的脚都没有力气了，我们还得再为他们加油。

教师：你想做什么动作为他们的脚加油呢？

4. 游戏体验

教师引导幼儿自由创编动作，为足球队加油。

教师：比赛马上要结束了，我们一起再使使劲儿，用其他动作让球员的全身都加满油吧！

小结：刚刚有的宝贝有节奏地在……，有的在……，使球员们的全身都充满了力量。

教师播放比赛胜利的视频。

教师：小球员们要感谢你们为他们加油，帮助他们赢得比赛。

🔵 **活动建议**

教师要引导幼儿感受和理解歌曲节奏，大胆尝试用肢体动作表现歌曲。由于是第一次进行活动，教师可以给幼儿提供相应的节奏图谱，鼓励幼儿伴随"库－库－库企企－"的节奏进行练习，既能增加游戏的趣味性，又能进一步巩固练习"× -|× -|× ×|× -|"的节奏型。

🔵 **资料包**

歌曲

库企企

库企企

$1=C \dfrac{2}{4}$

1 - |2 - |3 - ‖:5·5 6·6|

5·5 i 76|5·5 4 32|3 1 2 3|5·5 6·6|

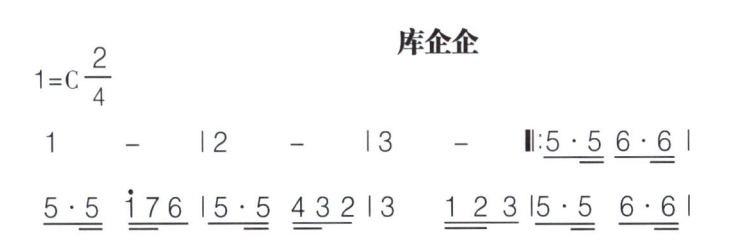

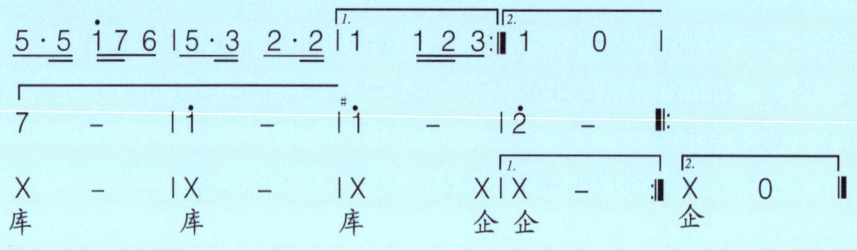

```
5·5 17̲6̲ | 5·3 2·2̲ |1.  1 2 3 :‖2. 1  0 ‖
 7  -  |#1 -  |#1 - |2 - ‖:
 X  - |X  - |X  -  |X X - :‖X  0 ‖
 库     库     库     企 企      企
```

能干的小企鹅

🔵 **活动导引**

本活动主要涉及健康领域，重点发展幼儿动作的协调性和敏捷性。活动中，教师可以创设游戏情境，激发幼儿练习双腿并拢夹球向前跳的动作。

🔵 **活动目标**

1. 体会帮助别人的快乐心情。

2. 能动作协调地跳跃。

3. 尝试双腿并拢夹球向前跳。

🔵 **活动准备**

1. 企鹅头饰。

2. 鸡妈妈房子。

3. 场地上布置树林、小路。

4. 布球若干。

🔵 **活动过程**

1. 谈话导入

教师：小朋友，现在是什么季节？

教师：冬天很冷，会下雪，还会刮风。

教师：有一种小动物，不怕寒冷，让我们猜猜是什么。

教师：原来这个不怕冷的小动物是小企鹅。

2. 交流表现

●引导幼儿交流企鹅是怎么走路的。

教师：企鹅是怎么走路的？

●带领幼儿一起练习企鹅走路的动作。

教师：让我们一起学学小企鹅是怎么走路的。

教师：我们现在是小企鹅，小企鹅们不怕寒冷，跟着妈妈一起来做操。让我们一起做做准备活动，伸伸手臂，扭扭小腰，摇摇，蹦蹦，跳跳，"扑通"一声跳进水，快快乐乐地洗个澡。

3. 游戏活动

● 运蛋宝宝

教师：冬天风太大啦，企鹅妈妈的房子被大风吹倒了，幸运的是蛋宝宝一个也没有碎，我们帮助企鹅妈妈把蛋宝宝运到新房子里去吧。天气太冷了，我们要保护好蛋宝宝，把蛋宝宝放到两腿中间，用腿夹住后双腿跳跃向前走，把蛋宝宝送到新房子藏好。

● 小心狐狸

教师：狐狸总是喜欢偷蛋宝宝。小企鹅在送蛋宝宝的路上可能会遇到坏狐狸，我们要小心狐狸，保护好蛋宝宝。企鹅妈妈看到狐狸时就会喊"狐狸来了"，请小朋友们双手捂住蛋宝宝，不要发出声音，狐狸走后，我们再把蛋宝宝送回家。去新房子的路比较远，在运送蛋宝宝的途中会有很多树枝和石头，注意别把蛋宝宝弄坏了哟！

4. 放松活动

鼓励幼儿用各种方式表达高兴的心情，做放松活动。

教师：今天我们帮助企鹅妈妈送蛋宝宝，大家都很厉害！让我们用表情和动作来表达自己的开心吧！

活动建议

教师可以调整游戏情境，引导幼儿反复游戏，在游戏中多次练习双腿夹球跳的动作，保证幼儿在健康游戏中的活动量。

谁的足球躲起来了

活动导引

本活动是语言领域的听说游戏，重点引导幼儿在倾听提问后，用简单的完整对话描述"×××的足球躲起来了"。说完整话是活动难点。

活动目标

1. 愿意参与听说指令游戏。

2. 能说简单的完整话。

3. 学说短句"谁的足球躲起来了"。

活动准备

1. 在日常生活中帮助幼儿认识同伴，知道他们的名字。

2. 常见动物卡片、足球卡片若干。

3. 足球人手1个。

活动过程

1. 情境导入

创设小动物去踢球情境，激发幼儿参与活动的兴趣。通过模仿动物的叫声、出示部分动物卡片等方式，引导幼儿猜一猜有哪些小动物要去踢球。

2. 学说短语

● 依次出示小动物卡片，请幼儿认真观察后闭上眼睛，教师迅速取走一张小动物的足

球卡片，幼儿睁开眼睛后说出"×××的足球躲起来了"。

● 幼儿熟练后，教师同时取走1~2张小动物的足球卡片，引导幼儿在游戏情境中继续练习说短语"×××的足球躲起来了"。

3. 游戏体验

● 教师介绍游戏"谁的足球躲起来了"名称和玩法，引导幼儿练习说简单的完整话"×××的足球躲起来了"。

● 指导幼儿分组多次交换游戏，巩固练习完整说出"×××的足球躲起来了"，体验听说指令游戏的乐趣。

🔵 活动建议

小班幼儿在学说短语的表达时喜欢以简单句为主，有时结构不太严密，句子意思的表达也不明确，活动中，会出现幼儿只说名字不说句子的现象，教师要通过正确示范、引领幼儿跟说的方式，帮助幼儿学会说完整话。游戏体验中，要提醒藏球的幼儿注意安全和隐秘性，显得游戏有神秘感。

🔵 资料包

听说游戏玩法

谁的足球躲起来了

幼儿人手一个足球围坐成半圆形，按照从左至右的顺序说出同伴的名字。当教师说"请大家捂上眼睛，游戏开始"，所有坐在椅子上的幼儿都要捂上眼睛等待。教师请一名幼儿把球藏起来，当教师说"谁的足球躲起来了"，幼儿可以睁开眼睛找找看，并尝试说出"×××的足球躲起来了"。多次游戏后，教师可让2~3名幼儿把足球藏起来，增加游戏的难度和趣味性。

颜色变变变

🔵 活动导引

本活动主要涉及科学领域和语言领域，重点发展幼儿在探究中认识周围事物现象的能力。活动中，教师应该将故事情节贯穿始终，激发幼儿的活动兴趣，并提供不同的材料，供幼儿操作研究。

🔵 活动目标

1. 体验混色游戏的乐趣。
2. 能够用不同材质的黄色和蓝色材料混合变成绿色。
3. 知道黄色和蓝色混合后变成绿色。

🔵 活动准备

1. 图书《小蓝和小黄》。
2. 黄色和蓝色油画棒。
3. 黄色和蓝色橡皮泥。

4.《足球场》操作单。

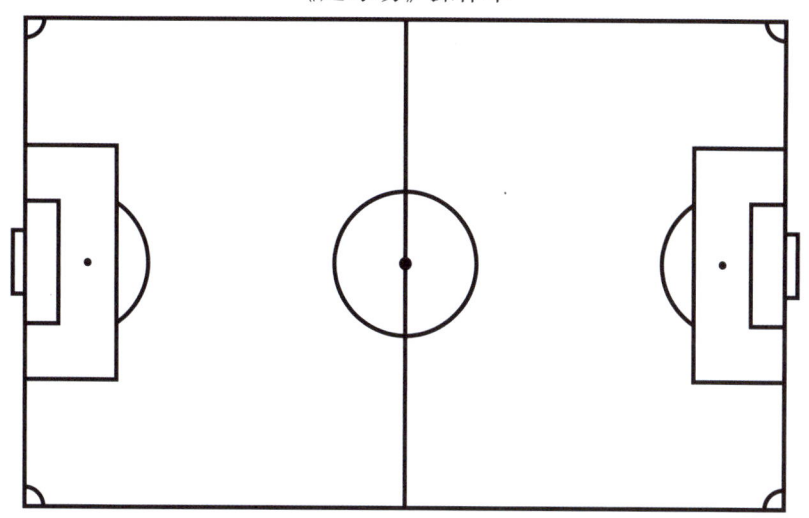

《足球场》操作单

🔵 **活动过程**

1. 情境导入

教师创设为足球场涂色的情境，激发幼儿的活动兴趣。

教师：小足球想给足球场涂上绿色，可是一个魔术师将绿色都变没了，只留下了一本故事书。小足球想请小朋友们一起听听故事，找到变出绿色的方法。

2. 倾听故事

教师讲述故事《小蓝和小黄》，幼儿倾听，找到"变出"绿色的方法。

教师：小蓝和小黄"抱"在一起以后，发生了什么呢？

教师：原来蓝色和黄色混合在一起会变成绿色。

3. 动手操作

教师提供不同材质的蓝色和黄色材料，幼儿自主选择，动手操作验证"变出"绿色的方法。

● 涂色：教师引导幼儿在白纸的轮廓内用油画棒依次涂满蓝色和黄色。

● 揉搓橡皮泥：教师引导幼儿将蓝色橡皮泥和黄色橡皮泥放在一起揉搓。

4. 分享交流

教师请幼儿交流自己的操作结果。

教师：蓝色和黄色"抱"在一起会变成绿色。

5. 游戏：球场变绿色

出示《足球场》操作单，教师请幼儿从两种材料中选择一种，帮助小足球将球场变成绿色。

教师：请你选择自己喜欢的方式，将足球场变成漂亮的绿色吧！

🔵 **活动建议**

教师要提供充足的材料供幼儿探究操作，可以在科学区提供相关材料，供没有完成两次不同材料探索的幼儿继续操作验证。

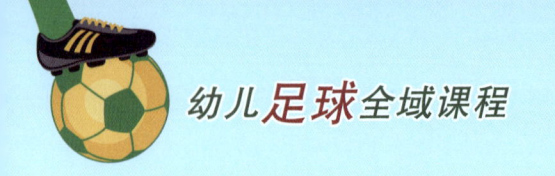

小足球不哭了

🌟 活动导引
本活动主要涉及社会领域和语言领域，重点培养幼儿爱护足球的意识。活动中，教师可以通过适时的提问与谈话，鼓励幼儿大胆表达自己的想法，在充分理解故事内容的基础上，萌发爱护足球的意识，了解爱护足球的方法。

🌟 活动目标
1. 萌发爱护足球的意识。
2. 能用自己的方式爱护足球。
3. 了解爱护足球的方法。

🌟 活动准备
1. 故事《小足球不哭了》（见资料包）。
2. 干净的足球、脏破的足球各1个。
3. 足球人手1个，抹布人手1块。
4. 装满水的水桶1个。

🌟 活动过程
1. 情境导入

创设情境，激发幼儿活动兴趣。

教师：呜呜……是谁在哭呀？让我们来找找吧。小足球为什么要哭呀？

教师：我们问问小足球吧！

2. 欣赏故事

教师完整地讲述故事，请幼儿欣赏。

教师：小足球为什么这么伤心呢？是谁伤害了它呢？

教师：小猪想怎么爱护小足球呢？

3. 表达交流

鼓励幼儿大胆表达自己的想法，培养幼儿爱护足球的意识。

教师：小朋友应该怎样爱护小足球呢？请小朋友来说说自己的做法。

4. 实际操作

教师请幼儿在足球场上收拾散落在球筐外的足球，并用抹布将足球擦拭干净。

🌟 活动拓展
教师可以在表演区布置树林舞台背景，投放小猪头饰和小足球头饰，引导幼儿表演故事《小足球不哭了》。

资料包
故事

小足球不哭了

"呜呜……呜呜……"小猪听到树林里传来了一阵哭声,它走近一看,是个小足球。"小猪,小猪!"小足球喊住小猪。小猪摸摸小足球,问道:"小足球,你没事吧?"小足球委屈地说:"我原来是个漂亮干净的小足球,小熊把我买回来后,就开始在我的脸上写字、画画,它还用尖尖的东西扎我,把我扎得到处都是伤。现在它还不要我了,把我扔进了树林里。你说我多伤心呀!"小猪抱起小足球,说:"不哭,不哭!我们两个做朋友吧!我会给你洗澡,带你回家,绝对不会扎你,我会好好爱护你的!"小足球听了,开心地点点头说:"我愿意和你做朋友!"小猪轻轻抱起小足球,两个好朋友高兴地回家了。

小足球骨碌碌

活动导引

本活动主要涉及艺术领域,重点发展幼儿的绘画表现力。活动中,教师要善于利用观察环节,通过提问让幼儿明确足球滚画的方法,为后面的绘画环节做好铺垫。

活动目标

1. 体验足球滚画的乐趣。
2. 能用语言说出画面内容。
3. 尝试用足球进行滚画。

活动准备

1. 每名幼儿准备一个可以放下图画纸的浅盘。
2. 玩具小足球若干。
3. 丙烯颜料。
4. 白色画纸。
5. 范画。

活动过程

1. 自由玩球

教师出示小足球,幼儿自由玩球,激发幼儿活动兴趣。

教师:小朋友,看看老师给你们带来了什么东西?小足球骨碌碌,大家来玩一玩小足球吧!可以怎么玩呢?

教师:小足球还可以用来画画。你们想不想知道小足球是怎样画画的,它能画出怎样的画?

2. 示范交流

●教师引导幼儿观察范画,并说一说绘画方法。

教师:我这里有一幅小足球画的画,我们一起来看看小足球是怎样画出画来的吧。

●教师边说儿歌边演示绘画方法。

教师：小足球骨碌碌。滚到东，滚到西。画起画来真神奇！

●教师组织幼儿讨论作画的方法及需要注意的问题。

教师：在使用颜料的时候该注意什么？

3. 自由作画

教师为幼儿提供材料，鼓励幼儿自由作画。

4. 作品欣赏

教师请幼儿介绍自己的作品。

活动建议

在作品欣赏环节中，教师可以鼓励幼儿从自己作品选用的颜色、表达的内容等方面进行大胆表达。

能干的宝宝

活动导引

本活动主要涉及健康领域，重点发展幼儿动作的协调性。活动中，教师应该将游戏情境贯穿始终，激发幼儿的活动兴趣。在探索不同带球方法的过程中，教师要充分尊重幼儿的想法，进一步激发幼儿的活动兴趣。

活动目标

1. 体验帮助别人的快乐。
2. 能用下肢的不同部位带球。
3. 尝试用下肢带球。

活动准备

1. 小兔子房子、草地。
2. 小足球若干。
3. 欢快的音乐。

活动过程

1. 热身导入

幼儿随音乐入场，做热身运动。

教师：小宝宝不怕冷，跟着老师来做操，弯弯腰，弯弯腰，踢踢腿，踢踢腿，屈屈膝，屈屈膝，蹦蹦跳，蹦蹦跳，天天锻炼身体好！

教师：大风把小白兔的足球吹得到处都是，小白兔很着急，让我们帮助小白兔把足球送回家吧！

教师：请宝贝们快速找到一个小足球站好。

2. 交流表现

●引导幼儿说说下肢运球的方法。

教师：小白兔的家就在草地对面，请你们想一想，怎样用腿或脚护住小足球，不让它到处跑，还能把它顺利地送回小白兔家。注意，小足球喜欢我们用脚或腿让它动起来哟。

● 根据幼儿讨论的结果，带领幼儿反复练习下肢运球动作。

教师：请××小朋友带我们一起用××方法带球。

教师：请我们用××方法把小足球送回小白兔家吧，送完小足球的宝贝们可以站到草地旁边给其他小朋友加油助威。准备好了吗？让我们帮小白兔送小足球回家吧。

● 教师小结幼儿带球情况，变换方式帮小白兔送足球。

教师：还有许多小足球等着我们来送，请你们快速找到小足球站好，想想还有没有其他办法送足球。

3. 游戏活动

教师：送小足球回家的路上，还可能遇见大灰狼，所以我们要非常小心。当大灰狼出现时，我们要马上蹲下用身体保护住小足球，不要发出声音，等大灰狼走了，我们再接着送小足球回家。

小结：宝贝们都能在大灰狼出现的时候护住小足球，并且用不同方法来送小足球，小白兔太开心啦，谢谢能干的宝贝们！

4. 放松活动

带领幼儿进行身体放松活动。

🔵 **活动建议**

教师在热身和放松环节中要结合下肢运动的特点组织相应的活动。

取足球

🔵 **活动导引**

本活动主要涉及语言领域，重点发展幼儿的理解和表达能力。活动中，教师应该为幼儿创设想说、敢说、喜欢说的交流氛围，鼓励幼儿选择自己喜爱的故事角色进行表演，加深对故事的理解，在理解故事内容的基础上大胆交流，懂得遇到困难的时候应该互相帮助。

🔵 **活动目标**

1. 感受帮助别人的快乐。
2. 能用语言表述自己的想法。
3. 能理解故事内容。

🔵 **活动准备**

1. 小狗、小猪、小兔、河马卡片及胸饰。
2. 大树背景图，玩具足球 1 个。
3. 故事《取足球》（见资料包）。

🌟 活动过程

1. 激发兴趣

教师出示小狗、小猪和小兔卡片,激发幼儿倾听故事的兴趣。

教师:今天来了三位小客人,我们看看都是谁。

2. 欣赏故事

● 教师利用卡片和背景图讲述故事。

教师:故事中都有谁?发生了什么事情?小动物们拿不到球都说了什么?

● 教师出示河马卡片,引导幼儿继续欣赏故事。

教师:小狗、小猪和小兔都说了什么?

教师:谁帮助它们拿到了足球?怎样拿到的?

3. 表演故事

教师引导幼儿自由选择角色进行故事表演。

4. 表达交流

请幼儿说说当自己遇到困难的时候应该怎么做,当看到别人遇到困难的时候自己应该怎么做。

🌟 活动建议

教师在讲述故事的时候要注意模仿不同动物角色的语气、语调,激发幼儿倾听故事的兴趣。在表演故事环节,可以请幼儿自由选择角色,激发幼儿表演故事的兴趣。

🌟 活动拓展

将动物头饰投放到语言区或表演区,鼓励幼儿在区域活动中继续表演故事。

🌟 家园共育

将故事上传到家园联系群,请家长和幼儿在家里继续讲述和表演故事。

🌟 资料包

故事

取足球

小狗、小猪和小兔踢足球。小狗踢得太高,足球飞到树上被卡住了。

小狗、小猪、小兔都不会爬树。怎样才能把足球取下来呢?

拿根长竹竿把它取下来——可是,附近没有竹竿。小狗说:"我要是像猴子那么会爬树多好呀!"小猪说:"我要是有大象的长鼻子多好呀!"小兔说:"我要是有长颈鹿的长脖子多好呀!"

唉,真是没办法。

大家正在叹气,一只大胖河马走过来。河马说:"可惜我也不会爬树。"说着,河马抬起头,想看看卡在树上的足球。正巧,这时它的鼻孔痒痒了:"阿——嚏!"

一个大喷嚏,树上的足球掉了下来。

小狗、小猪和小兔说："谢谢大河马！谢谢你的大喷嚏！"

它们又一起高高兴兴地踢球去了。

去购物

🔵 活动导引

本活动主要涉及科学(数学)领域，重点发展幼儿5以内点数和按数取物的能力。活动中，教师要结合创设的购物情境，引导幼儿在游戏情境中进行点数和按数取物，使活动生活化，更好地调动幼儿的已有经验。

🔵 活动目标

1. 体验点数游戏的快乐。
2. 能手口一致地点数5以内数量的物体，并说出总数。
3. 学习按数取物，理解5以内数的意义。

🔵 活动准备

1. 《圆点标记》《足球用品》游戏卡。
2. 活动前，将长方形白板制作成插入式购物记录板。
3. 托盘。
4. 布置足球用品商店，投放一定数量的实物（足球、足球衣服、足球鞋、足球护腿板、哨子）或图片。

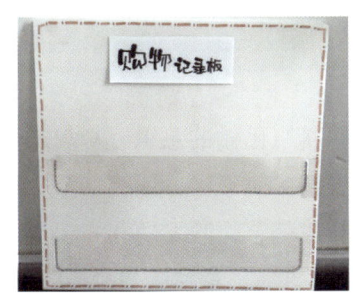

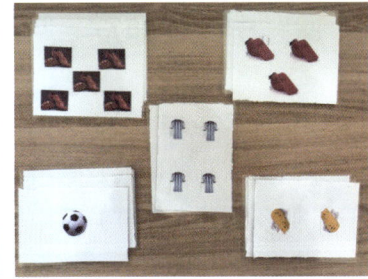

🔵 活动过程

1. 谈话

教师引导幼儿谈论关于在商店购买足球物品的话题。

教师：看一看，老师都买了什么足球物品？

2. 点数

出示《圆点标记》游戏卡，引导幼儿练习按数取物。

教师：每种足球物品买了几个？可以用几个手指头表示？还可以用几个圆点表示？

3. 游戏

● 展示商店里的货物，引发幼儿购物的兴趣。

教师：我们班级要组织足球比赛，请你来当采购员，为小朋友们购买足球用品。看看都需要什么，需要几个。

● 出示托盘，引导幼儿点数自己购买的足球物品，练习5以内的点数。

教师：想一想我们要买什么足球物品，买几个。数一数自己买了几个。

● 出示购物记录板、《足球用品》和《圆点标记》游戏卡，引导幼儿记录购物结果。

教师：买了这么多足球用品，每种数量又不一样，有什么好办法能帮助我们记录下来呢？

教师：先找出××图卡插到记录板最上面的口袋里。××买了几个，就用几个圆点表示，把它插到××图卡旁边。

● 幼儿交流购物结果。

教师：说一说，你买了什么足球物品？买了几个？和圆点的数量一样吗？

🌟 **活动建议**

教师可以请幼儿互相检查购物结果，进一步发展幼儿5以内的点数能力。

🌟 **活动拓展**

教师可以在科学区投放购物记录板、《圆点标记》和《足球用品》游戏卡，供幼儿继续进行点数和按数取物。

🌟 **家园共育**

请家长在生活中为幼儿提供点数和按数取物的机会。

球鞋宝宝找朋友

🌟 **活动导引**

本活动主要涉及社会领域和健康领域，重点培养幼儿自己的事情自己做的意识。活动中，对于能够快速区分球鞋正反、自己穿鞋的幼儿教师要及时给予表扬，对于区分困难、不太会自己穿鞋的幼儿要给予耐心指导，保证幼儿在穿鞋游戏中体验成就感，激发幼儿自己的事情自己做的兴趣。

🌟 **活动目标**

1. 愿意自己的事情自己做。
2. 能分清鞋的左右，自己穿鞋。
3. 知道穿鞋的方法。

🌟 **活动准备**

1. "球鞋宝宝"玩偶。
2. 足球鞋每人1双。

🌟 **活动过程**

1. 情境导入

创设球鞋宝宝被穿反的情境，请幼儿帮助球鞋宝宝，激发幼儿的活动兴趣。

教师：听，什么声音？谁在哭？原来是球鞋宝宝，你为什么哭呀？

球鞋宝宝（教师扮演）：我被足球宝宝穿反了，可难受了。

教师：哦，原来是这样呀。别急，我们来帮助你！谁愿意来帮忙呢？（请一名幼儿帮忙）

球鞋宝宝（教师扮演）：谢谢小朋友，你们真是爱帮助人的好孩子。

2. 观察辨别

幼儿通过观察比较，了解鞋的外形特征，分清一双鞋的反正。

教师：老师今天也带来了两双球鞋，你们知道哪双是正确的，哪双穿反了吗？它们有什么不同呢？

小结：穿对的鞋就像两个好朋友头碰头，中间有个小窝窝，张着嘴在笑呢。

3. 游戏体验

教师引导幼儿在游戏中练习区分鞋的反正，自己穿鞋。

教师：你们想和笑嘻嘻的球鞋做游戏吗？老师为小朋友们准备了很多球鞋，请选一双颜色一样的球鞋穿在小脚上，看看哪个小朋友穿得又快又正确。

4. 谈话交流

教师通过谈话，鼓励幼儿自己的事情自己做。

教师：今天我们学习了如何自己穿鞋，你自己还会做什么事情呢？

教师：你们真棒！我们要学会自己的事情自己做，做一个能干的好孩子！

🌕 **活动建议**

在游戏环节，教师应当引导幼儿反复进行游戏，让幼儿有充分的练习区分球鞋反正、自己穿鞋的机会。

🌕 **家园共育**

请家长在生活中鼓励幼儿自己的事情自己做。

镜子舞

🌕 **活动导引**

本活动主要涉及艺术（音乐）领域，重点发展幼儿的音乐表现力与创造力。活动中，教师可以通过游戏"你做我学"帮助幼儿掌握镜子舞的核心经验，为幼儿拿足球随音乐做与同伴相应的镜面动作做铺垫。

🌕 **活动目标**

1. 体验与同伴一起跳镜子舞的快乐。
2. 能随音乐的节奏拿足球做与同伴相应的镜面动作。
3. 尝试互相模仿简单的动作。

🌕 **活动准备**

1.《波基上校进行曲》乐曲（节选）。
2. 足球人手 1 个。

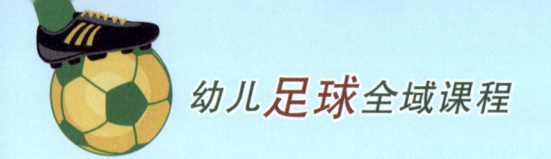

活动过程

1. 游戏导入

请幼儿两人一组，一起玩"你做我学"游戏，激发幼儿参与模仿、大胆创编的兴趣。

2. 倾听感受

● 播放音乐，引导幼儿认真倾听，初步熟悉音乐的节奏。

● 再次播放音乐，鼓励幼儿拿着足球随音乐的节奏创编不同的动作。

3. 合作练习

幼儿两人合作，进行"你做我学"游戏，并尝试拿着足球随音乐练习一致的镜面动作。

4. 游戏体验

幼儿两人一组，分别扮镜子里的人和镜子外的人进行游戏。

鼓励"镜子外的人"大胆创编动作，"镜子里的人"进行相应模仿，并完成一致动作练习。鼓励幼儿随音乐大胆创编与足球有关的动作，并在教师语言提示下变换位置，交换角色，完整表现镜子舞。

活动建议

教师要尊重幼儿创编的足球舞蹈动作，激发幼儿的活动兴趣。在游戏中，教师可以请幼儿两人一组或多人一组反复进行镜子舞游戏。

活动拓展

将足球和音乐投放到表演区，引导幼儿跳镜子舞。

资料包

歌曲

波基上校进行曲（节选）

英国电影《桂河大桥》主题曲（节选）

小松鼠运果子

🔵 活动导引

本活动主要涉及健康领域，重点发展幼儿动作的协调性和敏捷性。活动中，教师要将"小松鼠运果子"的游戏情境贯穿始终，并鼓励幼儿尝试不同的传球方法，使幼儿始终保持活动的兴趣。

🔵 活动目标

1. 愿意与小伙伴合作玩游戏。
2. 能协调地进行传球。
3. 掌握双手抱球从头上向后传递的动作。

🔵 活动准备

1. 足球每人1个。
2. 轻松活泼的音乐。

🔵 活动过程

1. 热身活动

幼儿扮小松鼠跟随音乐做热身运动。

教师：小松鼠们，今天天气可真好，跟着妈妈来做运动吧。

2. 游戏体验

教师创设情境"小松鼠运果子"，请幼儿在游戏中练习头顶传球。

教师：马上就要到冬天啦，"小松鼠"们都储备好了过冬的果子。"松鼠爷爷"和"松鼠奶奶"年龄太大了，身体不好，现在还没储存好果子。"小松鼠"们，让我们来帮帮"松鼠爷爷"和"松鼠奶奶"吧。

教师：爷爷奶奶想了一个省力又快速的方法运果子——头顶运果子。

教师："小松鼠"们站成纵队，最前面的"小松鼠"从自己前面的筐里拿"果子"，然后双手抱"果子"从头顶向后传，最后的"小松鼠"接到"果子"后，把"果子"放到后面的筐里，跑到队列的最前面，直到把筐里的"果子"运完。

教师：请"小松鼠"们准备好，快来帮帮爷爷奶奶吧。运"果子"时要集中精神，后面的"小松鼠"要看着前面的"小松鼠"的手。

● 幼儿探索其他传球方式。

教师：我们试一试还可以怎样运果子吧。

● 幼儿分组比赛。

教师：请6个"小松鼠"一组，比比看哪组运得最快。

3. 放松活动

幼儿跟随音乐做放松活动。

🔵 活动建议

可以增加"交流分享"环节，教师结合不同的传球方法、传球的协调性、幼儿之间的合作等方面进行具体点评，帮助幼儿提升活动经验。

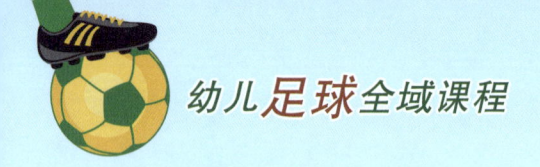

区域游戏

语言区

我喜欢的足球运动员

游戏目标

1. 欣赏足球运动员的风采。
2. 能用操作材料制作小书《我喜欢的足球运动员》。
3. 说出喜欢的足球运动员的名字。

游戏材料

1. 著名足球运动员的图片。
2. 白纸。
3. 订书器。
4. 蜡笔。

游戏玩法

玩法一：

1. 从准备的图片中挑选出自己喜欢的足球运动员。
2. 说一说喜欢该足球运动员的理由和他的故事。

玩法二：

1. 介绍自己喜欢的足球运动员，并找出他们的图片。
2. 两名幼儿玩抽牌游戏，一名幼儿抽一张图片，另一名幼儿说出图片里的足球运动员的名字。

游戏观察

1. 幼儿能否记住足球运动员的长相和名字。
2. 幼儿能否合作玩游戏。

游戏指导

1. 游戏前，请幼儿观察材料，教师讲解玩法。
2. 游戏后，有意引导幼儿将材料分类整理，放回原处。

阅读真快乐

⭐ **游戏目标**

1. 体验阅读的快乐。
2. 理解并遵守简单的足球规则。
3. 初步了解故事内容。

⭐ **游戏材料**

各种关于足球规则的图书。

⭐ **游戏玩法**

1. 幼儿阅读足球图书。
2. 幼儿与同伴一起讨论足球规则。

⭐ **游戏观察**

1. 幼儿是否喜欢阅读。
2. 幼儿能否从图书中学习到足球规则知识。

⭐ **游戏指导**

1. 引导幼儿仔细观察画面，在感兴趣的部分可以多做停留，鼓励幼儿大胆想象与表达。
2. 提示幼儿爱护图书和材料。

听故事

⭐ **游戏目标**

1. 乐于倾听足球运动员的成长故事。
2. 能向同伴讲述故事。
3. 理解故事内容。

⭐ **游戏材料**

1. 著名足球运动员的故事录音。
2. 著名足球运动员的图片。

⭐ **游戏玩法**

倾听著名足球运动员的故事，观察著名足球运动员的图片，感受其不怕吃苦的精神。

⭐ **游戏观察**

1. 幼儿能否认真倾听故事。
2. 幼儿能否感受足球运动员们不怕吃苦的精神。

⭐ **游戏指导**

1. 游戏时，引导幼儿主动积极交流。
2. 引导幼儿根据故事录音找到指定的图片，并尝试模仿讲述。

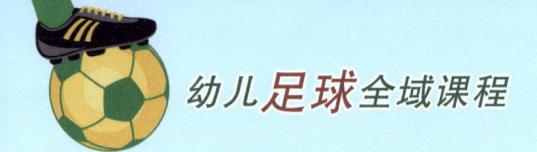

科学区

找朋友

🔵 **游戏目标**

1. 喜欢玩分类游戏。
2. 能根据不同球类运动的基本特征进行图片分类。
3. 了解足球、排球、篮球等常见球类运动的基本特征。

🔵 **游戏材料**

1. 《找朋友》操作单。
2. 足球运动、排球运动、篮球运动等常见球类运动的图片。

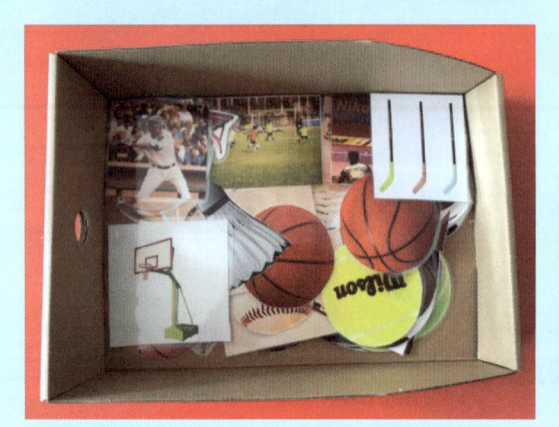

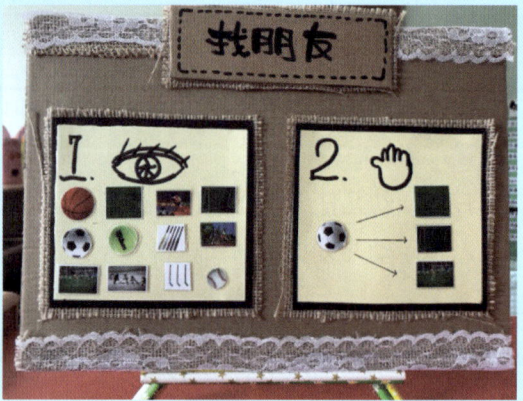

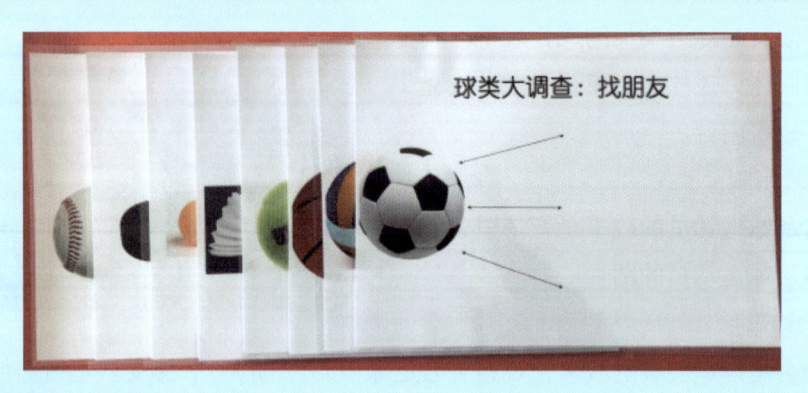

🔵 **游戏玩法**

1. 观察图片中的内容。
2. 根据球类运动的基本特征将图片摆放到对应的操作单中。

🔵 **游戏观察**

1. 幼儿是否了解常见球类运动的基本特征。
2. 幼儿能否根据常见球类运动的基本特征进行图片分类。
3. 幼儿是否喜欢图片分类游戏。

🔵 **游戏指导**

1. 引导幼儿了解常见球类运动的基本特征。
2. 提示幼儿按照球类运动的基本特征进行图片分类。
3. 幼儿遇到困难时，教师可以提示幼儿去语言区查阅相关书籍寻找问题答案。

滚动和滑动

🔵 **游戏目标**

1. 感受操作发现的乐趣。
2. 能用电话线或斜直线记录观察到的滚动或滑动现象。
3. 感知不同物品在滑道中发生的滚动或滑动现象。

🔵 **游戏材料**

1. 自制滑道。
2. 玻璃球、方形积木、圆柱形积木、塑料小足球、曲别针、扣子。
3. 《滚动和滑动》记录单。

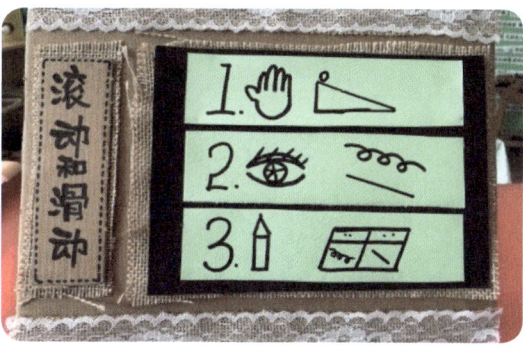

🔵 **游戏玩法**

1. 将玻璃球、方形积木等游戏材料分别放在滑道的高处。
2. 观察不同物品从滑道高处到低处出现的滚动或滑动现象。
3. 用电话线或斜直线在记录单上记录自己观察到的滚动或滑动现象。

游戏观察

1. 幼儿是否了解使用滑道操作材料的方法。
2. 幼儿能否辨别不同物品的滚动或滑动现象。
3. 幼儿能否用对应的符号记录观察到的滚动或滑动现象。

游戏指导

1. 游戏前，引导幼儿认识滚动和滑动现象，介绍游戏材料及玩法。
2. 鼓励幼儿大胆操作，认真观察与记录。
3. 组织幼儿分享自己的观察与发现。

小小裁判员

游戏目标

1. 体验数学游戏的乐趣。
2. 能根据5以内的记分数字找出对应数量的足球卡。
3. 理解游戏中5以内数字的意义。

游戏材料

1. 记分器。
2. 红蓝足球卡（每种颜色的足球卡分别粘贴数量为1~5的足球图片）。

游戏玩法

1. 两名幼儿一组，一名幼儿扮裁判员，随机翻动记分器上的红蓝数字，另一名幼儿将对应颜色和数量的足球卡插入数字下方的塑料卡槽中。
2. "裁判员"检验插入的足球卡颜色与数量是否正确。
3. 两人互换角色进行游戏。

游戏观察

1. 幼儿是否理解5以内数字的意义。
2. 幼儿能否进行5以内的按数取物。
3. 幼儿能否合作玩游戏。

游戏指导

1. 游戏前，介绍游戏材料与玩法。
2. 提示幼儿用点数的方法寻找与分数对应的足球卡，并进行结果验证。

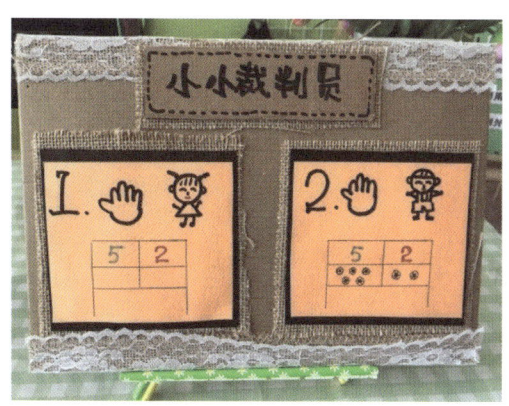

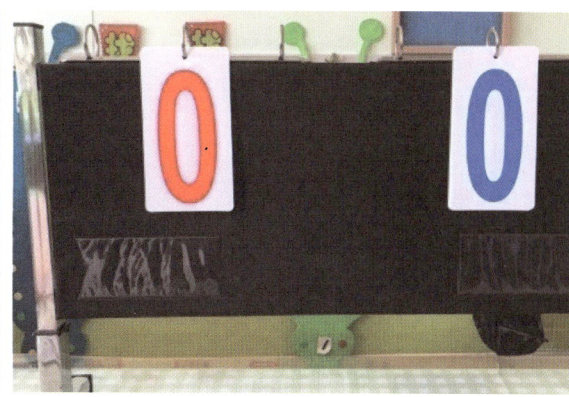

美工区

创意足球服

⭐ 游戏目标

1. 体验涂鸦游戏的乐趣。
2. 能根据自己的创作意图进行涂鸦。
3. 尝试用颜料在白色T恤上涂鸦。

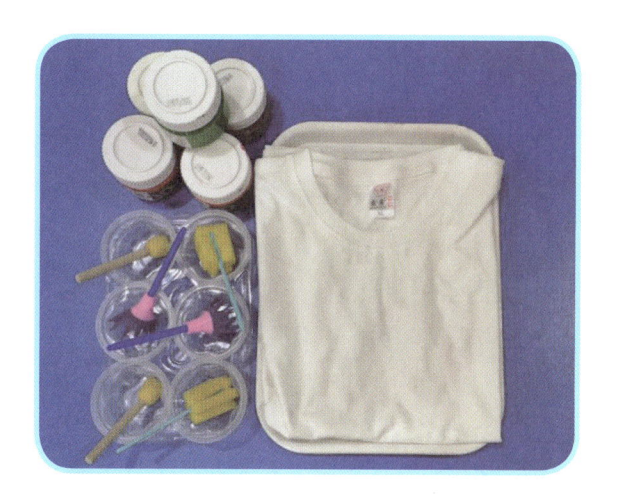

⭐ 游戏材料

1. 各色水粉颜料、一次性纸盘。
2. 白色T恤、水粉笔、桶。

⭐ 游戏玩法

用涂鸦的方法装饰球衣。

⭐ 游戏观察

幼儿能否有目的地装饰球服。

⭐ 游戏指导

1. 活动前，可以先通过谈话的方式让幼儿有初步的设计意图。
2. 活动结束后，鼓励幼儿介绍自己的作品。

奖杯

⭐ 游戏目标

1. 体验泥工游戏的乐趣。
2. 能用颜料装饰奖杯。
3. 尝试用黏土和酒瓶制作足球奖杯。

⭐ 游戏材料

1. 各色超轻黏土、陶泥。
2. 金色丙烯颜料。
3. 各种酒瓶、酒坛。

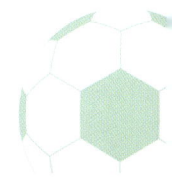

🌟 游戏玩法

将超轻黏土糊在酒瓶、酒坛的表面，再将金色丙烯颜料涂抹在奖杯外，设计成奖杯的造型。

🌟 游戏观察

幼儿能否有创意地设计奖杯造型。

🌟 游戏指导

1. 活动前，帮助幼儿了解奖杯的意义和外形特点。
2. 请幼儿先说说自己的想法，再进行装饰。

表演区

啦啦队

🌟 游戏目标

1. 喜欢大胆表演，愿意与同伴合作表演。
2. 能初步运用动作、乐器和服装道具扮演喜欢的角色。
3. 尝试与同伴分角色表演，会自我装扮。

🌟 游戏材料

1. 不同的足球队服、啦啦队服装。
2. 啦啦队相关的图片、视频。
3. 《波基上校进行曲》音乐。

🌟 游戏玩法

1. 教师引导幼儿选择自己喜欢的服装、道具来装扮自己。
2. 教师播放音乐，幼儿根据听到的音乐内容创编简单的加油动作。

🌟 游戏观察

1. 幼儿是否积极参与游戏。
2. 幼儿能否选择自己喜欢的服装进行自我装扮。
3. 幼儿能否根据音乐创编简单的表演动作。

🌟 游戏指导

1. 表演前，帮助幼儿了解表演内容及材料的使用方法。
2. 表演中，指导幼儿穿上自己喜欢的服装，鼓励幼儿根据音乐大胆表演。
3. 游戏结束后，指导幼儿将服装及材料放回原位。

我要上车

🔵 **游戏目标**

1. 喜欢大胆参与表演。
2. 能用较连贯的语句表演故事。
3. 尝试与同伴分角色表演故事，有礼貌地与同伴合作。

🔵 **游戏材料**

1. 立体出租车模型。
2. 小猫、小狗、小兔手偶。

🔵 **游戏玩法**

引导幼儿选择自己喜欢的角色，布置好故事场景，大胆与同伴进行合作表演。

🔵 **游戏观察**

1. 幼儿能否与同伴共同商量故事情境中角色的分配。
2. 幼儿能否大胆讲述，能否形象地扮演角色。

🔵 **游戏指导**

1. 引导幼儿协商、分配角色，布置故事场景，分组、合作表演故事。
2. 提示幼儿安静地观看表演，说说最喜欢谁的表演。

建构区

足球场

🔵 **游戏目标**

1. 懂得爱护玩具，养成遵守规则的好习惯。
2. 能用自己喜欢的方式大胆操作。
3. 尝试用不同的搭建方式搭建足球场。

游戏材料

1. 纸筒芯。
2. 各种积木。

游戏玩法

1. 欣赏、观察各种足球场的图片。
2. 用平铺、垒高的方法搭建自己的足球场。

游戏观察

1. 幼儿能否选择适宜的搭建材料进行平铺、垒高。
2. 幼儿能否运用各种材料搭建足球场。
3. 幼儿能否按照自己的设计进行搭建。

游戏指导

1. 游戏前，引导幼儿观察各种足球场的图片，感受足球场的结构。
2. 游戏中，鼓励幼儿用多种材料和搭建方法进行搭建。
3. 游戏后，指导幼儿整理材料，并归类摆放。

快乐的足球比赛

游戏目标

1. 体验拼插游戏的乐趣。
2. 能在游戏结束后及时收拾整理材料。
3. 尝试用多种插塑玩具拼插足球比赛中的场地或运动员。

游戏材料

1. 雪花片、锯齿雪糕棍以及其他多种插塑玩具。
2. 便于分类摆放的有标志的盘子。

游戏玩法

1. 观看足球比赛的图片或视频。
2. 将自己和同伴的想法在纸上或用纸壳、纸筒等记录下来。

3. 用拼插搭建的方法拼摆足球比赛中的场地或运动员。

🔵 游戏观察

1. 幼儿是否愿意尝试用不同的插塑玩具进行搭建。

2. 幼儿搭建时能否与同伴有意识地合作。

3. 游戏结束后，幼儿能否主动把材料归类放好。

🔵 游戏指导

1. 游戏前，引导幼儿欣赏足球比赛的图片或视频。

2. 游戏中，鼓励幼儿尝试使用多种材料进行拼插、拼摆。

3. 搭建结束后，与幼儿共同欣赏、评价作品并拍照，让幼儿体验成就感。

中班主题 足球伴我成长

主题说明

足球是一项风靡世界的体育活动，在给人们带来满足和愉悦的同时，也促进了人类健康的发展。足球全域教育不仅能从生理方面帮助幼儿强健体魄，还能从心理方面培养幼儿的认知方式，磨炼幼儿的意志力，发展幼儿的社会性。

为了促进幼儿身心全面和谐发展，我们精心设计了"足球伴我成长"主题教育活动。主题活动围绕"你好，足球""多彩的足球""奇妙的足球""玩转足球"四大板块，引导幼儿进一步走进足球世界，认识足球，了解球场上的规则，感受足球运动员坚持、拼搏、团结、协作的足球精神，体验足球运动的快乐。

主题目标

1. 喜欢足球，能积极参与和足球有关的活动，愿意大胆讲述有关足球的事情。
2. 能通过多种艺术表现形式感受足球运动的美，大胆探索物体的滚动现象。
3. 进一步了解足球的起源与发展，学习带球、传球、射门等基本足球动作，观察、感知物体运动的轨迹和形状之间的关系，学习记录观察结果。

主题网络图

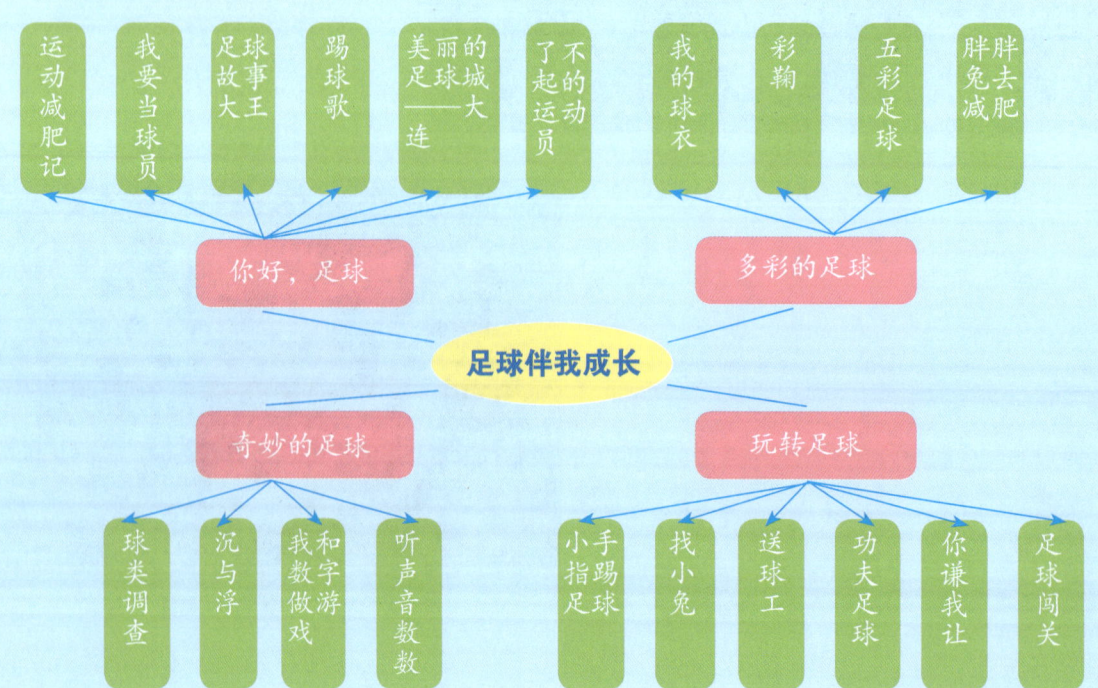

足球伴我成长

- 你好，足球
  - 运动减肥记
  - 我要当球员
  - 足球故事大王
  - 踢球歌
  - 美丽的足球城——大连
  - 了不起的运动员

- 多彩的足球
  - 我的球衣
  - 彩鞠
  - 五彩足球
  - 胖胖兔去减肥

- 奇妙的足球
  - 球类调查
  - 沉与浮
  - 我和数字做游戏
  - 听声音数数

- 玩转足球
  - 小手指踢足球
  - 找小兔
  - 送球工
  - 功夫足球
  - 你谦我让
  - 足球闯关

环境创设

1. 主题环境

我的问题

教师在幼儿活动或与幼儿交谈中，了解到幼儿关于足球的想法及问题，如"足球为什么是圆的""所有的球都是圆的吗""足球只有黑色和白色吗"等，可以按照幼儿的想法，设计简单的调查记录单，如"球类调查""我家乡的球队"等，邀请家长和幼儿一起调查记录，并将记录单展示在主题墙上，供幼儿翻阅分享。

我的研究

将幼儿关于"了不起的运动员""美丽的足球城——大连"等主题探究学习的过程材料呈现在"你好，足球"板块，如教师与幼儿和家长共同收集的著名足球运动员的照片、足球俱乐部的图片等。

通过"球类调查""沉与浮""听声音数数"等活动的纪实照片和师幼共同总结的记录，展示幼儿与足球的互动以及探索足球的快乐体验。

我的作品

将主题活动"我的球衣""彩鞠""五彩足球"中的幼儿作品展示出来，互相交流与分享。

2. 区域环境

区域	材料	指导建议
科学区	1. 天平，乒乓球、网球、羽毛球、海洋球等小型球类。 2. 乒乓球、网球、海洋球，坡度不同的滑道。 3. 乒乓球，摩擦面不同的滑道。	1. 鼓励幼儿探索天平的秘密，感知物体重量之间的关系。 2. 鼓励幼儿大胆探究各种球从斜坡滚落的速度变化，引导幼儿发现坡度不同滚动的速度也不同。 3. 引导幼儿探索摩擦面与滚动速度的关系。
美工区	1. 蜡笔、彩笔、各种扣子、吸管、水粉颜料、瓶盖、珠子、各类豆子、足球轮廓图。 2. 穿好孔的圆形纸盘、各种扣子、各色毛根、彩笔。 3. 乒乓球、橡皮泥、超轻黏土、泥工刀、白板。	1. 引导幼儿运用各种材料装饰足球。 2. 引导幼儿尝试使用简单的材料自制足球小人。 3. 引导幼儿手工制作与足球相关的各种物品，如足球、球门、奖杯等。

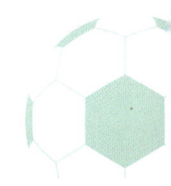

幼儿足球全域课程

区域	材料	指导建议
表演区	1. 足球轮廓模型。 2. 球服、草裙、拍手器、喇叭、动感的音乐，布置足球舞台。	1. 鼓励幼儿拍照留念。 2. 引导幼儿跳啦啦操，感受足球赛场的氛围。
语言区	1. 足球相关绘本《你好，足球》《虫虫杯足球大赛》《魔术师威利》《小小足球星》等。 2. 图画纸、水彩笔、订书机、剪刀等，用于制作足球小书。	1. 引导幼儿通过观察绘本中的画面，大胆猜想故事情节，理解绘本的内容并尝试简单地讲述故事。 2. 鼓励幼儿大胆创编故事，制作足球小书。
建构区	1. 各种足球场的平面图、俯视图等。 2. 积木、拼插玩具、马口铁牛奶桶、卷纸芯、纸杯、绿草坪。	引导幼儿观察各种足球场的图片，积极使用多种材料与同伴合作搭建足球场。
益智区	1. 接龙卡片。 2. 各种球类、球拍、球门图片。 3. 桌球玩具。	1. 引导幼儿运用数字和球类物品卡片玩接龙游戏。 2. 引导幼儿按照球与球拍、球门的对应关系进行分类操作活动。 3. 鼓励幼儿合作玩桌球游戏。

家园共育

1. 建议家长和孩子共同收集有关足球的各种资料。
2. 鼓励家长利用节假日等休息时间带孩子到社区健身场所或运动场馆开展各种体育运动。
3. 鼓励家长在家中与孩子一起玩足球亲子游戏。

游戏活动

老狼老狼几点了

🌟 游戏目标

1. 体验传统游戏与足球游戏相结合的乐趣。
2. 能眼、脚配合较好地控制足球进行游戏。
3. 尝试用脚背带球和脚掌停球的方法玩游戏。

🔵 游戏准备

1. 教师和幼儿每人一个足球。
2. 宽阔安全的活动场地，场地上画有起始线。
3. 尝试用脚背带球和脚掌停球的方法玩游戏。

🔵 游戏玩法

幼儿扮小羊，每只"小羊"拿一个足球站在起始线处。教师扮老狼，"老狼"拿一个足球站在距离起始线2米处的中间位置。游戏开始，"小羊"们原地不动齐声问"老狼"："老狼老狼几点了？""老狼"在1~12点之间选择答案回答，若答案是1~11点，则"老狼"和"小羊"一同脚背带球向前运球相应次数，如答案是6点，则运球6下。运球结束后脚掌停球，"小羊"继续问"老狼"相同的问题，当"老狼"回答12点时，"老狼"要快速拿球回头去捉"小羊"，"小羊"则要快速拿起球跑向起始线，"小羊"跑到起始线后"老狼"不可捕捉，被捉到的"小羊"停玩一局。

🔵 游戏规则

1. 教师及幼儿脚背运球时，动作要轻，要始终将球控制在脚下。
2. 在游戏中，"小羊"要始终处在"老狼"的身后，不能带球超越"老狼"。

🔵 游戏建议

游戏前，教师需带领幼儿做一些拉伸运动，避免幼儿在游戏中快速跑动时拉伤。幼儿向前带球时，教师可鼓励幼儿边带球边数数，从而保证再次提问时声音整齐洪亮。当幼儿熟悉玩法后，教师可请幼儿扮老狼进行游戏。

快来救救我

🟣 **游戏目标**

1. 体验足球游戏的乐趣。
2. 能按规则进行游戏。
3. 尝试用球击中移动的幼儿并躲避他人射来的足球。

🟣 **游戏准备**

1. 每名幼儿一个足球。
2. 有一定范围的宽阔安全的场地。

🟣 **游戏玩法**

幼儿自由分散站在场地中。游戏开始，幼儿一边带球射击其他幼儿，一边躲避其他幼儿的足球射击，一旦被球击中，幼儿要站在原地双手高举足球，大声呼喊"救救我"，其他幼儿过来拍一下他的身体即为解救，该幼儿可继续游戏。

🟣 **游戏规则**

1. 幼儿带球射击其他幼儿时，只可射击下肢，动作要轻，避免射伤身体。
2. 被击中的幼儿必须被其他幼儿拍后才能继续游戏。

🟣 **游戏建议**

游戏前，教师需带领幼儿做一些热身运动，避免幼儿在跑动时拉伤。游戏中，教师要提醒幼儿跑动时避免碰撞其他幼儿，注意安全。游戏后，带幼儿做一些放松运动，放松身体和情绪。

送蛋忙

🔵 游戏目标
1. 体验合作玩球的乐趣。
2. 能通过合作完成游戏。
3. 练习往返跑。

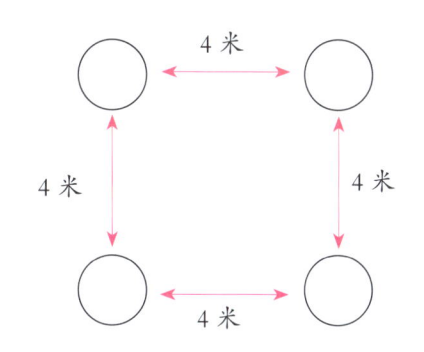

🔵 游戏准备
1. 足球人手 1 个，大塑料圈 4 个。
2. 场地布置如右图。

🔵 游戏玩法
将幼儿平均分为四组，每组派一名幼儿站在一个塑料圈旁，并将该组的足球全部放在"家"（塑料圈）里作为"蛋"。游戏开始，幼儿将自己"家"里的"蛋"送到别人"家"，往返进行。一定时间内游戏结束，以"家"里"蛋"少者为胜。

🔵 游戏规则
1. 幼儿用脚背击球的方式"送蛋"。
2. 每名幼儿每次只能"送"一个"蛋"。

🔵 游戏建议
游戏场地应布置得较为宽敞，避免幼儿在跑动时互相碰撞。游戏前，教师需带领幼儿做热身运动。游戏后，带领幼儿一同收拾场地，做放松运动。

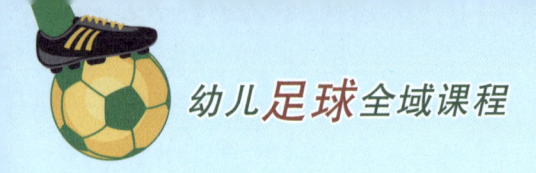

编花篮

🔵 游戏目标

1. 体验游戏的快乐。
2. 能遵守游戏规则。
3. 练习单脚跳跃。

🔵 游戏准备

1. 哨子 1 个。
2. 足球若干（数量比幼儿少 1 个）。
3. 场地上画一个大圆圈，圆圈两侧距离相同的地方各画一条线。
4. 学说儿歌《编花篮》。

🔵 游戏玩法

幼儿将球平均放置在两侧的线上。游戏开始，全部幼儿站在圆圈上，边按一个方向单腿跳，边反复说儿歌《编花篮》："编，编，编花篮，花篮里面有小孩，小孩的名字叫什么？小孩的名字叫小兰。蹲下，起来，坐下，起来。三五六，三五七，三八三九四十一。"幼儿听到哨声，要马上停止跳跃和说儿歌，快速去抢球，以抢到球为胜，没抢到球的幼儿停玩一局。可再减少一个球继续游戏。

🔵 游戏规则

1. 游戏时幼儿必须向同一个方向单腿跳跃。
2. 幼儿只有听到哨声才能开始抢球，每名幼儿只能抢一个球。

🔵 游戏建议

游戏前，教师可以带领幼儿进行全身各部位的热身练习，避免游戏过程中动作幅度过大而造成拉伤。为了增加游戏的趣味性，还可以使用不同颜色的球，指定不同幼儿抢不同颜色的球，锻炼幼儿的反应能力。

躲避球

⭐ **游戏目标**

1. 愿意遵守游戏规则，注意安全。
2. 能用脚背射门的方法击中移动的目标。
3. 练习原地射门动作。

⭐ **游戏准备**

足球（或布球）1个。

⭐ **游戏玩法**

幼儿围成一个圆圈站好，选出一名或几名幼儿作为射击目标站在圆圈中。游戏开始，幼儿用原地射门的动作来射击目标幼儿，目标幼儿在圈内躲避射来的球。谁射中了目标幼儿，便与之交换角色继续游戏。

⭐ **游戏规则**

要用脚背击球的动作来射击目标幼儿，直到射中为止。

⭐ **游戏建议**

游戏时，教师要关注幼儿动作的准确性和运动量，同时还要引导幼儿学习避让及控制射球的力度，注意保护自己和他人。当幼儿熟悉游戏玩法后，可以通过增加球的数量、增加目标幼儿人数来提高游戏的挑战性与趣味性。若幼儿能力或场地面积有限，可以使用布球进行游戏，确保安全。

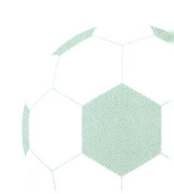

看看谁更强

🔵 **游戏目标**

1. 喜欢足球游戏，有迎接挑战的兴趣和愿望。
2. 能双手将球抛到指定位置。
3. 练习发界外球的动作。

🔵 **游戏准备**

1. 红色、黄色圆形胸贴若干。
2. 排球网、哨子各1个。
3. 红色、黄色塑料条若干。
4. 布球20个，每边场地各10个。

⭐ **游戏玩法**

幼儿分成红、黄两队，在中网两侧1米处分别设置一条标记线，两队幼儿分别站在标记线后。

哨声吹响后，幼儿立即将自己场地的球举过头顶用力抛向对方场地。当哨声再次吹响后，游戏停止，幼儿数一数本方场地的布球数，以球少的组为胜。游戏可反复进行。

🔵 **游戏规则**

1. 幼儿每次只能扔一个球，且以掷界外球的动作将球抛出。
2. 当哨声再次吹响后，不得继续抛球。

🔵 **游戏建议**

游戏前，教师可带领幼儿两人一组练习互相抛接球。游戏时，教师可以给幼儿设置时间限制，让幼儿在规定时间内进行抛球比赛。当幼儿熟悉游戏玩法后，可以加大难度，要求抛球必须超过标记线才有效，没超过的无效，以增加游戏的趣味性。教师可根据本班幼儿情况请能力强的幼儿做裁判。

小螃蟹运球竞速

⭐ **游戏目标**

1. 体验足球游戏的快乐。
2. 能够以侧身拖拉球的动作沿曲线运球。
3. 学习侧身拖拉球的动作。

⭐ **游戏准备**

1. 足球、螃蟹胸饰每人1个。
2. 用塑料条围成一个大圆圈或在户外场地上用较大的圆形做标记。

⭐ **游戏玩法**

请幼儿扮小螃蟹，分别站在圆圈外，幼儿间有一定的距离。游戏开始，幼儿用侧身拖拉球的方法沿顺时针方向运球，同时要追赶前一名幼儿，追到前一名幼儿后轻拍其后背。被追到的幼儿要站到圆圈中，最后剩下的幼儿为胜利者。

⭐ **游戏规则**

幼儿要按同一方向追赶。

⭐ **游戏建议**

此游戏建议分组进行，根据场地圆圈大小安排每组活动的人数。侧身拖拉球要求幼儿支撑脚横过来指向运动方向，另一只拉球的脚与球对齐，由球后方向前方拉动足球，球运动起来后拉球的脚顺势落在球的侧前方，同时完成支撑脚的移动。在游戏中，教师要提醒幼儿按同一方向追赶，并关注幼儿运球的动作和要领，做到球不离脚。当幼儿熟悉游戏玩法后，可加大难度，要求幼儿随时听教师口令改变运球方向，如逆时针运球，锻炼幼儿的反应能力，增加游戏的趣味性。

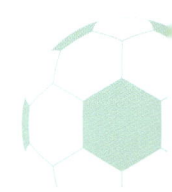

足球接龙

🔵 **游戏目标**

1. 愿意合作进行游戏，并遵守游戏规则。
2. 能眼、脚配合，较好地控制球走直线。
3. 练习脚背运球的动作。

🔵 **游戏准备**

足球 4 个、定点 4 个（排头）。

🔵 **游戏玩法**

幼儿分成四组，站成纵队，每组选一名幼儿脚踩球面对队友站在定点处（排头前面），其他幼儿与其保持一定距离，两脚分开做好准备。

游戏开始，每组站在定点处的幼儿用脚背击球的动作将球发出，并让球从本组幼儿胯下依次通过，最后一名幼儿用脚接住球后，再用手拿球跑到定点处做踢球准备，之前踢球的幼儿站到队伍排头，其他幼儿整体后退一步，游戏继续。最先全部完成轮换的一组获胜。

🔵 **游戏规则**

1. 幼儿踢完球后，要立即到队伍排头站好，其他幼儿整体后退一步，保证排头幼儿与踢球幼儿间的距离不变。
2. 若球没有顺利穿过本组幼儿胯下则需要重新踢，除排尾接球幼儿，纵队中其他幼儿一律不得用手接触球。

🔵 **游戏建议**

游戏时，幼儿要尽量将腿分开，尽可能缩短同伴间的距离，使球能快速通过。踢球的幼儿要控制好球的方向和力度，力度过大不利于最后一名幼儿接球，力度过小球可能无法穿过纵队。最后一名幼儿要注意力集中，保证准确无误地接到球。幼儿熟练游戏后，可以加大难度，增大纵队幼儿之间的距离，增加游戏的趣味性及挑战性。

集中教育活动

小手指踢足球

🟣 **活动导引**

本活动主要涉及健康领域，重点发展幼儿手部动作的灵活性。教师在活动中要更多地引导幼儿观察、练习掌握手指踢球的方法，让幼儿在实践中发现好的方法，体验自主探究的乐趣。

🟣 **活动目标**

1. 体验手指踢球的乐趣。
2. 能用食指和中指模拟踢球动作。
3. 掌握手指踢球的方法。

🟣 **活动准备**

1. 足球1个。
2. 乒乓球（画成足球）若干。
3. 手指踢球的视频，球门4个。

🟣 **活动过程**

1. 激发兴趣

教师和幼儿一起玩手指游戏。

2. 观看视频

● 请幼儿观看手指踢球的视频。引导幼儿说说视频中的小朋友在干什么，他们用什么来踢足球。

● 教师重点引导幼儿观察视频中的小朋友用手指踢球的方法。

3. 尝试练习

教师指导幼儿练习手指踢球的方法。开始可以让幼儿空手练习，当幼儿手指灵活后，可以给幼儿发放乒乓球进行练习。

4. 射门游戏

将幼儿分成四组进行射门练习，熟练后进行比赛。

🟣 **活动建议**

在游戏的过程中，教师可以增加竞赛活动，激发幼儿活动的热情，促进团队的凝聚力。

🟣 **家园共育**

教师可以将幼儿活动的视频发到班级群里，请家长和孩子在家游戏，促进亲子关系，增强幼儿玩球的兴趣。

球类调查

⭐ **活动导引**

本活动主要涉及科学领域，重点引导幼儿了解常见球的种类及玩法。

⭐ **活动目标**

1. 喜欢球类运动并乐于记录。
2. 能用图画的形式记录常见球的玩法。
3. 了解常见球的种类及玩法。

⭐ **活动准备**

1. 足球、篮球、排球。
2. 记录单、彩笔、装订器。
3. 球类运动的相关视频。

⭐ **活动过程**

1. 谈话导入

教师分别出示足球、篮球和排球，鼓励幼儿大胆讲述其玩法。

教师：今天老师给小朋友带来了三个球宝宝，你们认识它们吗？它们怎么玩呢？

2. 观看视频

请幼儿欣赏常见球类运动的视频，说一说自己喜欢的球类运动。

教师：除了这三个球宝宝，你们还认识哪些球宝宝呢？它是怎样玩的？

3. 分享记录

引导幼儿把自己喜欢的球类运动及其玩法记录下来。

教师：把自己喜欢的球和它的玩法画下来吧。

4. 制作调查表

教师将全班幼儿的记录单装订成册。

教师：小朋友们，老师将你们的记录单订成了一本小册子，这就是我们班所有小朋友喜欢的球类运动调查表。请你回家也跟爸爸妈妈、爷爷奶奶一起制作一个家人喜欢的球类运动调查表吧。

⭐ **活动建议**

活动前，教师可以通过与幼儿交谈，帮助幼儿了解有关球的知识。在活动中教师可以准备一些常见球类比赛的小视频、著名足球运动员的照片以及规则图示等，让幼儿除了可以通过聊天了解知识，也能通过直观的画面来了解各种球类项目的规则及玩法，丰富活动的形式，激发幼儿参与的兴趣。在分享记录环节，教师要引导幼儿大胆记录，将自己喜欢的球类运动及其玩法以图画的形式记录下来。

⭐ **家园共育**

请家长在家中带领孩子开展足球运动、篮球运动、排球运动等常见球类运动，并帮助幼儿制作家庭成员喜欢的球类运动调查表。

你谦我让

🔵 活动导引
本活动主要涉及社会领域和科学领域，重点引导幼儿懂得相互谦让。活动中通过"拉木珠"的游戏，让幼儿体验与同伴相互协作的成就感，进一步理解团结、合作的重要性。

🔵 活动目标
1. 体验共同完成任务的快乐。
2. 能与同伴轮流游戏，能谦让与分享。
3. 初步学习与同伴合作。

🔵 活动准备
1. 一个瓶口大小正好能通过一个玩具小足球的瓶子，将6个拴好绳子的小足球依次放进瓶内，绳子的另一端要置于瓶口外，每组一套。
2. 记录单每组一张。

🔵 活动过程
1. 分享

请幼儿说说自己喜欢的游戏是怎样玩的。

2. 游戏

●教师出示操作材料，讲解游戏玩法。

教师：小朋友们6人一组，每组桌上都有一个装着6个小足球的瓶子，每人拉着一根瓶口外的绳子，听到老师口令后向外拉足球，看哪组先把瓶中的6个小足球都拉出来。然后，将拉出小足球的方法记录下来。

●教师指导幼儿游戏，引导幼儿观察、发现游戏方法。

●请幼儿相互交流游戏经验，说说自己组在游戏中是怎样快速拉出小足球的，并引导幼儿讨论。

3. 讨论

请幼儿带着记录单到前面讲述自己组的游戏玩法，并进行演示。

4. 体验

请各组幼儿再次游戏，体验谦让、合作之后的成就感。

小结：集体游戏时要互相配合，不能只想自己。

5. 迁移

请幼儿结合生活经验拓展思考：在我们平时的活动中，还有哪些事情需要大家互相合作才能做好？

🔵 活动建议
游戏时教师要重点引导幼儿观察思考：瓶口小，怎样才能将小足球拉出来？操作的过程中，教师要给幼儿充分的时间进行思考。在迁移环节，教师要引导幼儿了解多人游戏时应该懂得谦让、合作和分享。

我的球衣

⚽ 活动导引

本活动主要涉及艺术领域，重点发展幼儿的表现与创作力。幼儿艺术领域学习的关键在于充分创造条件和机会，在大自然和社会文化生活中萌发幼儿对美的感受和体验，丰富幼儿的想象力和创造力，让幼儿学会用心灵去感受和发现美，用自己的方式去表现和创造美。活动通过让幼儿观看真实的球衣和PPT，引导幼儿去思考、发现、创作。

⚽ 活动目标

1. 感受设计球衣的快乐。
2. 能用不同颜色、图案来设计球衣。
3. 欣赏各种漂亮的球衣，观察不同球衣的特点。

⚽ 活动准备

1. 画有球衣轮廓的图画纸。
2. 蜡笔。
3. 球衣。
4. 关于足球队服装的PPT。

⚽ 活动过程

1. 感知观察

教师展示着装，引发幼儿兴趣。

教师：看一看，老师今天穿的是什么衣服？我们在什么时候穿球衣呢？

小结球衣的作用。

2. 欣赏分辨

播放PPT，展示各种球衣图案，请幼儿欣赏，让幼儿感受球衣颜色、花纹呈现的美感。教师对个别球衣上的队徽、号码、颜色做具体介绍。

3. 设计绘制

教师：请小朋友为我们班级的足球队设计一件漂亮的衣服吧。

4. 分享交流

● 将幼儿完成的球衣作品进行展示。

教师：请小朋友来介绍自己的球衣作品。你喜欢哪一件，为什么？

● 幼儿讨论、评选出班级足球队球衣。

⚽ 活动建议

活动中对于球衣和比赛服的区分教师要解释清楚。要重视细节，关于足球的定义性名词不能弄错。分享交流环节，对于幼儿设计的球衣作品，教师要给予充分的理解和尊重，不用固定的审美标准去评判幼儿的作品。

⚽ 活动拓展

将相关活动材料投放到美工区，鼓励幼儿继续用不同绘画材料设计球衣。

运动减肥记

🔵 活动导引
本活动主要涉及语言领域和健康领域，重点培养幼儿的阅读理解能力和表达能力。活动中，教师讲故事时语速一定要慢，每一句话都要讲清楚，方便幼儿理解故事的内容。可以通过展示图片等多种形式开展活动，使幼儿对故事中的人物、情节有更深刻的了解。

🔵 活动目标
1. 愿意锻炼身体。
2. 能说出不同的运动方式。
3. 理解故事内容，知道运动能使身体健康。

🔵 活动准备
1. 故事《胖胖兔减肥》（见资料包）。
2. 《兔子舞》音乐。
3. 兔子、袋鼠等演示教具。

🔵 活动过程
1. 观察讲述

出示兔子图片，引导幼儿观察，引出胖胖兔的故事。

教师：今天，我们班里来了一只兔子，它长什么样？为什么会这么胖呢？我们一起来听听《胖胖兔减肥》的故事。

2. 倾听故事

引导幼儿熟悉故事内容。

教师：胖胖兔为什么一走路就呼哧呼哧喘粗气呢？它决定去做什么？它在足球场遇见了谁？袋鼠帮胖胖兔想了一个什么办法？胖胖兔练习得怎么样？胖胖兔在袋鼠的帮助下减肥成功了吗？

3. 讨论交流

引导幼儿说说好的锻炼身体的方法。

教师：听了这个故事以后，小朋友们，想一想，怎样才能有一个棒棒的身体呢？要锻炼身体可以做哪些事情？

教师小结：只要坚持，不偷懒，天天锻炼，我们的身体一定会更加健康。

4. 整理结束

随着《兔子舞》音乐做拍球运动，结束活动。

教师：我们也试一试胖胖兔的减肥方法，一起随着音乐来拍球吧。

🔵 活动建议
在讨论交流环节，教师要引导幼儿学会倾听同伴的发言，教师也要认真倾听，并给予幼儿积极的回应，鼓励幼儿大胆表达。

🔹 **活动拓展**

在表演区投放兔子和袋鼠的头饰、小足球、小圆筒，引导幼儿表演故事《胖胖兔减肥记》。

🔹 **家园共育**

请家长带领幼儿多运动，养成锻炼身体的好习惯。

🔹 **资料包**

故事

胖胖兔减肥

胖胖兔从来不运动，长得越来越胖，走起路来都呼哧呼哧地喘气。这一天，它决定去足球场运动运动。

在足球场，胖胖兔遇到了袋鼠，袋鼠奇怪地问："胖胖兔，你来干吗？"胖胖兔说："踢足球呀！"袋鼠说："踢足球要先学会带球。""啊，这么简单！"胖胖兔学着袋鼠的样子带起球来，可是，刚带了一下，足球就滚跑了，捡起来再带，足球又滚跑了。袋鼠拿来一个圆筒说："你围着这个圆筒来带球，不要让球跑丢了。""1—2—3—，累死我了！"胖胖兔转了三圈，就已经累得腿发抖了。第二天，胖胖兔又转了五圈，累得一屁股坐在地上。袋鼠说："坚持，快起来，不能偷懒！"胖胖兔站起来接着带球，带着带着，足球听话了，不到处乱滚了。一圈、两圈、三圈……胖胖兔可以连续转十圈了。胖胖兔越转越觉得有趣，每天都来转。

几天以后，胖胖兔变成了运动员小兔，走起路来再也不会呼哧呼哧喘粗气了。

找小兔

🔹 **活动导引**

本活动主要涉及健康领域，重点练习双脚夹球连续向前跳，训练幼儿腿部力量及身体平衡能力。

🔹 **活动目标**

1. 体验集体游戏的乐趣。
2. 能动作协调地双脚夹球连续向前跳。
3. 学习双脚夹球连续向前跳。

🔹 **活动准备**

1. 呼啦圈。
2. 足球若干。
3. 自制小兔图片若干。

🔹 **活动过程**

1. 热身活动

教师与幼儿一起听音乐做热身活动。

教师：今天老师给你们带来了一个好玩的游戏，在玩游戏之前，请小朋友们和老师一起跟随音乐活动一下我们的小身体。

2. 情境创设

教师：小兔太贪玩了，跑到外面没回来，兔妈妈可着急了，希望小朋友们能帮它把小兔找回来。但是找小兔之前必须要学会双脚夹球跳，否则小兔是不会愿意跟着我们回来的。谁知道小兔是怎样夹球跳的呢？（请一名幼儿上来演示）

幼儿自由练习双脚夹球连续向前跳。教师可以提醒幼儿借助呼啦圈练习跳，每跳一个圈都要注意保持身体平衡。

教师：原来小兔夹球走路是双脚并拢一起往前跳的呀！小朋友们真厉害！现在我们就一起到呼啦圈做的小路上来练习一下小兔夹球跳吧。跳的时候身体要保持平衡，注意别摔倒了。

总结：老师发现有很多小朋友都学会了小兔夹球跳，可是还有个别小朋友学得不对，小兔是双脚往前跳，如果我们一只脚一只脚地跳，球就会跑掉，小兔就不会和我们回家了。现在请小朋友们来认真看老师学小兔跳，看老师学得对不对。

3. 游戏体验：找小兔

教师：小朋友们都学会了小兔夹球跳，现在就让我们一起出发去把小兔找回来吧。

游戏玩法：要用双脚夹住球同时向前跳的方式走过呼啦圈做的小路，把小兔找回来，放到篮筐里，然后排好队。每人只能去找一次，而且一次只能找一只小兔。

●第一次游戏：自由练习

教师提醒幼儿遵守游戏规则，每人每次只能找一只小兔。

教师对幼儿进行评价，鼓励幼儿按照游戏规则玩游戏。

●第二次游戏：分组比赛

教师：现在我们来进行比赛，看看哪一组的小朋友最棒。

将幼儿分为两组，各组第一名幼儿听到教师口令后，双脚夹球连续向前跳，跳到对面去找一只小兔，然后跑回来把小兔放到篮筐里，拍第二名幼儿的手，第二名幼儿出发。其他幼儿以此类推，最先跳完的一组获胜。

4. 总结放松

教师：这次比赛一组的小朋友获得了胜利，但是老师觉得每个小朋友都很棒，把贪玩的小兔找回来了，值得表扬。

教师：我们玩了这么久游戏每个人都累了，现在来放松一下，伸一伸小腿，拍拍大腿和小腿。

🌟 活动建议

活动中，教师可以适当鼓励幼儿练习连续向前跳跃，增强幼儿的体力和活动量。活动开始，教师可以指导幼儿原地双脚向上跳跃，既起到热身作用又为之后的夹球跳做准备。在集体游戏时，教师要强调游戏规则"一次只夹一个球"。

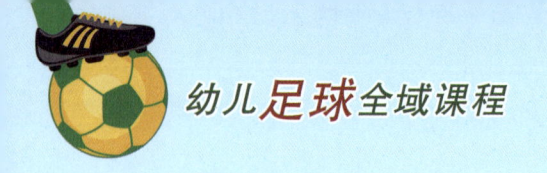

沉与浮

🌑 活动导引

本活动主要涉及科学领域，重点发展幼儿认识周围事物和现象的能力。活动中，教师要引导幼儿通过直接感知、亲身体验和实际操作的方式观察、比较物体在水中的沉浮现象，并尝试学习画图记录，激发幼儿合作探究的乐趣。

🌑 活动目标

1. 愿意大胆尝试，体验操作的乐趣。
2. 能用图画的形式记录探索的结果。
3. 感知物体在水中的沉浮现象。

🌑 活动准备

1. 皮球、足球、乒乓球、玻璃球、羽毛球、网球、弹力球等各种球。
2. 大水盆，毛巾。
3. 记录单。

🌑 活动过程

1. 激发兴趣

● 介绍各类球。

教师：老师今天带来了许多球宝宝，你们猜猜它们是谁。

● 创设情境，激发幼儿兴趣。

教师：球宝宝们要去探险，遇见了一条大河，这些球宝宝能安全过河吗？谁浮在水面上谁就能安全过河。

教师：把它们放在水里会怎么样呢？猜猜看这些球宝宝们哪些能浮在水面上，哪些会沉在水里。

2. 猜想记录

● 出示记录单，引导幼儿将猜想记录下来。

教师：小朋友们，如果球宝宝浮在水面上我们就用"↑"来表示，如果球宝宝沉在水里我们就用"↓"来表示。

● 幼儿交流猜想。

3. 操作验证

教师：请小朋友们试一试，看看和你的猜想是否一样。

实验步骤：选一个球宝宝放在水里，观察它是沉还是浮并记录观察结果。

幼儿进行操作，感知沉与浮的现象并做好记录。

4. 交流分享

教师：你发现了什么？和你想的一样吗？

幼儿展示记录单，进行交流分享。

活动建议

操作验证环节，教师要注意引导幼儿及时记录观察结果。

活动拓展

将石块、积木、饮料瓶、橡皮泥及水盆等材料投放到科学区，引导幼儿继续探究生活中常见物体的沉浮现象。

了不起的运动员

活动导引

本活动主要涉及社会领域，重点培养幼儿努力拼搏、不怕困难的精神。活动中，教师要引导幼儿结合视频、图片进行思考，能用语言表达自己的感受。

活动目标

1. 萌发对坚持训练、不畏艰难的运动员的敬佩之情。
2. 能用语言表达自己的感受。
3. 了解运动员生活及训练的辛苦。

活动准备

1.《了不起的运动员》PPT。
2. 各种运动员训练的视频。
3. 祝福卡展示板。
4. 心形卡片、纸花、固体胶、水彩笔等。

活动过程

1. 情境谈话

教师：小朋友们，你们参加过运动会吗？

教师：你见过哪些运动员？你知道他们平时是怎样训练的吗？

2. 观察理解

出示《了不起的运动员》PPT，观看足球运动员们训练时的场景。

教师：小朋友们，看看这是谁，他们在干什么。

教师：不管是烈日酷暑还是寒冬腊月，不管刮风下雨还是雪花纷飞，球员们都在坚持训练。

3. 交流讲述

观看各种运动员日常训练的视频，了解运动员训练的艰辛。

教师：小朋友们，我们来看看还有哪些运动员。

教师：他们每天是怎样训练的？他们的表情怎样？脸上、身上亮晶晶的是什么？训练失败时他们是怎样表现的？

小结：这些运动员们为了取得好成绩，要付出很多努力和辛苦，我们要尊重他们。

4. 制作表达

● 引导幼儿为辛苦训练的运动员们制作祝福卡，鼓励幼儿选用自己喜欢的美工材料进

行大胆的、有创意的制作。

● 将幼儿制作的卡片展示在祝福卡展示板上，引导幼儿表达对运动员们的敬佩之情。

教师：我们今天就来为他们加加油吧，让我们亲手做一张美丽的卡片送给他们。

教师：小朋友们互相欣赏一下我们制作的爱心卡片，你最喜欢哪一个？

教师：这张卡片是谁制作的呢？我们请他来说一说对运动员们的敬佩之情吧。

活动建议

在制作表达环节，教师可以鼓励幼儿结合自己制作的爱心卡片表达对运动员的敬佩之情，推动幼儿情感的升华。教师可结合幼儿的发言进行总结提升，帮助幼儿明白做事情要取得成功一定要努力付出、不怕困难。

活动拓展

教师可以在班级创设有关足球训练或比赛的展示台或展板，让幼儿观看、交流、讨论，加深幼儿对足球精神的理解。

胖胖兔去减肥

活动导引

本活动主要涉及艺术（音乐）领域，重点发展幼儿的音乐表现与创造能力。教师利用情境和提问引出足球动作，随着幼儿对乐曲的熟悉，开始进行足球动作的创编。在表演时，引导幼儿按节奏表现歌曲，使幼儿愿意并喜欢创编足球动作。

活动目标

1. 体验律动游戏的快乐，享受轻松、愉快的游戏氛围。
2. 能迁移生活经验进行足球动作的创编。
3. 尝试用足球动作表现乐曲。

活动准备

1. 《胖胖兔》PPT。
2. 音频《魔力减肥咒》（片段）。
3. 音频《小仙女的话》。

活动过程

1. 导入部分

● 故事导入。

教师：今天森林里要举办足球比赛，小动物们都开心极了！但是有一只胖胖兔，却怎么也开心不起来。"呜呜呜……呜呜呜……我实在是太胖了，大家都嘲笑我是一只胖兔子。唉，我连跳都跳不动，还参加什么比赛呀！唉，算了，我还是放弃吧！"

● 播放音频《小仙女的话》。

小仙女：你好，胖胖兔，我是小仙女！别放弃，别放弃，我来帮助你，只要你坚持到底，就一定能减肥成功的!

教师:刚刚小仙女将帮助胖胖兔减肥的方法告诉老师了,你们想不想知道?

2. 示范模仿

● 教师示范动作,请幼儿注意观察。

教师:请小朋友们睁开小眼睛仔细看老师做了什么动作,张开小耳朵仔细听老师说了什么话。

● 幼儿跟随音乐做动作。

教师:请小朋友们把学到的动作教给胖胖兔吧。

3. 动作创编

● 教师出示《胖胖兔》PPT,引导幼儿观察胖胖兔肥胖的部位,请幼儿创编足球动作帮助胖胖兔减肥。

教师:用小足球做什么动作能让肚子瘦下去呢?

教师:让我们一起来做动作。

● 教师出示《胖胖兔》PPT,引导幼儿发现做完足球动作以后胖胖兔身上相应的部位瘦了,激发幼儿继续创编动作的兴趣。

教师:瞧,胖胖兔的肚子瘦了!谁能再想一个动作帮助它减掉腿上的肉呢?

4. 活动总结

教师:刚才我看到小朋友们用了好多足球动作做运动,你们真是太会运动啦!胖胖兔说它都学会啦,谢谢你们。还记得原来的胖胖兔长什么样吗?

胖胖兔:谢谢小朋友们帮助我通过运动减肥变成了一只健康的瘦兔子,我还想让更多的好朋友喜欢和小足球做运动,变得健健康康的,你们可以和我一起去教教其他小朋友吗?

⭐ 活动建议

教师应该将帮助胖胖兔减肥的游戏情境贯穿活动始终,并适时出示《胖胖兔》PPT,帮助幼儿发现自己通过跟随音乐做动作、创编动作能够帮助胖胖兔成功减肥,激发幼儿的活动兴趣。在创编环节中,教师要提示幼儿结合足球和对应的身体部位来创编减肥动作。

⭐ 活动拓展

将《魔力减肥咒》音乐投放到表演区,引导幼儿随音乐做足球动作。

我要当球员

⭐ 活动导引

本活动主要涉及语言领域,重点发展幼儿倾听和理解的能力。教师可引导幼儿通过对所设置问题的思考,感受、理解故事,懂得欣赏他人的优点。

⭐ 活动目标

1. 懂得欣赏他人的优点。

2. 能够大胆猜想故事内容。

3. 理解故事内容。

🔵 活动准备
1. 故事《我要当球员》（见资料包）。
2. 乌龟、兔子图片。

🔵 活动过程
1. 引起兴趣

教师出示图片，引起幼儿兴趣。

教师：你们知道兔子和乌龟的故事吗？今天老师给你们再讲一个它们的故事。

2. 讲述猜想

● 教师讲述故事前半段。

教师：故事里都有谁呢？小兔子特别喜欢什么运动？谁是球迷？小乌龟是个球迷，每天在球场边上看小动物们踢球，它是怎么想的呢？

● 教师引导幼儿猜想故事的后半段。

教师：小乌龟能否当小球员？可以当什么队员？

● 教师讲述故事后半部分。

教师：小乌龟当上小球员了吗？它是怎样当上的？当了什么队员？

3. 完整欣赏

教师利用图片和幼儿一起完整讲述故事。

4. 游戏：踢足球

教师指导幼儿分组进行表演。

教师：小乌龟真能干！小朋友们来当小乌龟守门，老师来踢球，你们要把门守住哟！

🔵 活动建议
在讲述猜想环节，教师要鼓励幼儿结合小乌龟的特性进行大胆表达，还可以引导幼儿相互讨论。

🔵 活动延伸
教师可以将图片投放到语言区供幼儿讲述故事。

🔵 家园共育
教师可将故事提供给家长，请家长和孩子们一起讲述故事。

🔵 资料包
故事

我要当球员

小兔子们特别喜欢踢足球，因为它们跑得快。小兔子们成立了足球队，每天都要进行比赛。

有一只乌龟，每天都在球场边看小兔子们踢球，它是一个真正的球迷。有一天，乌龟找到兔子队长，它说："我也想参加足球队。"兔子队长哈哈大笑："什么，你也想踢足球？你的动作这么慢，不行不行！"

有一次，足球飞了过来，乌龟伸出脑袋一顶，哈，球被乌龟顶进了球门。兔子队长说："看来你还行，来参加足球队吧。"

跑得慢的乌龟，成了足球队的守门员。乌龟用它又平又硬的肚子，把截获的无数个球都弹回去了，球队每次出去比赛总是得冠军。兔子队长说："乌龟守门，我们的球门就是最结实的球门。哈哈哈！"

送球工

● 活动导引

本活动主要涉及健康领域，重点训练幼儿能手脚协调地运球骑童车（踏板车）。活动中，教师要以游戏情境引导幼儿遵守交通规则并按规定进行运球游戏，激发幼儿对集体游戏的兴趣。

● 活动目标

1. 感受集体游戏的乐趣。
2. 能手脚协调地运球骑童车（踏板车）。
3. 尝试骑童车完成游戏。

● 活动准备

1. 四轮童车4辆，筐4只（当作小动物的家），与幼儿人数相等的足球。
2. 猫、狗、猪、兔图片各1张，套在装有水的饮料瓶外，可直立在筐边。
3. 供游戏用的红绿灯标志，欢快的音乐。
4. 场地设计：起点到终点为20米，每条道路宽度应在1米以上，避免幼儿上下车或车掉头时相互碰撞。

● 活动过程

1. 谈话引题

教师：我是××足球公司的工作人员牛阿姨，负责运球工作，因为需要足球的运动员越来越多，我们公司里的运球工都忙不过来了。今天想挑选一些运球工来我们公司工作，你们愿意参与吗？在加入公司之前，我要先看看你们的骑车技术和运球水平，表现好的才能担任运球工作。

2. 挑选送球工

● 第一关：骑车。

幼儿在车筐里放上足球，自由地来回骑车。

教师注意观察幼儿的骑车技术，随时帮助有困难的幼儿，并提醒幼儿注意速度。

● 第二关：遵守交通规则。

在"道路"上设置红绿灯标志，要求幼儿根据信号灯提示骑车，并注意足球不能掉下来。

●第三关：工作负责。

能根据提示，将足球安全、准确地送到指定地点。

3. 送球练习

●讲解运球路线：幼儿分成四组，将足球送到对面的筐内，骑车返回。

●第一次游戏后小结幼儿的表现。

4. 分组送球

教师：刚才小朋友们的表现很棒，祝贺你们成为××公司的运球工！现在需要将足球送到四个小动物的家里，请你们分组来为它们送足球。

送足球过程中，教师变换红绿灯，让幼儿学习在骑车过程中注意信号，并按信号灯指示停止或前进。

5. 整理放松

教师：大家圆满完成了第一天的工作，公司对大家的表现很满意，一起庆祝一下。

幼儿听音乐做欢庆的动作，舒展身体，做放松活动。

⭐ **活动建议**

活动中，教师要提醒幼儿遵守交通规则，鼓励幼儿运用多种形式将球运送到指定区域。

我和数字做游戏

⭐ **活动导引**

本活动主要涉及科学领域，重点发展幼儿6以内点数的能力。活动中，教师要创设各种游戏情境，引导幼儿在游戏中进行点数，使活动游戏化、生活化，更好地调动幼儿的已有经验。

⭐ **活动目标**

1. 体验做数字游戏的乐趣。
2. 能理解6以内数的实际意义。
3. 认识数字6，知道6的组成。

⭐ **活动准备**

1. 足球卡片6张（卡片上分别有1~6个小足球）。
2. 数字卡片5和6。
3. 足球。

⭐ **活动过程**

1. 观察感知

出示数量是5的足球卡片，引导幼儿数一数、说一说共有几个足球，可以用数字几来表示。

再出示1张足球卡片，引导幼儿说一说现在是几个足球，用数字几来表示。

教师：又来了 1 个小足球，现在共有几个小足球？可以用数字几表示？

小结：5 个足球添上 1 个足球是 6 个足球，5 添上 1 是 6。

2. 操作理解

● 出示 6 的数字卡片，请幼儿说一说 6 像什么。

● 引导幼儿说一说还有什么可以用数字 6 来表示，理解 6 的实际意义。

3. 游戏体验

游戏一："变数字"游戏。

教师拍足球，幼儿点数足球落地声，然后用身体动作变出相应的数字。

游戏二："数字找朋友"游戏。

幼儿在场地上边走边说儿歌"找找找，找朋友"。这时教师举起足球卡片，幼儿要根据教师手中足球卡片上的小足球数量迅速找到相应数量的朋友。

⭐ 活动建议

为了帮助幼儿复习关于 5 的组成，教师可以在活动前利用足球卡进行"5 的组合"的游戏，如数量 2 的足球卡和数量 3 的足球卡合在一起可以组成数量 5 的足球卡，为幼儿感知理解"5"和"1"组成 6 奠定经验基础。

在"变数字"游戏中，教师可以引导幼儿一个人、两个人或多个人合作用身体动作变出数字，感受变数字游戏的乐趣。

⭐ 活动拓展

教师可以在科学区投放足球卡片、足球，引导幼儿继续玩数字游戏。

美丽的足球城——大连

⭐ 活动导引

本活动主要涉及社会领域，重点培养幼儿的归属感。活动中，教师要运用幼儿喜闻乐见和能够理解的方式，如观看视频、谈话交流等，让幼儿感受大连的美，了解大连是座足球城，知道大连的足球文化，培养幼儿热爱家乡、热爱足球的情感。

⭐ 活动目标

1. 萌发幼儿爱大连、爱足球的情感。

2. 能说出大连与足球相关的特色信息。

3. 知道大连是一座足球城。

⭐ 活动准备

1. 幼儿收集的有关大连足球特色的图片若干。

2. 大连足球队的照片。

3. 本园足球比赛的奖杯、荣誉证书和经典视频。

⭐ 活动过程

1. 谈话导入

教师讲述关于大连足球城的来历。

2. 观察发现

● 出示有关大连足球特色事物的图片，引导幼儿观察，并讲述其来历及特点。

教师：大连是一座足球城，城市中有许多元素都与足球有关。

● 引导幼儿说出图片上和足球相关的事物。

教师：图片上都是什么？

● 介绍大连足球特色，与幼儿一起交流。

教师：除了图片上有关大连的足球元素，你还知道哪些和足球有关的事情呢？

3. 表达交流

教师出示本园参加足球比赛取得的奖杯、荣誉证书及队员的照片，并请幼儿欣赏经典的比赛视频，引导幼儿进行交流，激发幼儿爱足球的热情。

教师：这些都是我们幼儿园参加足球比赛取得的奖杯，你们认识这些小球员吗？

4. 情感表述

请幼儿说说自己最喜欢的小球员。

教师：你最喜欢哪个小球员？为什么？

⭐ 活动建议

教师在活动前要准备好常见的足球相关的图片或视频，在活动中结合与幼儿的谈话交流及时出示，便于幼儿更加直观深刻地感受大连是座足球城。避免简单枯燥的谈话影响幼儿的活动兴趣。

⭐ 活动拓展

活动结束后，可以把搜集的材料、物品进行展示，还可以投放到活动区进行不同的游戏活动。比如，把收集的足球相关的图片投放到益智区，进行"对对碰""找茬"等游戏；可以自制足球服装，举办"小小球服展"；还可以在班里专门设立一个足球角，展示有关大连足球的画报、著名足球运动员、球队等资料，让幼儿深入了解，从而更加喜欢足球，愿意踢足球。

⭐ 家园共育

请家长带领幼儿了解有关足球的知识，增加幼儿对足球的了解及喜爱。

彩鞠

⭐ 活动导引

本活动主要涉及艺术（美术）领域，重点发展幼儿的美术表现力与创造力。活动中，教师可以引导幼儿通过玩一玩、看一看、做一做、讲一讲等方式，在了解蹴鞠发展历史、观察各种蹴鞠的样式与造型的基础上运用多种材料大胆设计、制作蹴鞠，体验艺术创作的乐趣，感受中国传统文化的魅力。

⭐ 活动目标

1. 感受艺术创作的喜悦。

2. 能大胆运用材料尝试进行艺术设计。

3. 初步了解"鞠"的制作方法及发展过程。

活动准备

1. 蹴鞠视频。

2.《彩鞠发展史和彩鞠图案》PPT。

3. 塑料球、彩绳兜若干。

4. 颜料、画笔、抹布、装饰小材料等。

活动过程

1. 游戏导入

组织射门游戏，让幼儿感受蹴鞠游戏的快乐。

教师：老师手里有一个非常漂亮的球，今天我们用它来玩一个不一样的足球游戏。我们中间有一个不一样的球门，小朋友可以用身体的头、手、肩膀、腿、脚等任何部位去传或抢这个漂亮的球，最后只要让这个球进到球门里就获胜了。

2. 介绍蹴鞠

●播放视频，引导幼儿初步了解蹴鞠的发展史。

教师：刚才我们玩的好玩的游戏就叫作蹴鞠游戏，"蹴鞠"究竟是什么意思呢？让我们通过视频来看一看，听一听。

小结：蹴鞠是中国古代的一种运动形式，现在的足球运动就起源于我们中国古代的蹴鞠，也就是说，中国是足球的发源地。

●引导幼儿初步了解"鞠"的发展历程，感受中国古代人民的智慧。

教师：现在的足球是从古时候的"鞠"发展而来的，我们一起看一看、说一说它的变化吧。

●播放《彩鞠发展史和彩鞠图案》PPT，引导幼儿说一说"鞠"的变化。

小结：古代人民用勤劳和智慧创造了"鞠"，也让"鞠"一步一步演变到今天，变成各种各样漂亮的球，我们要学习并发扬古人的创造精神，一起来创作一个属于我们自己的"鞠"。

3. 示范创作

教师讲解要求，鼓励幼儿大胆创作。

教师：老师准备了丰富的装饰材料，小朋友们可以任意取拿，但是要保证每一个装饰品都要展示在你的"鞠"上，不要落下它们。在使用颜料的时候，请按颜色取用笔，用后把它们送回自己的家。艺术家们还要注意你们的形象，尽量保持衣物干净整洁哦。开始吧！

4. 展示分享

教师：所有小朋友的作品都完成了，我们一起来看一看吧。

5. 游戏体验

教师：请小朋友们用我们自己的"鞠"来玩一玩吧！

⭐ **活动建议**

教师应该借助视频或PPT展示不同样式的蹴鞠作品，供幼儿欣赏、观察，以此来激发幼儿的想象力和创造力。同时，在欣赏作品的过程中，教师要适时引导幼儿发现不同作品的制作方法，帮助幼儿确定自己的设计思路与创作方法，为接下来制作彩鞠奠定良好的经验基础。在展示分享环节，教师可引导幼儿从作品的颜色、花纹、构图是否干净等方面来进行讲述，帮助幼儿学会介绍自己的作品。

⭐ **活动拓展**

将装饰蹴鞠的各种材料投放到美工区，引导幼儿继续发挥想象力进行蹴鞠创作。

足球故事大王

⭐ **活动导引**

本活动主要涉及语言领域，重点发展幼儿创编故事的能力。活动中，教师通过各种教学方式引导幼儿利用不同的人物、动物和场景创编故事。

⭐ **活动目标**

1. 体验合作创编足球故事的乐趣。
2. 能够发挥想象创编故事并大胆表达。
3. 了解创编活动的顺序。

⭐ **活动准备**

1. 范例故事PPT，包括人物、动物、植物、各种场景和足球的图片。
2. 故事《足球找到了》（见资料包）。
3. 每组一张大白纸，胶水。

⭐ **活动过程**

1. 欣赏创编故事

教师出示范例故事PPT，请幼儿欣赏故事。

教师：你看到了什么？

教师：故事中都有谁？他们在什么地方干什么？

教师：发生了什么事情？他们是怎么解决的？

2. 讲解梳理

教师向幼儿讲述创编故事的要素：第一，人物；第二，故事发生的时间和地点；第三，具体发生的事情。

3. 探索尝试

教师引导幼儿分组合作创编故事。

● 幼儿结合图片进行故事设想，并将图片粘到大图画纸的对应位置。
● 幼儿根据图片讲述故事。

4.欣赏故事

请每组选一名幼儿上来讲述故事，其他幼儿欣赏。

⚽ 活动建议

活动前，教师可以在图书区投放一些有关足球方面的故事书，为幼儿创编故事做好前期铺垫。活动中，教师在为幼儿准备图片时可以将每组的人物和动物分开，当幼儿熟悉创编故事的思路后再让幼儿利用动物和人物交叉创编，加大难度。在创编过程中，应让幼儿正确地运用创编的三要素，使用一些好听的词创编。教师应多引导幼儿合理地进行创编和表述，鼓励同伴间相互沟通，从而提高想象力和语言表述能力。

⚽ 活动拓展

教师可以在图书区中投放一些卡片，供幼儿继续创编。

⚽ 家园共育

教师可以请家长和幼儿一起创编故事。

⚽ 资料包

故事

足球找到了

一天，小兔和小狗在草地上踢足球，玩得真高兴！小兔用力一踢，足球被踢得很高很高，一直向远处飞去。这时，袋鼠妈妈正在草地上散步，忽然看见飞来一只足球，连忙撑开了自己的口袋，足球正好掉进了袋鼠妈妈的口袋里。

足球不见了，小兔和小狗在草地上到处找，它们看见了袋鼠妈妈，就问："袋鼠妈妈，您看见我们的足球了吗？"袋鼠妈妈紧紧地捂着口袋，摇摇头说："我……我没有看见。"小狗指指袋鼠妈妈的口袋问："那您口袋里鼓鼓的是什么呀？"袋鼠妈妈连忙说："口袋里是我的孩子呀！"

这事被大象伯伯看得一清二楚，大象伯伯说："小兔、小狗别着急！我来想办法。"大象伯伯跑到一条小河边，吸了满满一鼻子水，然后走到袋鼠妈妈身边，把水喷进了袋鼠妈妈的口袋。水满了，足球浮上来了，小兔和小狗高兴地拍手说："足球找到了！足球找到了！"袋鼠妈妈红着脸把足球还给了小兔和小狗。

功夫足球

⚽ 活动导引

本活动主要涉及健康领域，重点发展幼儿动作的灵敏性。教师利用视频为幼儿创设练习脚弓带球的机会，引导幼儿尝试进行各种足球动作的创编，体验活动的乐趣。

⚽ 活动目标

1.激发谦虚好学、团结协作的精神和做中国人的自豪感。

2.能动作协调、敏捷地完成组合动作。

3.尝试学习简单的足球和功夫的组合动作。

幼儿足球全域课程

🔵 活动准备

1. 活动前观看关于中国功夫的视频，学习中国功夫的简单动作。

2.《中国功夫》《少林英雄》音乐。

3. 布球。

4.《功夫足球》视频、动作分解 PPT。

⭐ 活动过程

1. 情境导入

创设参加武林大会的情境，吸引幼儿的注意力，导入活动。

教师：小朋友们猜猜老师今天这身打扮是要做什么。

教师：我在练中国功夫，最近要召开武林大会，我想带着小朋友们一起去参加。

2. 热身准备

教师：练习中国功夫前，我们先来热热身吧。

播放《少林英雄》音乐，带领幼儿进行热身运动。

3. 感受学习

● 依次播放《功夫足球》视频和动作分解 PPT，引导幼儿对动作进行感知学习。

教师：为了参加武林大会，我特意准备了一段独有的功夫，你们看这是什么。

教师：我们的功夫和足球相结合就叫"功夫足球"吧。我还准备了"功夫足球"的秘籍，我们来欣赏一下吧。

教师：看了刚刚的"功夫足球"，你有什么感受？你还记得刚才的秘籍里都有哪些动作吗？

教师：我们的秘籍还有分解动作，大家跟着我一起动起来吧。

● 掌握分解动作，尝试连贯动作学习。

教师：接下来，我们把刚刚的动作连起来试一试吧。

● 尝试在音乐伴奏下做动作。

教师：小朋友们的动作真标准，我们试着跟随音乐练习一下"功夫足球"吧。

4. 自由创编

教师：小朋友们在幼儿园里也经常练习足球，哪些动作可以创编到"功夫足球"里呢？开动脑筋试一试吧！

● 幼儿自由创编，教师从旁指导，选择动作加到武术操中。

教师：刚刚我发现小朋友们创编了许多动作，我们一起来分享一下吧！我们试着按顺序把这些动作放到"功夫足球"里吧。

● 教师与幼儿一起将创编动作融入武术操，并尝试跟着音乐做一做。

5. 提升总结

教师：刚刚我们练习的"功夫足球"结合了中国功夫中的拳术，除此之外，我们中国功夫还有刀术、枪术、剑术等，中国功夫不仅可以强身健体，还可以保家卫国。我们有了不起的中国功夫，我们骄傲、自豪！

🔵 活动建议

在活动准备阶段，教师可以先带领幼儿观看有关中国传统功夫的视频，帮助幼儿积累前期经验。活动中，教师和幼儿可以身着武术服装，增强活动代入感，激发幼儿的活动兴趣。此外，教师还应该借助功夫主题引导幼儿了解中国传统文化，激发幼儿作为中国人的民族自豪感。

听声音数数

🔵 活动导引

本活动主要涉及科学领域，重点发展幼儿默数的能力。活动中，教师应该引导幼儿结合游戏中的具体情境进行点数活动。

🔵 活动目标

1. 喜欢进行数字游戏。
2. 能"听声音"默数 7 以内的数，并找出相应的数字。
3. 尝试了解"多1"或"少1"的数概念。

🔵 活动准备

1. 数字卡片。
2. 足球 1 个，抢答铃。
3. PPT（小猪佩奇动画形象及语音提示）。

🔵 活动过程

1. 情境导入

教师：小猪佩奇要举办生日会，它给小朋友们寄来了邀请函，我们一起听听佩奇说了什么吧。

佩奇：小朋友们好，我给大家准备了三个不同难度的游戏，听清楚游戏规则，完成游戏任务的小朋友才可以参加我的生日会哟！（PPT佩奇语音）

2. 游戏体验

教师：小朋友们仔细听一听，小猪佩奇为大家准备了什么游戏？

佩奇：我带来了一个足球，我们玩"听声音数数"的游戏吧。（PPT佩奇语音）

●游戏一：听声音报数

佩奇：小朋友们要蒙住眼睛，认真听老师拍了几次球，在心里数一数，不要发出声音，老师会请举手的小朋友来回答。（PPT佩奇语音）

●游戏二：听声音取数字卡片

教师：小猪佩奇说小朋友们太聪明了，所以第二个游戏它要加大难度，小朋友们准备好了吗？我们一起来听一听吧！

佩奇：小朋友们要蒙住眼睛，在心里默数老师拍了几次球。"叮"声后，小朋友们要离开座位，去取有相应数字的卡片。（PPT佩奇语音）

● 游戏三：听声音做加减法

佩奇：蒙眼默数老师拍了几次球，"叮"声后，小朋友们要取回比这个数多1的数字卡片。

佩奇：蒙眼默数老师拍了几次球，"叮"声后，小朋友们要取回比这个数少1的数字卡片。

3. 总结提升

佩奇：恭喜小朋友们完成了三个游戏任务，你们太聪明了，能够听声音数出7以内的拍球次数、取出对应的数字卡片，还能够一边数数一边做加减法，现在你们可以来参加我的生日会了。（PPT佩奇语音）

🔵 活动建议

教师在拍球时尽量慢一点，发出的声音清晰一些，便于幼儿默数。游戏三环节可根据本班幼儿的实际情况进行调整。在总结提升环节，为了使创设的"参加佩奇生日会"的活动情境贯穿始终，教师可以播放欢快的音乐请幼儿跳舞，还可以准备小糕点请幼儿品尝，通过愉悦的生日会氛围来提升幼儿的活动兴趣，增强幼儿成功挑战数学游戏的成就感，培养幼儿对数学游戏的喜爱之情。

🔵 家园共育

指导家长和幼儿在家玩"听声音数数"游戏。

足球闯关

🔵 活动导引

本活动主要涉及社会领域和健康领域，重点发展幼儿敢于挑战自我的意识。活动中，教师要引导幼儿通过感知、思考、体验、讨论等多种方式认识到敢于挑战的重要性，帮助幼儿了解面对有难度的任务时可以如何去做，体验完成有难度任务的成就感，乐于挑战。

🔵 活动目标

1. 乐于挑战有一定难度的游戏任务。
2. 能够反复尝试、积极思考、善于调整，完成不同难度的游戏任务。
3. 能认识到敢于挑战有难度游戏的重要性，学习挑战有难度任务的方法。

🔵 活动准备

1. 游戏"足球闯关"中4个游戏任务的材料（见资料包）。
2. 分别标有数字1~4的红色圆形粘贴若干。
3. 盛放粘贴的纸盒4个。
4. 《足球闯关》记录单（见资料包）、彩色笔，每人一份。

🔵 活动过程

1. 感知判断

● 教师示范游戏"足球闯关"的玩法，引导幼儿在认识游戏规则的基础上，初步感知不同游戏任务的难度。

教师：今天我们要玩游戏"足球闯关"，请仔细看老师是怎样完成这4个游戏任务的。

●教师请幼儿结合观摩的玩法示范，思考哪些任务自己很有把握完成，哪些任务自己完成起来有难度，并在记录单上做好记录。

教师：闯关前，请你想一想自己可以完成哪些任务，在记录单的对应位置上画"√"；哪些任务你觉得完成起来有难度，在记录单的对应位置上画"？"。

2. 游戏体验

幼儿体验游戏"足球闯关"，在实际游戏中检验自己的猜想。

教师：让我们一起闯关吧！

3. 讨论分享

教师请幼儿结合自己在游戏中的体验，再次填写记录单，并通过讨论认识到敢于挑战有难度游戏任务的重要性，掌握挑战有难度任务的方法。

教师：说一说你在游戏中完成了哪些任务，在记录单的对应位置上画"√"；哪些任务完成起来有难度，在记录单的对应位置上画"？"。

教师：前后两次的记录结果一样吗？为什么会不一样？

教师：面对有难度的游戏任务，我们只有大胆试一试才能知道自己到底能不能完成，如果因为难而不去尝试，那我们就永远不会知道自己能不能完成这个游戏，也不会知道这个游戏好不好玩。

教师：大家觉得哪些游戏比较难？

教师：请完成这些游戏的小朋友说一说自己是怎么挑战成功的。

教师：面对比较难的游戏任务时，需要我们反复尝试，动脑筋想一想哪里出了问题，应该怎样解决。如果想不到，可以向老师和小伙伴求助，请大家来帮帮忙。

4. 游戏强化

教师组织幼儿再次游戏，引导幼儿通过积极思考、反复尝试，挑战自己没有完成的游戏任务。

教师：请小朋友们用我们讨论的方法再次闯关！

🌐 活动建议

为了保证每个幼儿都能充分体验闯关游戏，教师可以根据幼儿的人数进行分组，并提供对应的闯关游戏材料。在游戏过程中，教师要结合活动的重难点对幼儿进行观察指导，表扬幼儿好的行为表现，如敢于尝试、反复坚持、善于调整等，并在讨论环节中引导这些有好行为的幼儿积极参加讨论，帮助幼儿认识、理解敢于挑战有难度任务的重要性，学习挑战有难度任务的方法。针对一部分幼儿无法完成游戏任务挑战的情况，教师要适时鼓励幼儿坚持练习用正脚背击球的方法来提高自己的击球水平，从而完成游戏挑战，帮助幼儿认识到认真学习、不断提升自己的能力和水平也是应对挑战的重要方法，避免幼儿因为没有完成挑战而气馁，丧失挑战的兴趣。

资料包

游戏"足球闯关"

游戏玩法：幼儿在 5 分钟内对四个不同难度的游戏任务（游戏难度由易到难分别是任务一、任务二、任务三、任务四）进行自由选择并挑战，每完成一个游戏任务可以获得一枚对应数字的小粘贴。游戏结束后，得到粘贴数量最多的幼儿获得胜利。

游戏规则：

1. 幼儿在规定的时间内进行游戏任务挑战。
2. 幼儿成功完成游戏任务后才能获得对应数字的粘贴。
3. 幼儿要用正脚背射门的方法进行任务挑战。
4. 幼儿在挑战游戏任务后不论成功与否，都要将游戏道具重新摆放好，然后排队继续挑战此游戏任务或排队挑战另一个游戏任务。
5. 在规定的时间内，已经成功完成的游戏任务不能重复挑战。

任务一：射门

游戏玩法：幼儿在起点线处助跑，将球踢向球门。

游戏准备：

1. 足球，置于红色标志点上。
2. 起点线、红色标志点、小球门。

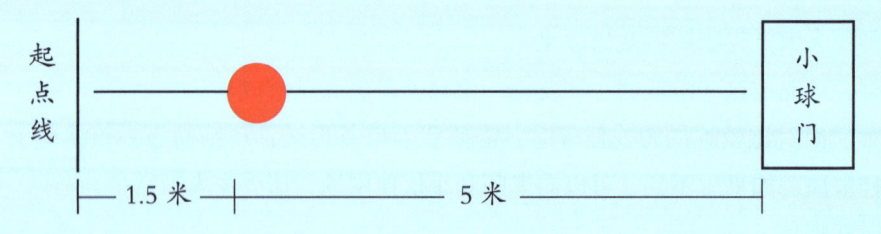

游戏规则：

1. 幼儿要用正脚背击球。
2. 幼儿将球踢进球门即为挑战成功，可以获得数字为 1 的粘贴一枚。
3. 挑战游戏后，幼儿将球重新放在红色标志点处。

任务二：保龄球真好玩

游戏玩法：幼儿从起点线处助跑，将球踢向三角形水瓶堆。

游戏准备：

1. 6 个塑料矿泉水瓶（每个瓶中注入三分之一容积的水）。
2. 足球，置于红色标志点上。
3. 起点线、红色标志点、蓝色三角形标志。
4. 6 个水瓶按 1、2、3 的数量排成三排，形成三角形水瓶堆，置于蓝色三角形标志上。

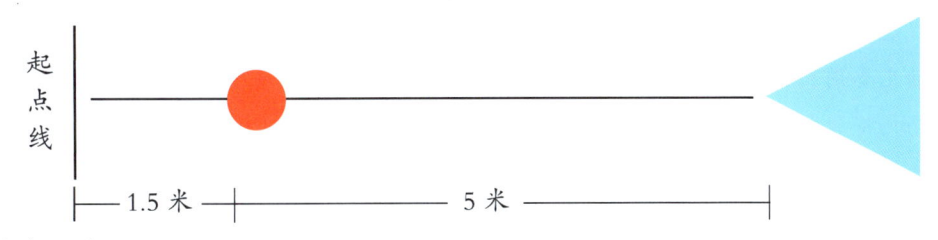

起点线 ├── 1.5米 ──┼── 5米 ──┤

游戏规则：

1. 幼儿要用正脚背击球。

2. 幼儿用球击倒1个以上水瓶（含1个）即为挑战成功，可以获得数字为2的粘贴一枚。

3. 挑战游戏后，幼儿将矿泉水瓶和足球放回原来的位置。

任务三：一对一

游戏玩法： 幼儿从起点线处助跑，将球踢向正前方的水瓶。

游戏准备：

1. 1个塑料矿泉水瓶（瓶中注入三分之一容积的水）。

2. 足球，置于红色标志点上；水瓶置于蓝色标志点上。

3. 起点线、红色标志点、蓝色标志点。

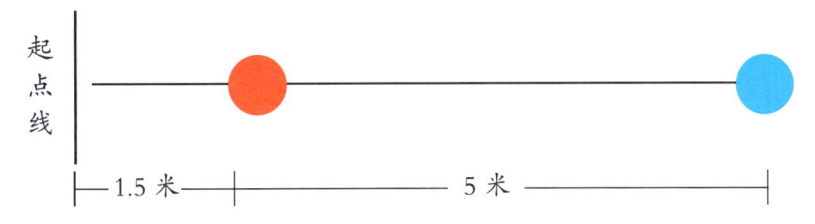

起点线 ├── 1.5米 ──┼── 5米 ──┤

游戏规则：

1. 幼儿要用正脚背击球。

2. 幼儿用球击倒水瓶即为挑战成功，可以获得数字为3的粘贴一枚。

3. 挑战游戏后，幼儿将水瓶和足球放回原来的位置。

任务四：踢圈

游戏玩法： 幼儿从起点线处助跑，将球踢向悬挂在球门中间的圆圈。

游戏准备：

1. 在球门中间位置悬挂9个塑料圆圈（圆圈分3排，每排3个，用线绳连在一起）。

2. 足球，置于红色标志点上。

3. 起点线、红色标志点。

起点线 ├── 1.5米 ──┼── 2米 ──┤ 足球门

第五篇 幼儿足球全域课程的实施途径

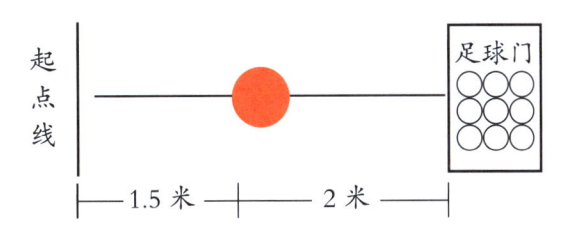

游戏规则：

1. 幼儿要用正脚背击球。

2. 幼儿将球踢进圆圈即为挑战成功，可以获得数字为4的粘贴一枚。

3. 挑战游戏后，幼儿将足球放回原来的位置。

《足球闯关》记录单

任务一	任务二	任务三	任务四
小球门	◀	●	足球门

五彩足球

🌟 活动导引

本活动主要涉及艺术（美术）领域，重点发展幼儿的艺术表现力。活动中，教师要引导幼儿大胆观察、发现，激发幼儿感受美、创造美的能力。

🌟 活动目标

1. 体验用橡皮泥创作的快乐。

2. 能用橡皮泥捏出自己需要的造型。

3. 了解橡皮泥和泥工板等工具的用法。

🌟 活动准备

1. 彩色橡皮泥。

2. 泥工板、泥工刀。

🌟 活动过程

1. 激发兴趣

教师请幼儿欣赏橡皮泥装饰画，激发幼儿的制作愿望。

教师：我们来看看这些作品都是用什么制作的？老师也想请小朋友用橡皮泥制作好看的足球。

2. 操作练习

教师指导幼儿徒手练习橡皮泥的揉、捏、压、搓等技巧。

教师：小朋友们跟老师一起把小手伸出来，我们来揉一揉、捏一捏、压一压、搓一搓。

3. 讲解观察

教师示范讲解足球的制作方法，引导幼儿仔细观察。

教师：先用手将一小块橡皮泥搓成一个球形，再取一块橡皮泥用手压成片，用泥工刀切出五边形，粘在球面上。

4. 动手操作

鼓励幼儿用不同颜色的橡皮泥创作，幼儿动手制作，教师进行观察指导。

教师：请你动手来做一个好看的足球吧。

5. 欣赏讲评

欣赏同伴的作品，引导幼儿讲述喜欢的原因。

教师：你喜欢哪幅作品？为什么？

活动建议

在学习捏橡皮泥的时候教师可以亲自示范，并带幼儿一起做，同时要提醒幼儿不同颜色的橡皮泥不要混在一起，黏在一起就分不开了，让其养成良好的操作习惯。

活动拓展

活动后，教师可以把幼儿的作品展示在美工区，引导幼儿就颜色、构图、造型等方面互相讲评作品。

踢球歌

活动导引

本活动主要涉及语言领域，重点引导幼儿在学儿歌的过程中了解动物的主要特点。活动中，教师引导幼儿通过说、表演的形式掌握儿歌的内容。让幼儿在理解儿歌的基础上，依据不同动物的特征创编儿歌，发展幼儿的创编能力和语言表达能力。

活动目标

1. 体验创编儿歌的乐趣。
2. 能在掌握儿歌的基础上尝试仿编儿歌。
3. 学说儿歌。

活动准备

1.《踢球歌》卡片。
2. 儿歌《踢球歌》（见资料包）。

活动过程

1. 谈话导入

教师请幼儿说说自己知道的小动物的不同特点。

教师：你知道小动物们是怎样走路的吗？它们的叫声是什么样的？

2. 观察讲述

教师出示小兔、小鸭、小蛇、小螃蟹卡片，请幼儿说说它们是怎样走路的。

3. 学说儿歌

●教师请幼儿欣赏儿歌前半部分。

教师：儿歌中都有谁？它们是用什么动作踢球的？

- 请幼儿和教师一起学说儿歌。
- 欣赏儿歌后半部分。

教师：有的小动物踢球的时候用动作，有的小动物边踢球边叫。

出示小鸡、小猫、小狗、小羊卡片，请幼儿根据儿歌的前半部分说出后半部分内容。

- 引导幼儿以全体或分组的方式说儿歌。

4. 仿编儿歌

教师引导幼儿根据动物的形态、声音仿编儿歌。

活动建议

教师要重点帮助幼儿理解儿歌中小动物踢球的不同方式，让幼儿在掌握儿歌的基础上大胆进行仿编。

活动拓展

在语言区投放不同小动物的卡片，引导幼儿仿编儿歌。在美工区为幼儿提供笔、纸杯等，让幼儿画出自己创编的儿歌中的小动物。

资料包

儿歌

踢球歌

小兔踢球蹦蹦跳，小鸭踢球摇呀摇，

小蛇踢球扭呀扭，螃蟹踢球横着走。

小鸡踢球叽叽叫，小猫踢球喵喵叫，

小狗踢球汪汪叫，小羊踢球咩咩叫。

区域游戏

益智区

接龙卡片

游戏目标

1. 体验接龙游戏的乐趣。
2. 能发现接龙的规律。
3. 尝试进行8以内的数物对应接龙游戏。

游戏材料

接龙卡片（数字卡片和球类卡片）。

游戏玩法

1. 请幼儿根据生活经验，用生活中熟悉的物品进行卡片接龙。

2. 同伴之间进行检验和分享。

🔵 **游戏观察**

1. 幼儿能否运用数字和球类等物品卡片玩接龙游戏。

2. 幼儿能否在接龙的过程中发现规律。

3. 幼儿能否与同伴进行结果的验证。

🔵 **游戏指导**

1. 游戏前，引导幼儿熟悉接龙卡片内容。

2. 游戏结束后，提示幼儿整理游戏材料。

桌球玩具

🔵 **游戏目标**

1. 体验射门游戏的乐趣。

2. 能手眼协调地操作玩具把手。

3. 知道桌球玩具的玩法。

🔵 **游戏材料**

桌球玩具。

🔵 **游戏玩法**

1. 两人游戏，分别手持红色和蓝色把手，将球弹射到对方球门。

2. 将球射入对方球门得一分，玩家自己将玩具上的分数格增加一分。

3. 进球数多者获得胜利。

🔵 **游戏观察**

1. 幼儿能否在游戏中将球射入球门。

2. 幼儿能否与同伴友好游戏。

3. 幼儿能否正确记录自己的分数。

🔵 **游戏指导**

1. 引导幼儿操作把手将球准确射入球门。

2. 鼓励幼儿多进球并正确记录分数。

语言区

足球绘本

🔵 **游戏目标**

1. 喜欢阅读足球故事。

2. 能大胆讲述故事内容。

3. 能理解足球绘本的故事内容。

🔵 游戏材料

各种有关足球的绘本。

🔵 游戏玩法

幼儿通过阅读各种有关足球的绘本，理解绘本的内容并且能大胆讲述。

🔵 游戏观察

1. 幼儿是否喜欢阅读。
2. 幼儿能否学习到关于足球的知识，如规则、足球动作等。

🔵 游戏指导

1. 鼓励幼儿边看图片边说出内容。
2. 帮助幼儿养成正确的阅读习惯。

制作足球小书

🔵 游戏目标

1. 喜欢阅读足球书。
2. 能够制作足球小书。
3. 尝试创编足球故事。

🔵 游戏材料

图画纸、水彩笔、订书机、剪刀。

🔵 游戏玩法

幼儿大胆讲述创编的故事，并将故事内容画下来，装订制作成小故事书。

🔵 游戏观察

1. 幼儿能否大胆创编故事。
2. 幼儿能否根据故事内容绘画并制作足球小书。

🔵 游戏指导

1. 鼓励幼儿大胆创编。
2. 活动结束后提示幼儿整理材料。

科学区

斜坡上的球

🔵 游戏目标

1. 体验探索的乐趣。
2. 能用图画形式记录探索结果。

3. 了解同一物体在不同坡度上滚动的速度不同。

⭐ **游戏材料**

1. 乒乓球、网球、海洋球等若干。

2. 坡度不同的滑道。

3. 记录表。

⭐ **游戏玩法**

1. 三名幼儿合作游戏，两名幼儿进行实验操作，一名幼儿观察记录。

2. 两名幼儿合作将三个乒乓球分别放到三个滑道的顶端，其中一名幼儿在发出"开始"的口令的同时松开手，另一名幼儿也立刻松开握紧乒乓球的手，负责记录的幼儿观察乒乓球在不同滑道中滚动速度的快慢，并记录下来。

3. 三名幼儿交换角色，更换不同的球进行实验操作与观察记录。

⭐ **游戏观察**

1. 幼儿能否看懂流程图，能否按照图示开展游戏。

2. 幼儿能否将实验结果以图画的形式记录下来。

3. 幼儿能否与同伴合作进行游戏。

⭐ **游戏指导**

1. 鼓励幼儿认真观察球滚动的速度与斜坡坡度的关系。

2. 游戏中，引导幼儿将探索的结果以图画的形式记录下来。

有趣的滚动

⭐ **游戏目标**

1. 感受活动的快乐。

2. 能够大胆尝试和探究。

3. 了解物体滚动速度与摩擦面材质有关。

⭐ **游戏材料**

1. 乒乓球、网球、海洋球等若干。

2. 摩擦面材质不同的滑道。

3. 记录表。

⭐ **游戏玩法**

1. 两名幼儿合作进行游戏，一名幼儿实验操作，另一名幼儿观察记录。

2. 一名幼儿将两个乒乓球分别放到两个滑道的顶端，当听到另一名幼儿"开始"的口令，立刻松开握紧乒乓球的手，幼儿观察乒乓球在不同滑道中滚动速度的快慢，并在记录表中记录下来。

3. 两名幼儿交换角色，更换不同的球进行实验操作与观察记录。

⭐ **游戏观察**

1. 幼儿能否看懂流程图，能否按照图示开展游戏。
2. 游戏时，幼儿之间是否有合作意识。

⭐ **游戏指导**

1. 游戏中，鼓励幼儿认真思考、操作，并验证结果。
2. 可尝试以同伴身份与幼儿共同游戏，帮助幼儿掌握玩法。

建构区

搭建足球场

⭐ **游戏目标**

1. 体验搭建的快乐。
2. 能根据足球规则创意搭建足球场。
3. 能合理布置场地并整理各种材料。

⭐ **游戏材料**

积木、拼插玩具、马口铁易拉罐、卷纸芯、奶粉桶、纸杯、绿草坪。

⭐ **游戏玩法**

1. 合作搭建足球场：幼儿自主选择同伴，一起协商、分工搭建足球场。
2. 独立搭建足球场：幼儿独立选择材料，观察图片、搭建足球场。

⭐ **游戏观察**

1. 幼儿怎样与同伴合作搭建足球场。
2. 幼儿在合作或独立搭建足球场的过程中遇到困难会怎样解决。
3. 幼儿在隐性指导的提醒下能否改进自己的搭建技巧。
4. 幼儿是否愿意积极使用多种材料、变换多种方式合理搭建足球场。

⭐ **游戏指导**

1. 鼓励幼儿合作搭建。

2. 引导幼儿在搭建中遇到问题时尽量自己或与同伴协商解决。

3. 提示幼儿游戏结束后要及时整理收纳材料。

拼插彩球

⭐ 游戏目标

1. 体验拼插的快乐。
2. 能根据球体的特点创意拼插彩球。
3. 了解球体的基本特点和结构。

⭐ 游戏材料

1. 各种颜色的软拼插玩具。
2. 各种球的图片。

⭐ 游戏玩法

1. 了解球体的基本结构。
2. 根据球体特点创意拼插彩球。

⭐ 游戏观察

1. 幼儿能否与同伴合作拼插球体。
2. 幼儿在拼插过程中遇到困难会怎样解决。
3. 幼儿遇到困难时能否坚持不懈，勇于挑战。

⭐ 游戏指导

1. 鼓励幼儿发散思维进行拼插与搭建。
2. 引导幼儿在搭建中遇到问题时尽量自己解决，如果未能解决鼓励幼儿与同伴协商。
3. 鼓励幼儿在拼搭中持之以恒，不轻易放弃。

表演区

我是小演员

⭐ 游戏目标

1. 体验表演的乐趣。
2. 能大胆创编动作，与同伴合作表演。

3. 尝试随音乐表演动作。

⭐ 游戏材料

1. 球服、草裙、拍手器、喇叭。
2. 动感的音乐。
3. 布置足球舞台。

⭐ 游戏玩法

引导幼儿自选服饰，大胆创编，表演啦啦操，感受足球赛场的氛围。

⭐ 游戏观察

1. 幼儿能否与同伴合作大胆创编和表演。
2. 幼儿在合作、创编过程中遇到困难会怎样解决。

⭐ 游戏指导

1. 鼓励幼儿大胆创编表演。
2. 引导幼儿在合作表演中学会协商。

制作门票

⭐ 游戏目标

1. 感受创作的快乐。
2. 能发挥想象力大胆设计门票。
3. 尝试运用多种材料制作门票。

⭐ 游戏材料

图画纸、彩笔、剪刀、胶水。

⭐ 游戏玩法

幼儿根据表演的内容设计门票，也可大胆对表演内容进行创编并画在纸上。

⭐ 游戏观察

1. 幼儿能否在隐性指导的提醒下大胆创编、想象制作演出门票。
2. 幼儿能否根据表演内容进行制作。

⭐ 游戏指导

1. 引导幼儿结合表演区的内容大胆设计门票。
2. 鼓励幼儿用多种材料和方法制作门票。

拍照留念

🔵 **游戏目标**

1. 体验与足球拍照的喜悦心情。
2. 能摆出优美的姿势表达自己的喜悦心情。
3. 了解照相机的使用方法。

🔵 **游戏材料**

1. 足球轮廓模型。
2. 傻瓜相机。

🔵 **游戏玩法**

幼儿在足球轮廓里摆出不同造型拍照留念。

🔵 **游戏观察**

1. 幼儿能否摆出不同的拍照姿势。
2. 幼儿能否表达自己的喜悦心情。
3. 幼儿能否互相为对方拍照。

🔵 **游戏指导**

1. 游戏前，教师指导幼儿学习用相机照相的方法。
2. 鼓励幼儿用不同的造型表达自己的喜悦心情。

美工区

美丽的足球

🔵 **游戏目标**

1. 感受装饰活动的乐趣。
2. 尝试使用多种材料，运用粘贴、绘画等多种方式装饰足球。
3. 能在活动结束后及时收拾整理。

幼儿足球全域课程

⭐ **游戏材料**

1. 蜡笔、彩笔、各种扣子、吸管、水粉颜料、瓶盖、珠子、各类豆子。
2. 足球轮廓图。

⭐ **游戏玩法**

运用各种材料装饰足球。

⭐ **游戏观察**

幼儿能否大胆创作。

⭐ **游戏指导**

1. 鼓励幼儿尝试使用多种材料，运用粘贴、绘画等多种方式装饰足球。
2. 活动结束后提醒幼儿整理材料。

大班主题　我运动，我快乐

主题说明

幼儿由中班升入大班，身体发育和机能发展迅速，他们喜欢对自己感兴趣的问题刨根问底，敢于大胆猜测，不再轻易相信大人或他人得出的结论，更愿意与朋友一起用自己的行动寻找答案。大班幼儿的动作协调性发展极为迅速，足球活动也是幼儿最喜欢的项目之一，球场上到处能看到他们欢笑着奔跑的身影。因此，我们以幼儿的兴趣为出发点，设计了"我运动，我快乐"主题活动，通过"多彩足球"、"花式玩球"、"探秘足球"和"规则玩球"四个板块引导幼儿关注并喜爱足球运动，了解足球文化以及与足球有关的知识，在增强体质的同时学会坚韧不拔，在养成运动习惯的同时学会团队协作。

主题目标

1. 形成不怕困难、努力拼搏、坚持不懈的足球精神，愿意与同伴团结协作进行足球活动。
2. 能用完整、流畅的语言叙述足球比赛过程，能用舞蹈和绘画展现足球活动，能在实际操作中探究足球的滚动现象。
3. 了解足球比赛的基本规则和不同国家的著名足球运动员及其背后的成长故事，知道不同哨声代表的含义。

主题网络图

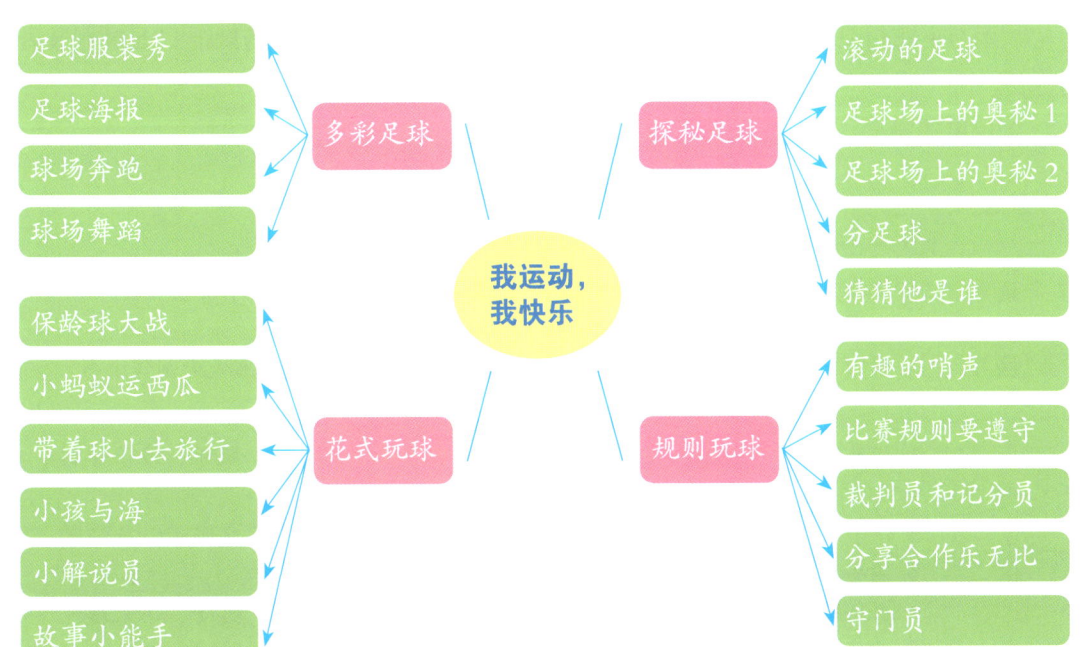

多彩足球
- 足球服装秀
- 足球海报
- 球场奔跑
- 球场舞蹈

花式玩球
- 保龄球大战
- 小蚂蚁运西瓜
- 带着球儿去旅行
- 小孩与海
- 小解说员
- 故事小能手

探秘足球
- 滚动的足球
- 足球场上的奥秘1
- 足球场上的奥秘2
- 分足球
- 猜猜他是谁

规则玩球
- 有趣的哨声
- 比赛规则要遵守
- 裁判员和记分员
- 分享合作乐无比
- 守门员

中心主题：我运动，我快乐

环境创设

1. 主题环境

我的问题

教师可以利用谈话或问卷的形式来了解幼儿最想了解的关于足球的问题是什么，如可以通过"你最喜欢的足球运动员是谁""你最想了解的关于足球的秘密是什么"来展开话题。通过小班和中班的学习，大班幼儿已经具备了一定的足球相关的知识经验。教师可以通过共情的方式，表现出对幼儿喜爱足球运动员的赞赏，激发幼儿想要进一步表达关于足球的更多话题。如"我最喜欢的足球运动员是 C 罗（克里斯蒂亚诺·罗纳尔多），他的假动作带球可帅了，他是我最喜欢的足球运动员。""老师，足球都是由黑色和白色的那种小五边形和六边形组成的，你知道一共有多少个五边形和六边形吗？"……对于幼儿感兴趣的足球话题，教师可以通过讲解、观看视频、观察图片等方式来为幼儿答疑解惑，搜集整理关于足球的小秘密，并以大班幼儿能够理解的方式进行梳理和呈现。

我的研究

结合幼儿的问题，教师可以引导幼儿通过查阅书籍、浏览网络、与家长讨论、亲身实践等方式探寻问题的答案，并将答案以照片或幼儿能理解的符号等形式呈现在"我的探究"板块中。

结合主题活动进程，将幼儿在"足球场上的奥秘1""足球场上的奥秘2""分足球""滚动的足球"等活动中的照片、记录单、家园共育收集到的各种资料等体现幼儿学习探究的过程性资料展示在该板块中。

我的作品

展示与主题相关的幼儿艺术作品，如"足球海报""球场奔跑""球场舞蹈""足球服装秀"等主题。

2. 区域环境

区域	材料	指导建议
语言区	1. 谜语卡片。 2. 故事《替补队员》。	1. 组织幼儿进行"足球谜语猜一猜"的游戏。 2. 鼓励幼儿仿编或者讲述故事。 3. 请幼儿根据儿歌内容进行绘画或者制作小书。
美工区	1. 矿泉水瓶若干。 2. 水盆、清水。 3. 沙子或小石子。 4. 漏斗、勺子。 5. 易拉罐若干。	1. 引导幼儿利用漏斗、勺子、瓶子、沙子等材料填充制作玩具哑铃。 2. 鼓励幼儿利用易拉罐、透明宽胶带、麻绳等粘贴制作玩具高跷。 3. 引导幼儿利用雪糕棒、白色吸管、小木棍、

区域	材料	指导建议
美工区	6. 透明宽胶带。 7. 雪糕棒、白色吸管、小木棍、麻绳、红纸、红色缎子等。	麻绳、红纸、红色缎子等材料，通过拼搭、裁剪、粘贴的方式，制作球门和角旗，成品可以投放到建构区使用，实现区域联动。
运动区	1. 动感的音乐。 2. 哑铃、跳绳、足球等运动器械。 3. 足球动作示范图卡。 4. 加厚保护垫。	1. 鼓励幼儿在动感音乐的伴奏下进行身体的力量、协调性、敏捷性和耐力练习，提高身体素质。 2. 教师将足球动作图卡打印好装订成册，请幼儿两两一组游戏，一名幼儿出示卡片，另一名幼儿大声说出动作名称，随后做出相应的动作。 3. 请幼儿在垫子上进行侧身连续滚翻的游戏。
益智区	1.《数一数》操作单。 2. 4号足球一个、记录单、水彩笔。 3. 足球射门玩具。 4. 五边形、六边形卡纸。	1. 学习7以内数的组成与分解，练习递增、递减进行7以内数的两两组合。 2. 请幼儿观察足球的平面展开图，记录一个4号足球是由几个白色的六边形和几个黑色的五边形组成的，记录后跟同伴互相交换验证结果。 3. 训练手眼协调能力，体验射门游戏的乐趣。 4. 尝试拼摆、粘贴立体足球。
建构区	1. 世界著名的足球场图片，对应球场的小知识。 2. 纸砖、纸杯。 3. 乐高、积木、拼插玩具若干。 4. 绳子等固定材料若干。 5. 绿草皮一大三小。 6. 足球场的基本结构图一份。	1. 引导幼儿观察世界著名足球场的图片和足球场的基本结构图，了解球场小知识，鼓励幼儿积极与同伴创作或自己搭建足球场。 2. 指导幼儿在了解足球场的结构之后，积极使用多种材料、变换多种方式合理搭建足球场。
科学区	1. 乒乓球、塑料鸡蛋、鸡蛋（实物），各种体积小、质量不同的球体，小盆、水。 2. 乒乓球、网球、海洋球等球形物体。 3. 木板、积木、搓衣板。	1. 鼓励幼儿探索发现浮力现象，感知物体质量与浮力之间的关系。 2. 鼓励幼儿大胆尝试探究各种球体从斜坡滚落的速度变化，引导幼儿发现坡度越大滚动的速度越快。

幼儿足球全域课程

家园共育

通过致家长一封信的形式，向家长介绍主题活动的内容，取得家长的支持，配合班级为幼儿创设良好的足球话题氛围，鼓励家长主动亲近并关爱幼儿，与幼儿共同游戏。以"足球城"为切入点，让幼儿感受作为"足球城"一员的骄傲与自豪，让足球运动融入幼儿的生活。

1. 利用班级QQ群、微信群等家园共育平台，提前向家长发出邀请，请他们通过电视、网络、书籍等途径，带领幼儿了解足球运动的历史起源、发展过程等相关常识。
2. 请家长利用周末或节假日时间，带领幼儿到体育场观看足球赛事。
3. 通过致家长一封信的形式，请家长与幼儿一起查找、收集著名足球运动员和俱乐部等的图片以及相关资料，在班级布置"足球角"。
4. 请家长与幼儿一起在业余时间进行简单的足球小游戏，提高幼儿肢体平衡性和控制力。
5. 邀请家长与幼儿一起以亲子互动的形式观看展览，帮助幼儿丰富关于足球的经验。

游戏活动

九宫格

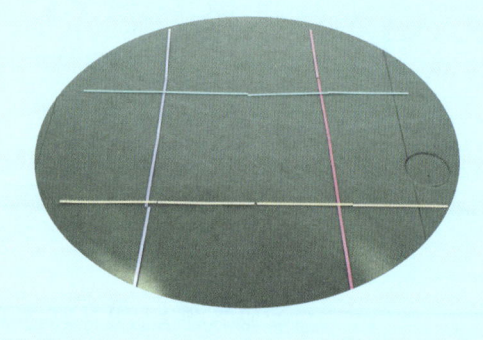

游戏目标
1. 体验与同伴协作获得成功的快乐。
2. 能动作协调地快速带球、停球。
3. 练习带球、停球的动作。

游戏准备
1. 足球人手一个。
2. 场地上画有九宫格图案和起始线。

游戏玩法
幼儿分成两队站在起始线处，当听到哨声时，两队各派出三名队员，带球迅速占领九宫格里的任意三个位置，最快连成一条直线的队为胜。

游戏规则
听到哨声后才能开始。

游戏建议
活动前，教师讲解游戏规则，待幼儿掌握游戏玩法后再进行游戏。游戏中，教师要鼓励幼儿快速带球抢占位置。当幼儿充分熟悉游戏后，可以加大难度，如让幼儿将对方队员的球移出，在规定时间内最快连成一条直线的队获胜，锻炼幼儿的应变能力。

趣味射门

🔵 游戏目标

1. 感受射门得分的快乐。
2. 能用射门动作将球踢进竖立起的圈里。
3. 练习定点射门的动作。

🔵 游戏准备

1. 哨子一个。
2. 标记线一条。
3. 足球每人一个。
4. 将九个圆圈竖立悬挂在球门高低不同的位置。

🔵 游戏玩法

幼儿分成前后两排，站在标记线外。当哨声响起，前排幼儿用定点射门的动作对准球门上悬挂的圈，连踢两次，后排幼儿来计数，击中几次就得几分，两次得分相加算出总分。然后交换位置再次游戏。总分高的队获胜。

🔵 游戏规则

1. 听到哨声后方可做出动作。
2. 射门位置不能超过标记线。
3. 射完两球后，由后排幼儿将球捡回继续游戏。

🔵 游戏建议

游戏前，教师可以带领幼儿进行热身射门练习，幼儿熟悉玩法后再进行定点射门。游戏中，教师要提醒幼儿注意看准圆圈的位置，准确地踢向圆圈，踢球时要控制好角度和力度。踢球的位置可根据幼儿实际发展水平做出适当调整。

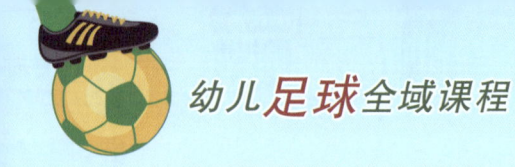

揪尾巴

⭐ **游戏目标**

1. 体验竞争游戏的快乐。
2. 能听信号迅速做出反应。
3. 尝试用自己擅长的方式带球游戏。

⭐ **游戏准备**

1. 足球人手1个。
2. 场地上画有大圆圈。
3. 两种颜色的对抗衫，每人1件，口哨1个。

⭐ **游戏玩法**

幼儿分成两队站在圆圈上，将"尾巴"（对抗衫）别在腰上。游戏开始，幼儿听指令围着圆圈按顺时针方向带球慢跑，听到哨声后，幼儿迅速带球跑到场地中间揪其他幼儿的"尾巴"，被揪掉"尾巴"的幼儿到场地外面站好，哪一方队员的"尾巴"都被揪掉了，哪一方为输。

⭐ **游戏规则**

听到哨声后才能开始揪尾巴。

⭐ **游戏建议**

幼儿听指令不但可以慢跑，还可以做一些其他动作，如跳、蹲、原地转等。幼儿在熟练掌握游戏后，可以带球揪对方球员的尾巴。

运西瓜

⭐ **游戏目标**

1. 体验与同伴协作游戏的快乐。
2. 能动作灵活地抛接球。
3. 练习抛接球的动作。

⭐ **游戏准备**

足球两人1个。

🔵 **游戏玩法**

玩法一：两名幼儿相距两米一前一后面对面站好。游戏开始，甲幼儿用手抛球的方法把球抛给对面的乙幼儿，乙幼儿后退接球，并向后倒退跑，甲幼儿边向前跑边接住乙幼儿抛回来的球。以此类推，先到达终点的组为胜。

玩法二：甲幼儿用抛球的方法把球抛给对面的乙幼儿，乙幼儿后退接球，抛球后的甲幼儿向前跑过乙幼儿，并转身接住乙幼儿转身后抛回来的球。以此类推，先到达终点的组为胜。

🔵 **游戏规则**

球掉到地上的幼儿需从起点重新开始。

🔵 **游戏建议**

由于本游戏需要两名幼儿具有较高的配合度才能完成，因此，幼儿刚开始体验游戏的时候，教师可以在地面上为甲乙两名幼儿用两种不同颜色的即时贴分别标注好跑动的位置，保证幼儿抛球的距离和跑动的距离都近一些，来降低游戏难度。当两名幼儿熟悉游戏玩法以后，教师可以撤掉即时贴，请幼儿依靠互相配合来抛接球。在游戏过程中，教师要提示幼儿抛接球的要点，如抛球的幼儿要向倒退跑的幼儿方向抛，接球的幼儿要一边倒退跑一边关注球的落点，随时调整自己的位置，准备接球。在幼儿熟练掌握游戏后，教师可增加游戏难度，如将手抛球改成脚传球等。

乘胜追击

🔵 **游戏目标**

1. 愿意相互合作、协作完成任务。
2. 能用球击中移动的目标。
3. 练习脚背带球的动作。

🔵 **游戏准备**

1. 足球人手1个。
2. 锥形筒或有范围的活动场地。

🔵 **游戏玩法**

幼儿自由分散站在足球场的半场里。选出一名幼儿双手高举足球，作为被追击的目标。游戏开始，所有幼儿用脚背带球的动作向举球的幼儿追击，并用脚背击球的动作来"射击"举球幼儿。谁射中了举球的幼儿，便与之交换角色继续游戏。

🔵 **游戏规则**

1. 注意保护好自己球的同时用球击中举球幼儿。

2. 举球幼儿不能跑出足球场的半场。

🔵 **游戏建议**

此游戏适合分组进行。在游戏前，教师可以用锥形筒设计一个半场的活动场地，引导幼儿用脚背轻踢锥形筒进行热身，或让幼儿用脚背击球的动作射击固定的物体以降低游戏难度。游戏中，教师要提醒幼儿保持距离，注意安全。

抢珍珠

🔵 **游戏目标**

1. 具有团队合作意识。

2. 能用正脚背运球的方法快速将球带到指定位置。

3. 练习正脚背运球的动作。

🔵 **游戏准备**

1. 数量是幼儿人数1.5倍的足球。

2. 宽阔无障碍的场地。

🔵 **游戏玩法**

将全部足球放置在场地中心位置。将幼儿分成四组，在场地四角各划出一个区域作为每组的基地。游戏开始后，每组第一名幼儿快速跑到场地中心，用正脚背运球的动作将球带到自己的基地，并拍下一名幼儿的手，下一名幼儿继续到中心场地抢"珍珠"（足球）回基地，依次进行，直至将场地内的"珍珠"都抢回来，获得"珍珠"数量最多的组为胜。

🔵 **游戏规则**

1. 前一名幼儿回来要拍到后一名幼儿的手，后一名幼儿才能出发。

2. 要用正脚背带球的动作将球运回。

🔵 **游戏建议**

该游戏既能培养幼儿的竞争意识，又能考验幼儿的团队协作能力。可以先让幼儿练习手抱球进行游戏，熟悉游戏规则后再改用脚部带球。教师要注意先让幼儿较好地掌握正脚背运球的动作再玩游戏。在游戏中，教师要提醒幼儿遵守游戏规则，互相配合共同完成游戏。

看谁抢得快

游戏目标
1. 体验竞争游戏的快乐。
2. 能在听到信号后快速做出相应动作。
3. 练习快速跑。

游戏准备
1. 足球（数量比幼儿人数少3个）。
2. 场地的四个角各放一个较高的标志桶。

游戏玩法
幼儿（三名幼儿无球，其他幼儿人手一球）在场地中间自由慢跑。当教师发出"开始"口令后，所有有球的幼儿将自己的球放在地上后，跑向任意一个标志桶，绕桶后返回场地，去抢任意一个球，无球的幼儿也同时跑向任意一个标志桶，绕桶后返回场地抢球，抢到球的幼儿获胜，游戏可以反复进行。

游戏规则
1. 听到"开始"口令后，幼儿必须把球放稳，才能跑向标志桶。
2. 抢球以用手高举起球为准。

游戏建议
活动前，教师要讲清游戏规则，避免因规则模糊而引发不必要的争抢。游戏中，教师要指导幼儿观察离哪个标志桶最近，启发幼儿思考怎样以最快的速度抢到球。

海盗和警察

游戏目标
1. 体验带球过人游戏的乐趣。
2. 能在带球过程中灵活躲避他人的干扰。
3. 尝试用自己喜欢的方式带球游戏。

游戏准备

1. 足球人手1个。
2. 在场地上设置一个方形区域，中间放置各色标志盘作为财宝。

游戏玩法

两名幼儿扮警察站在"财宝"的两侧守护"财宝"。其他幼儿扮海盗带球从起点线出发，冲过第一个"警察"的防守后，拿起"财宝"，继续冲过第二个"警察"的防守到达安全区域者为胜。

游戏规则

1. "警察"要围堵"海盗"将球踢到界外，失败的"海盗"重新再来。
2. "海盗"可以用任何动作突破"警察"的围堵。

游戏建议

该游戏既能培养幼儿的竞争意识，又能考验幼儿的应变能力。游戏中鼓励幼儿将学过的足球动作充分发挥和应用，以突破防守队员的围堵。"海盗"多次进攻后，可以和"警察"互换位置。

集中教育活动

保龄球大战

活动导引

本活动主要涉及健康领域，重点训练幼儿脚弓推球的动作。大班幼儿的竞赛意识和集体意识都处于敏感期，适当的竞赛可以激发幼儿积极向上的精神，所以活动中教师可以通过设计"保龄球大战"游戏激发幼儿练习脚弓推球动作的兴趣。

活动目标

1. 体验用脚玩"保龄球"的乐趣。
2. 能用脚弓推球的动作击中目标物。
3. 练习脚弓推球的动作。

🔵 **活动准备**

1. 大白板、白板笔 2 根。

2. 足球 3 个、锥形筒若干，布置比赛场地。

⭐ **活动过程**

1. 热身活动

教师带领幼儿进行热身运动，重点引导幼儿进行下肢活动。

2. 动作演示

教师示范脚弓推球动作的要领，引导幼儿观察体验。

动作要领：左脚立于球的左侧，脚尖向前，右脚向后方摆起的同时足弓对准球的方向，膝盖微微弯曲，然后顺势向前方摆出将球击飞的动作。

3. 游戏讲解

教师：看，这里有老师放置好的足球，你觉得要玩什么游戏呢？

教师：今天我们用脚来玩"保龄球"，怎样玩呢？

游戏玩法：幼儿分成红、黄、蓝三队，每队 5 名幼儿在起点线处排成纵队。每队第一名幼儿踢完后，数一数踢倒几个锥形筒，然后在白板上写上对应的数字，并去队尾排队。下一名要踢的幼儿准备，队内剩余的幼儿抓紧时间摆好球然后按顺序排好队，直到最后一名幼儿完成游戏。师幼共同计算总数，总数最多的队获胜。

4. 游戏体验

教师组织幼儿游戏，并注意观察指导，保证幼儿用脚弓推球的方式进行游戏。

教师：今天的保龄球大战，只能用脚弓推球击倒锥形筒，看看谁更厉害吧。

教师：我们一起来看看比赛的结果吧。

5. 放松整理

幼儿围坐在一起放松腿部肌肉，结束活动。

🔵 **活动建议**

教师总结时，要鼓励专注的幼儿和有进步的幼儿，激发他们继续练习、积极向上的主动性。对于等待游戏的幼儿，教师可以请他们为正在游戏的幼儿加油助威，避免幼儿消极等待的同时，提升幼儿的集体意识。

滚动的足球

🔵 **活动导引**

本活动主要涉及科学领域，重点发展幼儿的探究能力。活动中，教师要注意引导幼儿认真观察滚动现象，并尝试用记录单记录自己的观察结果，鼓励幼儿大胆表达自己在动手操作过程中的观察结果。

🔵 **活动目标**

1. 萌发对足球滚动快慢现象的兴趣。

2. 能发现足球在平地和斜坡上滚动速度的变化。

3. 尝试用语言和记录单等表达自己的探究过程和结果。

🔵 活动准备

1. 搓衣板、木板、积木玩具若干，3号足球人手一个。

2. 椅子、记录单、水彩笔。

🔵 活动过程

1. 激发兴趣

● 出示足球，与幼儿讨论如何能让足球滚动起来。

教师：我们怎样能让足球滚动起来呢？

● 鼓励幼儿大胆说出自己的想法。

教师：能让足球滚动的方法有很多，哪一种方法能让足球滚动得快一些呢？

2. 探索发现

● 出示各种物品，请幼儿自由选择并进行尝试。

教师：请你选择不同的物品来试一下吧。

● 幼儿尝试探索让足球滚动更快的方法，可以与同伴合作。

教师：请你们试一试，足球在地面上滚动的速度是怎样的？怎样才能让足球滚动得更快一点？

● 鼓励幼儿尝试将观察结果记录在记录单上。

● 教师巡回指导，观察幼儿的发现与困惑。

● 组织幼儿探讨发现了哪些好方法，出现了哪些问题，是如何解决的。

3. 交流分享

请幼儿分享自己是用什么办法让足球滚动得快一些的。

教师：你们都用了哪些方法和不同的工具让足球在平地和斜坡上滚动？哪种方法滚动更快？

教师：你是用什么方法记录自己的发现的？你的符号代表什么意思？

小结：足球在斜坡上滚动的速度比在平地上更快一些。有的小朋友观察得更仔细，他们发现不同的斜坡，球滚下的速度是不同的，坡度越大球滚得越快，坡度越小球滚得越慢。

4. 练习比赛

请幼儿进行游戏，分组比赛，看看谁的足球滚得更快。

⭐ 活动建议

活动中，教师要准备充足的游戏材料供幼儿进行实验探索，鼓励幼儿用自己创编的符号来记录观察到的现象，并适时引导幼儿合作探究。

🔵 家园共育

请幼儿与家长利用周末时光，探索更多关于足球滚动的奥秘。

猜猜他是谁

活动导引
本活动主要涉及社会领域，旨在通过足球运动员的事迹让幼儿了解运动员以及成为运动员需要具备的专业素养和敬业态度，教师可以通过多种途径让幼儿了解足球运动员。

活动目标
1. 愿意学习榜样足球运动员的刻苦精神。
2. 能够理解刻苦精神对于足球运动员获得成功的重要性。
3. 了解著名足球运动员所属的国家与球队。

活动准备
1. 著名足球运动员的图片。
2. 进球集锦视频。
3. 国旗卡牌。

活动过程
1. 活动导入

观看足球运动员的进球集锦。

教师：把球踢进球门的都是哪些足球运动员？你知道他们的名字吗？他们分别是哪个球队的？

2. 足球运动员辨识

出示著名足球运动员图片，引导幼儿认识。

教师：这是哪位足球运动员？你知道他在哪支球队踢球吗？他是哪个国家的球员呢？

3. 游戏体验

两名幼儿一组，从箱子里抽牌（包括国旗牌和球员牌），两人轮流出牌，当出的牌与前一名幼儿出的牌的国旗或足球运动员国籍对应一致时立即收回，收到的牌多者为胜。

4. 故事欣赏

教师讲述足球运动员贝利刻苦练球的故事。

教师：贝利为什么能成为世界球王？这些足球运动员为什么能成功？

5. 总结讨论

引导幼儿要坚强勇敢、不怕苦不怕累，踢球时乐于思考。

教师：怎样才能成为最会踢球的人？从足球运动员身上我们可以学到什么好品质？

活动建议
教师可以利用幼儿园一日生活中的过渡环节，让幼儿通过故事了解更多足球运动员身上具备的良好的足球精神，如坚持、团结、拼搏等，为培养幼儿良好的足球品质奠定基础。

家园共育
活动前，鼓励家长与幼儿共同搜集足球运动员故事，并在活动中请幼儿主动将了解到的足球运动员故事进行分享。为了让幼儿对足球运动员更感兴趣，也可以请爸爸们走进班级参与足球运动员或相关知识的游戏互动。教师还可以引导幼儿将足球运动员的图片带回家与家人一起讲述分享。

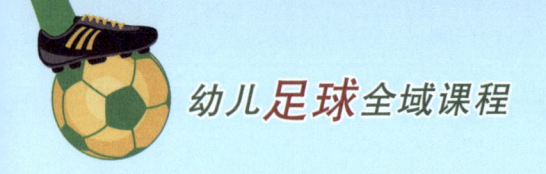

足球服装秀

🔵 **活动导引**

本活动主要涉及艺术领域，重点发展幼儿的美术表现力与创造力。活动中，教师应该鼓励幼儿通过细致观察和大胆用色来制作有特色的足球服。

🔵 **活动目标**

1. 乐于分享表达自己对美的理解和体验。
2. 利用线条、图形设计球队队标，运用简单的构图、基本的色彩大胆设计球衣。
3. 了解足球服的基本构成元素。

🔵 **活动准备**

1. 硬纸板、白色T恤、水彩笔。
2. 走秀背景音乐。
3. 《足球衣》PPT。

🔵 **活动过程**

1. 情境导入

创设为参加足球比赛设计球衣的活动情境，激发幼儿的活动兴趣。

教师：刚刚我收到一封邀请函，请我们大班的小朋友参加足球比赛，但是需要我们自己准备球衣。

2. 欣赏

播放《足球衣》PPT，引导幼儿欣赏不同样式的球衣，了解球衣的基本构成元素，为设计球衣奠定良好的经验基础。

教师：这里有一些球队的球衣，我们看一看衣服上有什么。

教师：有横条纹、竖条纹、波浪形的条纹，在肩膀处还可以设计线条，当然也会有其他图案的球衣。

教师：观察仔细的小朋友已经发现在球衣的左上角都有一个标志。快来看一看都有什么图案。

3. 交流讨论

教师提问，鼓励幼儿围绕如何设计球衣进行大胆的构思、交流与讨论。

教师：队标是球队的象征，和旁边的小朋友说一说你要设计什么样的队标。

教师：你的队标是什么样子的？我都开始期待你们设计的球衣了。

教师：球衣的背面都有一个数字，代表一个球员。告诉我，你要做几号球员？你可以在球衣背面写一个大大的数字。

教师：小朋友设计的球衣队标和数字最好是不一样的，这样别人才会记住你！

4. 作品展示

● 请幼儿介绍自己的作品。

教师：你喜欢谁的作品？为什么？你看到小朋友设计的球衣是什么感觉？

●播放走秀背景音乐，请幼儿穿上自己设计的球衣进行服装秀表演，引导幼儿在表演中感受艺术设计活动的乐趣。

教师：我们穿着设计好的球衣想一个很酷的造型，一个一个走到前面展示给大家看一看吧！音乐，准备！

🔵 活动建议

活动中，教师应该避免过度强调幼儿的绘画技巧，更多关注幼儿对美的理解与表达。

🔵 活动拓展

可以在美工区投放制作足球服装的材料，鼓励幼儿将制作好的服装投放到表演区进行游戏。教师还可以与幼儿穿着制作好的足球服装进行户外足球游戏。

分享合作乐无比

🔵 活动导引

本活动主要涉及语言领域，重点让幼儿学说儿歌，并在学说儿歌的基础上进行仿编。活动中，教师应鼓励幼儿大胆表达自己的想法。

🔵 活动目标

1. 喜欢说儿歌，感受儿歌的有趣。
2. 能结合足球运动中的动作进行儿歌创编。
3. 学说儿歌。

🔵 活动准备

1. 儿歌《分享合作乐无比》（见资料包）。
2. 足球。

🔵 活动过程

1. 活动导入

出示足球，引导幼儿说说足球的特征。

教师：这是什么？它是什么样子的？

2. 欣赏学说

●教师说儿歌，幼儿聆听。

教师：今天老师带来一首好听的儿歌，请你来认真听。

教师：儿歌的名字叫什么？儿歌里都说了什么？

●学说儿歌。

幼儿跟随教师一起说儿歌。

用不同的形式说儿歌，如集体说、分组说、个别说。

3. 儿歌创编

教师：儿歌中的顶、接、传、踢等动作还可以怎么说？请你创编一个新的儿歌。

4. 表演展示

教师鼓励幼儿大胆表演自己创编的儿歌。

⭐ **活动建议**

活动前，教师可以将足球动作图片布置在教室环境中，让幼儿熟悉足球动作。在幼儿说儿歌的时候可以采用多种形式，如可以分组比赛看谁说得好。在区域中，可以投放足球儿歌，让幼儿在语言区继续说儿歌。

⭐ **活动拓展**

将儿歌投放到语言区，让幼儿在区域活动中表演儿歌。

⭐ **资料包**

儿歌

分享合作乐无比

冬冬、莹莹和小妮，来到球场练身体。
冬冬用头顶，莹莹忙接起。
快速传小妮，飞起右脚踢。
一条彩虹线，足球飞网里。
小伙伴们抱一起，分享合作乐无比。

小蚂蚁运西瓜

⭐ **活动导引**

本活动主要涉及健康领域，重点训练幼儿脚背击球的动作。教师通过创设"小蚂蚁运西瓜"的游戏情境，引发幼儿在情境中练习脚背击球的动作。

⭐ **活动目标**

1. 体验团结合作赢得胜利的喜悦。
2. 能动作协调地用脚背击球的方式完成游戏。
3. 尝试脚背击球进行游戏。

⭐ **活动准备**

1. 小蚂蚁的家一个（球门）、足球若干（每个足球上贴有西瓜图片）。
2. 小蚂蚁粘贴、表示飓风的服饰、小路、锥形筒。
3. 音乐。
4. 布置场地（如图）。

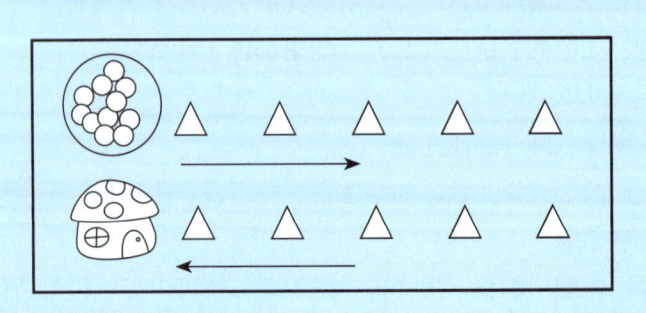

🔵 **活动过程**

1. 准备活动

教师为幼儿粘上小蚂蚁粘贴，带领幼儿进行热身活动。

2. 情境导入

教师：小蚂蚁练习完了本领，该出去找食物了。（带领"小蚂蚁"进入准备好的场地）

教师：呀！这里有好多西瓜，太棒了！看，这是我们的回家路线，有好多位置，小蚂蚁要有秩序地找好自己的位置，我们一个接一个把这些西瓜运回家吧！

教师：小蚂蚁练过什么本领？（脚背击球）发挥我们的本领，准备好了吗？开始行动！

3. 游戏体验

● 教师引导幼儿进行游戏"飓风来袭"。

玩法："小蚂蚁"传递 5 个球，教师扮飓风，利用服装大力煽风，影响"小蚂蚁"运"西瓜"，"小蚂蚁"要想办法不让大风吹走自己的"西瓜"。待飓风过后，"小蚂蚁"继续有秩序地运"西瓜"，直至将所有"西瓜"运到"家"中，游戏结束。

● 教师观察幼儿的表现，表扬积极思考想办法的幼儿，并适当提醒幼儿可以先停一会儿等大风过去，或者"小蚂蚁"离得近一些。如果有"小蚂蚁"没接到，那么就近的其他"小蚂蚁"可以主动去接，只要保证不出边界即可。

4. 整理活动

让幼儿围成一个圆圈，听音乐做放松运动，可以相互拍拍肩、拍拍腿。

教师：请小蚂蚁们围坐在我们的家门口，休息一下。

🔵 **活动建议**

在"飓风来袭"游戏中，教师可以鼓励幼儿思考不同的解决方法，有意识地引导幼儿尝试用不同的动作或通过同伴之间的合作来对抗"飓风"的干扰。

🔵 **家园共育**

教师可以为幼儿设计表格，并请幼儿将表格带回家与父母一起填写，收集父母等长辈小时候的游戏，请家长与幼儿共同将传统游戏与足球技能相结合创新玩法。

足球场上的奥秘 1

🔵 **活动导引**

本活动主要涉及科学领域，重点培养幼儿尝试探索测量工具的使用。在活动中，教师要注意引导幼儿发现测量工具的区别。

🔵 **活动目标**

1. 体验自然测量法的有趣。

2. 能够与同伴合作测量。

3. 感知测量对象与测量工具之间的关系。

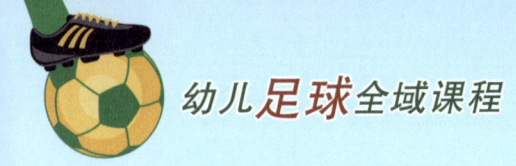

🔵 **活动准备**

1. 幼儿已经掌握了一些基本的测量方法，活动前，与家长讨论测量场地的工具以及方法。

2. 幼儿园足球场地。

3. 记录单（见资料包）、水彩笔、跳绳、尺子、玩具积木、书本等。

🔵 **活动过程**

1. 交流讨论

与幼儿自由交流足球场的每条边有多长，鼓励幼儿发表自己的想法。

教师：小朋友，你们知道足球场是什么形状的吗？长方形的每条边有多长呢？我们怎样判断它的长度呢？

2. 初步探究

● 出示准备好的工具和记录单，请幼儿选择不同工具，尝试测量一条边并记录结果。

● 鼓励幼儿大胆尝试用自己选择的工具进行测量。

3. 启发提问

引导幼儿了解不同工具的特征。

教师：你选择了什么工具进行测量？怎样测量的？测量的结果是怎样的？

小结：在测量的过程中，要注意不同工具的使用方法，测量时要做到测量工具首尾相接。

4. 测量操作

● 引导幼儿进一步发现测量工具的特点，激发他们合作测量的兴趣。

教师：小朋友们，刚才在测量的时候，有小朋友发现跳绳这种工具一个人操作起来有点困难，我们可以用什么办法来解决这个问题呢？

● 幼儿进行第二次同伴间合作测量，并记录。

5. 比较分享

请幼儿出示自己的记录单，交流讨论自己是如何进行测量并且记录的。

讨论：测量足球场地，我们选择较长的测量工具还是较短的测量工具？怎样才能测量得更准确一些？

小结：测量物体的时候，尽量根据测量对象来选择测量工具，如测量比较长的物体，应选择相应长度的测量工具，测量短的物体，就要选择比较短的测量工具，这样测量起来才会既方便又准确。

🔵 **活动建议**

活动中，为了让幼儿通过实际操作获得直观经验，教师不要随意干扰幼儿的测量活动，特别是幼儿对测量工具的选择。在幼儿进行测量时，教师要注意观察，引导幼儿在测量边长时，做到从头测到尾，使用测量工具时做到首尾相接。此外，教师还要引导幼儿思考如何合理利用符号或数字来记录自己测量到的长度。

🔵 **家园共育**

请家长引导幼儿在生活中使用自然测量法进行长度测量，将活动中学到的经验运用到日常生活中。

🔵 **资料包**

《足球场上的奥秘1》记录单

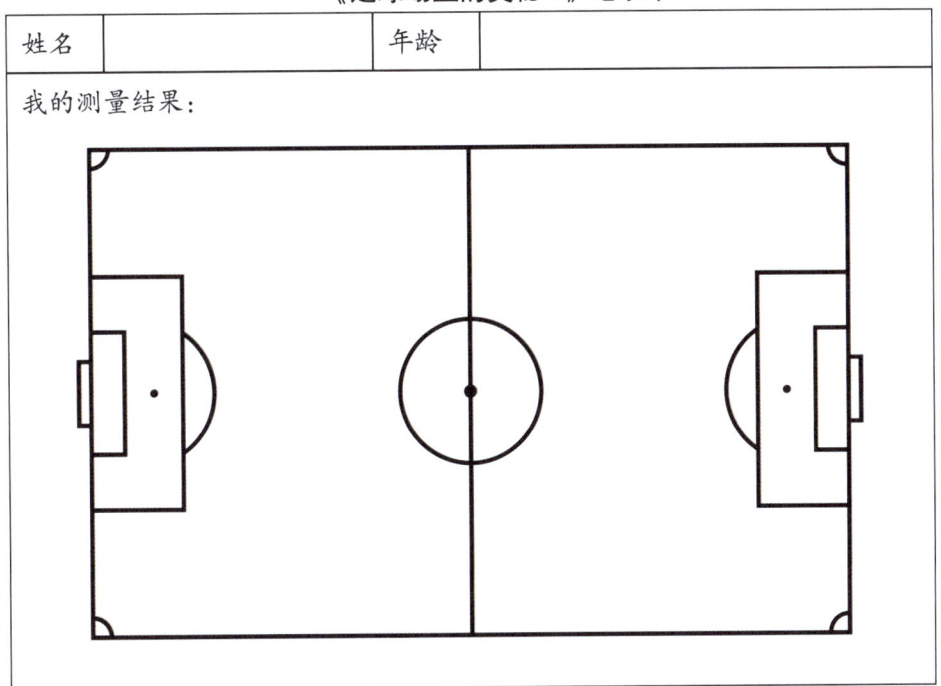

姓名		年龄	
我的测量结果：			

有趣的哨声

⭐ **活动导引**

本活动主要涉及社会领域和健康领域，重点发展幼儿的规则意识。活动中，教师可以引导幼儿在感知哨声种类的基础上，认识足球场上不同口哨声代表的不同游戏规则，从而激发幼儿遵守足球游戏规则的愿望。

⭐ **活动目标**

1. 愿意在球场上听辨哨声，按规则游戏。
2. 能辨识不同哨声代表的规则。
3. 知道不同哨声代表不同的指令。

⭐ **活动准备**

1. 足球比赛场景图片。
2. 哨子图谱（见资料包）。
3. 口哨一只。

⭐ **活动过程**

1. 观察发现

幼儿观察哨子。

教师：这是什么？在足球比赛中吹响它的是谁？

小结：这是哨子，在比赛中吹响哨子的是裁判员。

2. 讨论交流

通过讨论，了解哨声的作用。

教师：为什么裁判员要带哨子？裁判员什么时候吹口哨？口哨有哪些重要作用呢？

教师小结口哨用途：哨声是裁判员的语言，比赛中通过哨子告诉队员裁判的判决是什么，判断哪一队得分、哪一队犯规。

3. 演示发现

教师演示不同的口哨声，引导幼儿发现哨声蕴含的不同游戏规则。

● 开始——长而洪亮；暂停——短而洪亮；进球——长而洪亮的波浪音；结束——一声短，一声长。

教师：比赛中裁判的哨声是不一样的，有的长，有的短，有的有长有短，代表的规则也不一样，现在请小朋友听一听不同的哨声。

● 教师吹哨，请幼儿说出哨声代表的规则含义。

4. 游戏体验

● 幼儿当裁判，根据哨子图谱来吹哨子，请其他幼儿猜猜是哪种含义。

● 幼儿足球赛：教师当裁判，幼儿分成两队进行足球比赛，在有趣的比赛中感知哨声的实际含义，并按其代表的规则进行游戏。

🔵 活动建议

活动结束后，引导幼儿探索更多的足球比赛中常见的规则与要求，如裁判的红、黄牌代表的意义，裁判员手势的不同含义等。也可带领幼儿多进行班级内或同年龄段的小型足球赛，帮助幼儿在实际比赛中感受、体验、深入理解哨声代表的含义。

🔵 家园共育

请家长带领幼儿通过电视、网络观看足球赛事，或走进体育场近距离感受哨声在足球赛事中的重要意义。

⭐ 资料包

哨子图谱

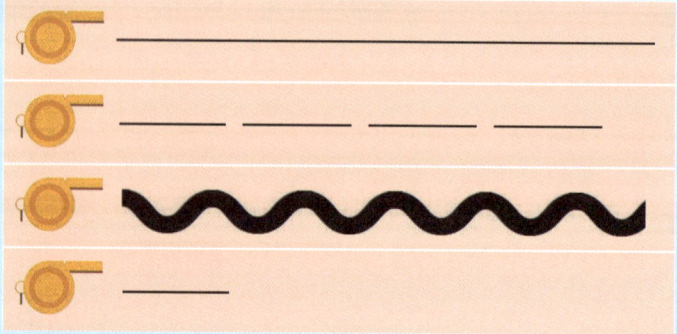

足球海报

🔵 活动导引

本活动主要涉及艺术（美术）领域，重点发展幼儿的艺术表现力与创造力。活动中，教师应该注意指导幼儿对海报构图的把握，以及幼儿美术常规的培养。

🔵 活动目标

1. 喜欢参与美工创意活动。
2. 能利用不同材料设计足球海报。
3. 了解简单的足球海报构图要素。

🔵 活动准备

1. 微视频。
2. 硬纸板、水性笔。
3. 超轻黏土、雪花泥。

🔵 活动过程

1. 谈话导入

教师和幼儿共同谈论与足球有关的话题。

2. 欣赏足球海报

教师出示历届足球世界杯海报让幼儿欣赏，引发活动兴趣。

教师：这里有已经设计好的海报，请你来欣赏一下。看一看上面都有哪些你感兴趣的图案。

3. 创作海报

幼儿根据自己的需要利用绘画、粘贴等艺术形式创作。

教师：请你先构思自己要制作什么样的海报，可以和其他小朋友分享交流。想好了就可以开始制作啦。

4. 交流展示

鼓励幼儿将自己创作的海报送给足球小将，为运动员加油喝彩。

教师：你的海报是怎样创作的？你想为谁加油？

🔵 活动建议

教师要鼓励幼儿大胆设计创作足球海报，尊重幼儿的设计创作内容，培养幼儿设计创作的信心。

🔵 活动拓展

教师可以组织幼儿将制作的足球海报带到足球比赛现场，为场上队员加油助威，和幼儿一同感受足球运动的激情。

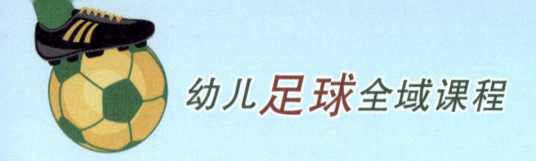

守门员

🔵 **活动导引**

本活动主要涉及语言领域，重点让幼儿通过学说故事中的对话，了解守门员的作用。引导幼儿学习同伴之间互相爱护、互相帮助的良好品质。

🔵 **活动目标**

1. 体验故事中的角色坚守职责获得成功的喜悦。
2. 能较完整、清楚地表达自己的想法。
3. 理解故事内容。

🔵 **活动准备**

1. 故事《守门员》（见资料包）。
2. 故事《守门员》PPT。

🔵 **活动过程**

1. 谈话导入

教师：你们知道足球比赛中各队员的作用是什么吗？

2. 故事讲述

教师播放故事《守门员》PPT，完整讲述故事，引导幼儿理解故事内容。

教师：今天我们要讲一个关于守门员的故事。

教师：故事中都提到了谁？守门员是干什么的？

教师：小明的队伍获得胜利了吗？

3. 讨论交流

教师通过提出问题，引导幼儿讨论交流，帮助幼儿认识互相帮助、坚守自己职责的重要性。

教师：如果你是小强，你会怎样对待小明？为什么？

小结：小朋友之间应该互相帮助，爱护关心他人，当别人有困难的时候应该帮助他，不嘲笑别人。

教师：谁帮助球队取得了胜利？小明在球队里是干什么的？为什么小明会帮助球队取得胜利？

教师：足球队中每一个队员的角色都很重要，只要大家练习好自己角色需要的本领，坚守自己的职责，就有可能帮助自己的球队在比赛中获得胜利。

4. 角色扮演

教师请幼儿表演故事，引导幼儿在角色扮演中，体验帮助别人、坚守职责取得成功的快乐。

教师：请小朋友们分组来表演故事。

🔵 **活动建议**

本活动重点是通过故事的讲解，帮助幼儿理解守门员的作用。活动中，教师可以运用角色扮演的方法，引导幼儿学说故事中的对话，帮助幼儿理解守门员的意义。故事提问环节可以让幼儿学说故事中小朋友的对话，让幼儿加深对故事的理解。

资料包
故事

守门员

小明很喜欢踢足球，但是他跑得慢，经常追不上球。小朋友们成立了足球队，谁都没有邀请他参加。

小明很着急，问道："我是哪个队的呢？"

"你来当守门员吧！嘿嘿。"小强说。

"守门员都干什么呢？"小明问。

"守门员是足球比赛中很重要的位置，是一个队的最后一道防线，主要任务是守卫球门不让对方的球进入。"小强说。

小明听完脸上露出笑容说："那太好了，我就当守门员吧。"

小明如愿当上了守门员，他很珍惜守门员这个角色，每天都认真训练，做好自己的本职工作。一天天过去了，小明接球的技术也越来越高了。

有一次，幼儿园举行足球比赛。比赛很激烈，不一会儿小明的队伍就进了一个球，又过了半个小时，对方也进了一个球，打成了平手。双方你追我赶，谁也不让谁。下半场一开场，小明的队伍就进了一个球，就在比赛马上要结束的时候，对方一脚射门，球正好被小明接住。这时，比赛结束的哨声吹响了，最终小明的队伍以 2∶1 获胜了，小明的队友们都跑过来把小明高高举起，夸奖小明真厉害，多亏小明把球接住了，才让他们取得了最终的胜利。

从此以后，小明就更喜欢当守门员了，他觉得当守门员是一件很光荣的事情。

带着球儿去旅行

活动导引
本活动主要涉及健康领域，重点在于让幼儿学习多种带球的方法，运用适宜的动作将足球带到指定位置。

活动目标
1. 体验足球活动的快乐，敢于完成挑战。
2. 能运用适宜的动作将球带到指定位置。
3. 尝试用多种方法带球。

活动准备
1. 幼儿人手一个足球，宽阔的场地。
2. 锥形筒、长约 1 米的塑料条、标志杆、红黄蓝三色队服若干。

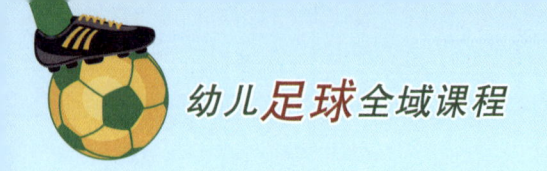

🔵 活动过程

1. 准备活动

带领幼儿玩游戏"炸弹来啦",激发幼儿活动兴趣。

教师:小足球变身成了炸弹,小朋友要小心躲开它哟,注意要在圈内躲避,躲避炸弹时不要和其他小朋友撞在一起。

2. 情境导入

教师:你们好厉害呀,这么多炸弹都没炸到你们。现在炸弹变变变,变回了小足球,快去找到你的足球朋友,把它带回圈里吧!今天我们要带着小足球一起去旅行。

3. 空地练习

● 自由带球走。

教师:请你带着小足球在圈里走一走吧!

● 自主尝试运用不同方法带球行进。

教师:请你试着用不同的带球方法,跟同组的队员打打招呼吧!

4. 游戏体验:带球接力赛

教师利用锥形桶、塑料条、标志杆分别设置无障碍场地、小桥、树林三个接力赛段,并将幼儿分成三组进行带球接力赛。

● 每组幼儿自由选择赛段进行接力赛。

教师:小组一起带一个足球进行接力比赛,看看哪一组能最先带球通过三个赛段完成挑战。

● 更换赛段再次比赛。

教师:同一组的小朋友可以换一个赛段来挑战。

小结:小朋友都勇于挑战,开动脑筋用不同的动作通过赛道,大家齐心协力一起完成了路况复杂的旅行,真棒!

5. 放松运动

教师组织幼儿进行放松游戏"我爱洗澡"。

教师:旅行圆满结束啦,带着球儿去旅行非常辛苦,我们一起来洗洗澡放松一下吧!

🔵 活动建议

在活动中,教师不要强调每个赛段应该用什么方法去带球最适宜,而是要通过赛段的设置,引导幼儿亲身实践来判断、选择适合自己的方式进行接力带球。为了降低接力带球游戏的难度,活动前教师可以组织幼儿玩接力跑、接力走等单纯的接力游戏,帮助幼儿理解接力的概念和玩法。

足球场上的奥秘 2

🔵 活动导引

本活动主要涉及科学领域，重点发展幼儿的探究能力。足球场地对于大班幼儿来说虽然是日常的活动场所，可是其中蕴含的富有趣味性的元素却是他们不了解的。活动在幼儿已经能够熟练分辨不同的几何图形的基础上，结合年龄特点，融合分类和统计的记录单，为幼儿提供细致观察和归类的内容，让幼儿从足球场地中找出相同形状的图形进行统计，丰富他们的认知经验。

🔵 活动目标

1. 喜欢用分类统计的方法进行探究活动。
2. 能按照图形特征进行分类统计。
3. 辨别长方形、圆形、半圆形和扇形。

🔵 活动准备

足球场图片、记录单（见资料包）、水彩笔。

🔵 活动过程

1. 感知辨识

出示足球场地图，引导幼儿观察、辨识图形特征。

教师：在长方形的足球场地上，你能发现其他不同的形状吗？

小结：足球场上的标线组成了长方形、圆形、半圆形、扇形。

2. 分类比较

●出示记录单，请幼儿按照图形的特征进行统计并记录。

教师：请你把长方形、圆形、半圆形、扇形的数量分别记录到相应图形后面的空格里。

●引导幼儿认真观察比较每种图形的数量。

3. 分享交流

●请个别幼儿进行记录结果的分享。

●自由选择同伴两两一组进行交流和检验。

4. 谈话总结

教师对记录的结果进行小结。

🔵 活动建议

为了加深幼儿对长方形、圆形、扇形等不同图形的认识，教师可以利用户外活动时间组织幼儿去足球场上找到这些图形。此外，教师可以制作不同形状的卡片，在区域活动中，请幼儿进行创意拼搭组合。

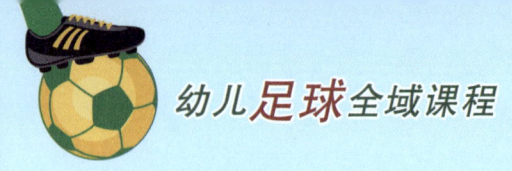

🔵 资料包

记录单《足球场上的奥秘2》

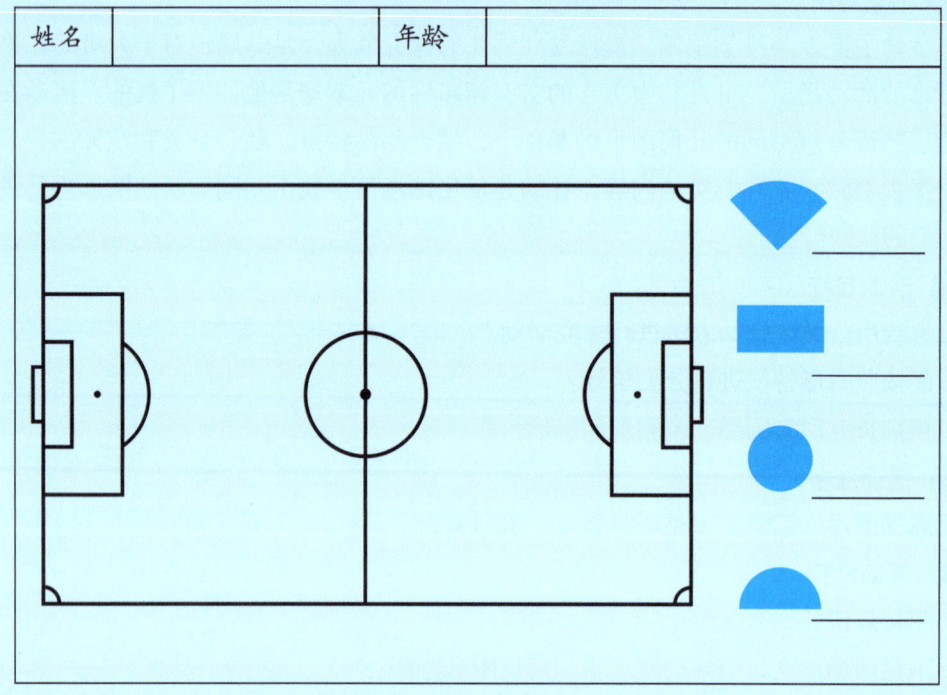

姓名		年龄	

裁判员和记分员

🔵 活动导引

这是一个以社会领域为主的集体教学活动。活动中，教师要鼓励幼儿有一定的"职业归属感"，帮助幼儿树立规则意识和遵守规则的观念。

🔵 活动目标

1. 愿意遵守规则。
2. 能按规则处理比赛中常见的犯规行为，能按有效的比赛结果记录分数。
3. 了解简单的判罚规则和记分规则。

🔵 活动准备

1. 哨子。
2. 比赛场地。
3. 训练服装。
4. 记分牌。

🔵 活动过程

1. 情境导入

教师：幼儿园要举行班级足球比赛，可是到了比赛时间裁判和记分员还没有来，原来他们生病了，需要请小朋友们来做裁判和记分员。

2. 规则介绍

● 介绍简单的判罚规则，帮助幼儿了解处理简单的比赛犯规的方法。

教师：你都知道哪些足球比赛规则？

教师：如果球员犯规了，裁判要做什么？球员要做什么？

教师：裁判要认真看每一个球员的动作，如果发现有犯规的行为，要根据规则进行对应的判罚，犯规的球员要根据裁判的指令做相应的动作。

● 出示记分牌，介绍记分的方法。

教师：记分员根据自己球队的有效进球数量记分，每进一个有效的球，要及时翻动记分牌，保证记分牌的数字和球队的有效进球数量相同。

3. 足球比赛

● 将幼儿分成三组，每组5名幼儿，请其中两组幼儿换上训练服装模拟比赛，另外一组幼儿当裁判和记分员，两名边裁判（一个半场一个）负责查看自己所在的半场有没有犯规行为，发现犯规的现象及时挥手示意主裁判，主裁判控制全场，犯规的时候要吹响哨子，做出判罚。两名记分员（每人负责一个队伍）根据比赛结果翻转记分牌计分。

教师：请小朋友们换上训练服，我们进行一场模拟比赛。请三名小裁判用哨子来裁判比赛，两名记分员用记分牌记录比赛结果。

● 模拟比赛进行4分钟，然后场上踢球的幼儿与当裁判和记分员的幼儿交换。

4. 总结提升

在比赛结束后可以对幼儿的表现进行表扬，对裁判和记分员的工作予以肯定。

教师：小裁判员真棒，犯规的动作都逃不过小裁判的法眼！记分员也很认真，能准确地记录比赛分数！

活动建议

活动前，教师要引导幼儿熟悉掌握简单的足球比赛规则以及发界外球、任意球、点球的方法，为幼儿在活动中更好地理解判罚规则奠定良好的前期经验基础。在规则介绍环节，要给幼儿足够的时间去理解判罚规则并且自主完成评判活动，鼓励幼儿大胆做出自己的评判。在足球比赛环节，可以请两个记分员互相监督，看对方是否正确记分。

家园共育

生活中建议家长多让幼儿了解其他比赛的规则并且加强交流，也可以延展到交通规则或其他方面。

球场奔跑

活动导引

本活动主要涉及艺术领域，重点发展幼儿的艺术表现力。活动中，教师应该指导幼儿利用不同线条表现人物形态特征，鼓励幼儿尝试更加细致地观察和创作。

幼儿足球全域课程

🟣 **活动目标**

1. 体验绘画的乐趣。
2. 能用线条表现球员奔跑的外形和动态。
2. 感知球员奔跑的典型特征。

🟣 **活动准备**

1. 球员奔跑的视频。
2. 背景音乐。
3. 水粉涂染的A4纸、黑白及彩色纸、勾线笔。

🟣 **活动过程**

1. 视频导入

● 播放视频，引导幼儿观察球员奔跑的外形和动态。

教师：球员们在球场上奔跑的时候是什么样子的？

● 鼓励幼儿模仿球员奔跑的样子。

教师：请你来学一学球员奔跑的样子。

2. 探索表现

请幼儿自己探索表现球员奔跑的绘画方法。

教师：请你们画一个奔跑的球员，比一比哪个球员跑得快！

3. 交流讨论

请幼儿展示自己的作品，并通过观察讨论，总结出表现球员奔跑的绘画方法。

教师：把小朋友们画的球员放在一起，我们比一比谁跑得快。你是从哪儿看出来的？

小结：不仅要画出球员的脖子和头，还要夸张地表现球员的腿部动作。

4. 小组添画

请幼儿根据总结的绘画方法，分组进行小组添画，每组幼儿（4~5名）在一张画纸上轮流添画，直至画面饱满，球员重叠。

教师：赛场上有很多球员在比赛，你能把他们都画出来吗？

5. 作品欣赏

展示每组幼儿的作品，引导幼儿自由观察欣赏同伴的作品，师幼共同找一找每组作品中跑得最快的足球队员。

🟣 **活动建议**

在观看视频环节中，教师要注意引导幼儿仔细观察足球运动员奔跑的形态，利用语言和动作进行描述、体验，为后面的绘画表达积累直接经验。在探索表现和小组添画环节中，教师可以播放舒缓的背景音乐，为幼儿营造良好的创作氛围。

🟣 **活动拓展**

教师可以在户外足球游戏时间与幼儿共同抓拍幼儿奔跑时的不同姿势，将照片制作成电子相册，投放到美工区，为幼儿二次创作提供素材。

故事小能手

🔵 活动导引

本活动主要涉及语言领域,重点发展幼儿创编故事的能力。活动中,教师应鼓励幼儿大胆创编故事,并通过创编故事了解足球的相关知识,锻炼语言表达能力。

⭐ 活动目标

1. 感受创编故事的乐趣。
2. 能根据已有经验大胆创编。
3. 认识创编故事的基本要素。

⚽ 活动过程

1. 交流讨论

引导幼儿讲述故事。

教师:小朋友都会讲故事吗?请你讲个故事给大家听。

2. 分析故事

教师引导幼儿分析小朋友讲的故事。

教师:讲故事都要包含哪几部分?

小结:故事要有名字,要有时间、地点、人物,还要有事件经过。

3. 创编故事

引导幼儿创编一个和足球相关的故事。

教师:请小朋友根据足球来创编一个故事。

4. 分享故事

请幼儿讲述自己创编的故事。

🍊 活动建议

本活动的重点是让幼儿掌握创编故事的方法,这对幼儿来说是有一定难度的。活动中,教师可以明确编故事的方法,可以设一个大的框架,让幼儿填充内容,引导幼儿回忆、讨论跟足球相关的内容,可以是足球比赛中的事情,也可以是平时训练发生的事情,鼓励幼儿大胆表达自己的想法。

🔵 家园共育

请家长平时多帮助幼儿了解关于足球的知识,注重幼儿语言表达能力的培养。

小孩与海

🔵 活动导引

本活动主要涉及健康领域,重点发展幼儿对身体动作的控制能力。活动中,教师可以创设任务情境,引导幼儿在完成任务的过程中学会控制自己的动作,与同伴相互协作。

幼儿足球全域课程

🔵 **活动目标**

1. 体验与同伴协作完成游戏的乐趣。

2. 能动作协调地完成运送任务。

3. 尝试用多种动作完成运送任务。

🔵 **活动准备**

1. 足球若干。

2. 海绵垫 2 块。

3. 一头有磁力的钓鱼线两条。

4. 小鱼玩具（有磁力）若干。

5. 小桶 2 个。

🔵 **活动过程**

1. 热身活动

教师请幼儿扮小渔夫，创设出海捕鱼的游戏情境，带领"小渔夫"玩游戏"看谁反应快"，活动好身体各关节，做好出海捕鱼的准备。

2. 游戏体验一：出海捕鱼

● 教师出示海绵垫和若干足球，引导幼儿总结"开船"（运人）的方法。

教师：小渔夫们，我们的船在这里，怎么用呢？

教师：请小渔夫们六人一组，一名渔夫坐在垫子上面，负责指挥小船的方向，垫子下面放一些（数量足够把垫子撑起来）足球，两名渔夫负责拉海绵垫向前走，剩下的三名渔夫负责将前进过程中滚出海绵垫的足球踢回垫子的下面。

● 教师出示钓鱼线和小鱼玩具，引导幼儿体验游戏"出海捕鱼"。

教师：坐在垫子上的小渔夫负责钓鱼，其他小渔夫负责开船，大家相互配合，看看哪组钓的鱼最多。

3. 游戏体验二：大浪来了

教师提升游戏难度，引导幼儿体验游戏"大浪来了"。

4. 放松整理

教师带领幼儿放松身体，并点数小鱼的数量，分享合作后获得战利品的喜悦。

🔵 **活动建议**

游戏开始时，负责将前进过程中滚出海绵垫的足球踢回垫子下面的幼儿很可能会出现踢球力度过大或方向不准的情况，教师可集中或个别指导，引导幼儿发现问题，并及时纠正。为增加游戏的趣味性，提升幼儿的运球能力和合作能力，幼儿熟悉游戏玩法后，可增加游戏的难度，如增加坐在垫子上的幼儿数量，减少负责将前进过程中滚出海绵垫的足球踢回垫子下面的幼儿数量等。

资料包

游戏玩法

看谁反应快

幼儿听教师口令做出相应的动作，看谁反应最快，动作做得最标准。例如，"原地快跑10个数""蹲起5个"等。

出海捕鱼

教师将"小鱼"（有磁力的小鱼玩具）分散投放在"大海"（地面）中，请"小渔夫"六人一组开"船"捕"鱼"，坐在"船"上的"小渔夫"用手中的鱼线钓"鱼"，直到"大海"中的"鱼"全部被钓完。每组"小渔夫"钓完"鱼"后点数"小鱼"数量，哪组"小鱼"数量多哪组获胜。

大浪来了

教师扮大浪，在"渔夫"开"船"出"海"捕"鱼"的过程中跑向足球船，边跑边说"大浪来啦"，同时将"船"下的足球踢出4~5个，阻碍足球船的正常行进。踢完后一边说"大浪走啦"，一边退出场地，"渔夫"继续开"船"捕"鱼"，直至钓完所有的"鱼"，哪组钓的"小鱼"数量多哪组获胜。

分足球

活动导引

本活动主要涉及科学领域，重点引导幼儿在6的基础上进一步学习7的分合，让幼儿主动探索7的分合规律。活动中，教师可以通过游戏在复习6的分解与组合前期经验基础上，引导幼儿理解7的分解与组成。

活动目标

1. 体验数量分合变化的有趣。
2. 能理解数字7的分解与组成。
3. 感知"加"的含义。

活动准备

1.《7的组成》记录单（见资料包）。
2. 布绒足球7个。
3. 卡片（上面分别画有1~7个小球）。

活动过程

1. 游戏导入

复习6以内数的组成。

教师组织幼儿玩游戏，一名幼儿拿出一张画有3个足球的卡片，另一名幼儿也要拿出画有3个足球的卡片。

教师：3个足球和3个足球加在一起是6个足球。

2. 交流推理

● 启发幼儿根据以往的分合经验推理判断。

● 引导幼儿将7个布绒足球分成两份，每分一次，记录一次。

教师：7个足球可以怎样来分呢？7可以分成2和5，也可以分成1和6，7还可以分成几和几？请你们自己来试一试。

3. 讨论分享

● 请幼儿根据自己的记录讲述7的分合方法，教师在黑板上记录。

● 组织幼儿观察讨论分合规律。

教师：7的组成都有哪些呢？你们发现其中的秘密了吗？

4. 游戏活动

组织幼儿体验游戏"猜猜剩下几个球"，引导幼儿在游戏中再次感知7的分解与组成。

教师：小筐里有7个小足球，请小朋友们根据老师从筐里拿出来的足球数量，来猜一猜小筐里还剩几个足球。

🌕 活动建议

随着幼儿知识的增加，教师可以在区域内投放更多的数字图片供幼儿操作。科学活动强调生活化、游戏化，教师和家长可在日常生活中经常性地让幼儿点数生活中常见物品的数量，玩一些数学小游戏，让幼儿充分体验到数学的有用和有趣。在讨论分合规律的环节，教师可以将7的组成按照从小到大或者从大到小的顺序写出来，便于幼儿发现其中的趣味性和规律。

🌕 资料包

《7的组成》记录单

姓　名：
我的发现：

"猜猜剩下几个球"游戏玩法

将 7 个小足球放进小筐中,用布蒙上,教师取出一定数量的球后,请幼儿猜一猜小筐中剩下几个球。

比赛规则要遵守

⚽ 活动导引

本活动主要涉及社会领域,重点培养幼儿的规则意识。教师可以通过视频展示成人足球比赛的规则,帮助幼儿建立规则意识。

⚽ 活动目标

1. 感受遵守规则带来的乐趣。
2. 能自觉遵守规则。
3. 知道遵守规则是有秩序的表现。

⚽ 活动准备

视频《了解足球比赛的基本规则》。

⚽ 活动过程

1. 导入活动

教师:小朋友,你们看过足球比赛吗?足球比赛中都要遵守哪些规则呢?让我们一起来看看足球比赛都有哪些规则。

播放视频《了解足球比赛的基本规则》。

2. 分享讨论

教师:你知道足球场上都有哪些规则?

根据视频内容进行小结,引导幼儿积极思考,并鼓励幼儿大胆表述自己的想法。

3. 扩展延伸

教师:成人的足球比赛有这么多要求,我们小朋友在足球比赛中都需要遵守哪些规则呢?

教师:生活中还有哪些需要我们遵守的规则呢?

小结:无论是在球场上还是生活中,遵守规则不仅能让自己更加有礼貌,还会让社会更有秩序感。

⚽ 活动建议

为了让幼儿更好地掌握足球游戏规则,教师可以引导幼儿观看足球比赛视频,也可以在班级中布置一个迷你足球活动场地,让幼儿在游戏中了解足球游戏的规则。

⚽ 活动拓展

有条件的幼儿园可以让幼儿实地参与足球比赛,通过亲身经历了解足球比赛规则,提高规则意识。

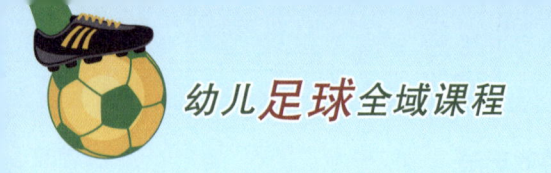

球场舞蹈

🌀 活动导引

本活动主要涉及艺术（音乐）领域，重点发展幼儿的节奏感和音乐表现力。活动中，教师引导幼儿参与表现乐曲旋律，激发幼儿兴趣，帮助幼儿利用足球创编动作来表达对歌曲的感受和理解。

🌀 活动目标

1. 喜欢参与音乐游戏。
2. 能用肢体动作表现旋律。
3. 初步感受乐曲旋律。

🌀 活动准备

1. 动物头饰、足球每人1个。
2. 动物图片。
3. 歌曲《欢乐颂》。

🌀 活动过程

1. 出示图片

●教师和幼儿一起拍手走进教室。出示动物图片，引导幼儿说一说哪些动物来了。

教师：今天有许多小动物来做客，我们一起看看都有谁。

●教师用生动的语言激发幼儿参与活动的兴趣。

2. 欣赏歌曲

教师播放歌曲《欢乐颂》，引导幼儿理解歌曲。

教师：听一听歌曲中都唱了些什么？你有什么感受？

3. 表现歌曲

教师播放歌曲，鼓励幼儿扮演动物角色，利用足球表现歌曲，激发幼儿大胆表现的欲望。

教师：请你选择想要扮演的动物角色，跟随音乐一起舞蹈。

4. 分享交流

教师和幼儿一同探讨表现乐曲旋律的方法。

教师：听了刚才播放的歌曲你有什么感受？你是用什么方式表达这种感受的？

教师：可以和旁边的小伙伴分享一下自己的想法，再想一想有没有更好的表达方式。

🌀 活动建议

教师可以将歌曲作为过渡环节的背景音乐，也可以延伸为游戏活动，鼓励幼儿创编足球游戏。教师对幼儿的表现方式不必强加干涉，应该更多关注和激发幼儿表现的欲望。

🌀 活动拓展

教师可以将歌曲作为美工活动的背景音乐，鼓励幼儿利用美术材料表达自己对音乐的理解。

小解说员

活动导引
本活动主要涉及语言领域，重点发展幼儿的语言表达能力。教师可以让幼儿通过看图片和比赛视频学习足球的基本动作，发展语言表达能力，培养幼儿对足球的兴趣。

活动目标
1. 感受足球解说的乐趣。
2. 能用流畅的语言进行简单的动作解说。
3. 尝试依据视频提示解说足球动作。

活动准备
1. 脚掌踩球、脚背击球、脚弓传球、射门等图片。
2. 足球比赛视频。

活动过程
1. 谈话导入

教师：你们看过足球比赛吗？你都知道哪些足球动作？

2. 了解基本动作

● 依次出示脚掌踩球、脚背击球、脚弓传球、射门等图片，引导幼儿学习足球基本动作。

教师：这是什么动作？用到脚的哪个部位？

● 教师讲解示范足球动作。

教师：请小朋友认真看老师是怎么做这个动作的。

3. 交流探讨

请幼儿互相说说这些足球动作的特点。

4. 角色扮演

播放一段足球比赛视频，请幼儿当小解说员，说说视频里都有哪些足球动作。

教师：刚才视频里都有哪些足球动作？

活动建议
教师的示范动作要规范。户外活动时，可以引导幼儿根据足球动作编游戏，在游戏中练习动作，增加趣味性。

活动拓展
户外活动时，带领幼儿练习足球基本动作。

家园共育
让家长平时和孩子一起学习足球的基本动作，有时间时一起练习。

区域游戏

益智区

数一数

🔵 **游戏目标**

1. 激发幼儿对数字的兴趣。
2. 能将自己的探究结果记录下来。
3. 感知 7 以内数组成的递增、递减的趣味性。

🔵 **游戏材料**

记录单。

🔵 **游戏玩法**

1. 请幼儿根据记录单内容进行小足球点数,然后将结果记录在足球下的横线上。
2. 完成以后,尝试发现 7 的组成的递增、递减的趣味性,感知其中的规律和特点。
3. 同伴之间进行检验和分享。

🔵 **游戏观察**

1. 幼儿能否正确记录自己点数的结果。
2. 幼儿能否在点数的过程中发现规律。
3. 幼儿能否与同伴进行结果的验证。

🔵 **游戏指导**

1. 引导幼儿观察并发现数字的组成规律。
2. 鼓励幼儿延伸出数的组成有递增、递减的规律。

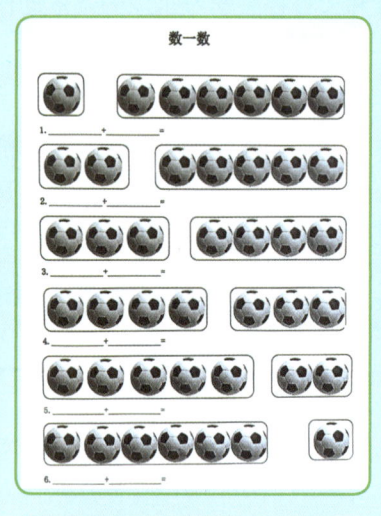

足球的奥秘

🔵 **游戏目标**

1. 体验与同伴合作玩游戏的乐趣。
2. 能通过观察发现足球是由白色六边形和黑色五边形组成的。
3. 尝试探索并记录足球是由几个白色六边形和黑色五边形组成的。

🔵 **游戏材料**

1. 3 号足球一个、解剖的足球一个。
2. 记录单、水彩笔。
3. 五边形、六边形卡纸。

🔵 **游戏玩法**

1. 请幼儿感知完整的足球，观察解剖的足球。

2. 通过探索尝试发现一个 3 号足球是由几个白色六边形和黑色五边形组成的，并将结果记录下来。

3. 与同伴互相验证，分享结果。

🔵 **游戏观察**

1. 在数五边形和六边形过程中，幼儿能否有顺序地点数。

2. 验证时，幼儿能否做到有序、不争抢。

🔵 **游戏指导**

1. 引导幼儿观察五边形和六边形的不同特征。

2. 提醒幼儿注意观察的顺序。

小小射手

🔵 **游戏目标**

1. 体验射门游戏的乐趣。

2. 能与同伴合作玩游戏。

3. 知道"小小射手"游戏的玩法。

🔵 **游戏材料**

"小小射手"玩具。

🔵 **游戏玩法**

1. 两人游戏，手持红色把手，大拇指按下白色发射键，将球弹射出去。

2. 将球射入对方球门得 1 分，自己将玩具上的分数格增加 1 分。

3. 先得到 10 分者获胜。

🔵 **游戏观察**

1. 幼儿能否将球射入球门。

2. 幼儿能否与同伴友好地进行游戏。

3. 幼儿能否正确记录自己的分数。

🔵 **游戏指导**

1. 鼓励幼儿用正确的方法操作。

2. 引导幼儿正确计分。

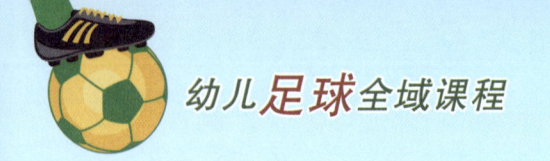

语言区

足球运动员对对碰

⭐ **游戏目标**

1. 体验足球运动员的风采。
2. 能说出足球运动员的名字。
3. 认识各个足球运动员。

⭐ **游戏材料**

著名足球运动员的图片。

⭐ **游戏玩法**

玩法一：

1. 先认识各个足球运动员，记住他们的长相和名字。
2. 去掉足球运动员的名字，通过长相来辨别是哪个足球运动员。

玩法二：

1. 先认识各个足球运动员，记住他们的长相和名字。
2. 去掉足球运动员的名字，两名幼儿一组，一名幼儿抽一张图片，另一名幼儿说出足球运动员的名字。

⭐ **游戏观察**

1. 幼儿能否记住足球运动员的长相和名字。
2. 幼儿能否合作玩游戏。
3. 抽出一张足球运动员图片幼儿能否迅速说出他的名字。

⭐ **游戏指导**

1. 鼓励幼儿与他人合作玩游戏。
2. 鼓励幼儿边看图片边说出足球运动员的名字。
3. 游戏结束后引导幼儿收拾材料。

旗帜我知道

⭐ **游戏目标**

1. 感受世界杯的魅力。
2. 能说出国旗是哪个国家或地区的。
3. 认识世界杯 32 强旗帜。

⭐ **游戏材料**

世界杯 32 强旗帜。

⭐ **游戏玩法**

认识 32 强旗帜，说说这些国家或地区都有哪些球员。

⭐ **游戏观察**

1. 幼儿能否准确认识 32 个代表队的旗帜。
2. 幼儿能否说出各队旗帜的特点。
3. 幼儿能否说出各个国家或地区的一两名球员。

⭐ **游戏指导**

1. 游戏前，引导幼儿认识各代表队旗帜。
2. 鼓励幼儿记住各代表队旗帜的主要特征。
3. 游戏结束后提示幼儿把材料收拾好。

我认识的球衣

⭐ **游戏目标**

1. 体验作为一名足球运动员的自豪感。
2. 能把足球运动员的球衣和球衣号相对应。
3. 认识球衣。

⭐ **游戏材料**

球衣挂件。

⭐ **游戏玩法**

知道球衣对应哪个球员，球员叫什么名字，是几号。

⭐ **游戏观察**

1. 幼儿能否将球衣对应到球员。
2. 幼儿能否说出足球运动员的名字及球衣号。

⭐ **游戏指导**

1. 游戏前，帮助幼儿了解足球运动员的球衣及对应的球衣号。
2. 鼓励幼儿和他人合作玩游戏。

儿歌大比拼

🌟 **游戏目标**

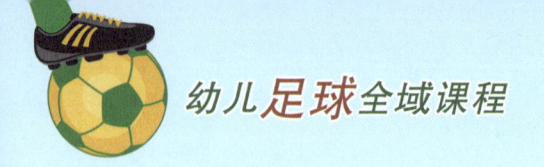

1. 喜欢说儿歌。
2. 能理解儿歌内容。
3. 学说足球儿歌。

🌟 **游戏材料**

足球儿歌。

🌟 **游戏玩法**

幼儿之间说儿歌，并进行仿编。

🌟 **游戏观察**

1. 幼儿能否说出儿歌内容。
2. 幼儿是否喜欢说儿歌。

🌟 **游戏指导**

1. 游戏前，引导幼儿熟悉儿歌内容。
2. 鼓励幼儿互相说儿歌。

阅读乐趣多

🌟 **游戏目标**

1. 喜欢阅读图书。
2. 能对足球规则等有进一步的了解。
3. 学习关于足球的知识。

🌟 **游戏材料**

各种关于足球的图书。

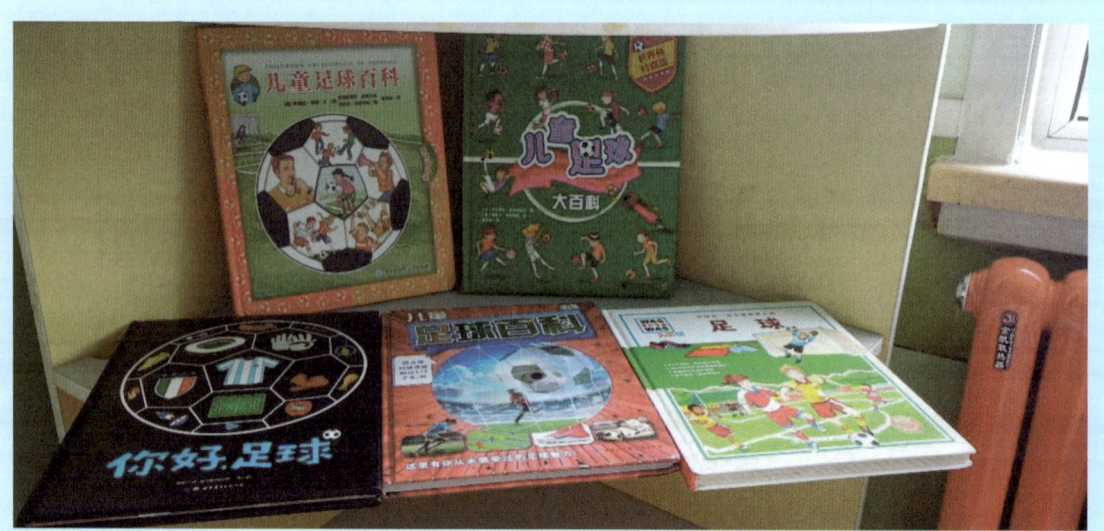

🔵 **游戏玩法**

翻看图书，学习关于足球方面的知识。

🔵 **游戏观察**

1. 幼儿是否喜欢阅读。
2. 幼儿能否学习到关于足球的知识，如规则、足球动作等。

🔵 **游戏指导**

1. 游戏前，帮助幼儿了解图书、照片内容，提示幼儿不乱扔书，安静看书。
2. 游戏时，引导幼儿仔细观察图书中的内容，结合画面交流讨论。

美工区

好玩的哑铃

🔵 **游戏目标**

1. 体验制作哑铃的快乐。
2. 能保持个人及活动区的卫生整洁。
3. 尝试用各种美术工具进行哑铃制作。

🔵 **游戏材料**

1. 矿泉水瓶若干。
2. 水盆、清水、沙子、漏斗、勺子。
3. 音乐。

🔵 **游戏玩法**

1. 请幼儿选择一种填充物，根据步骤进行操作，如用漏斗和勺子将水或沙子放入瓶中，在两个瓶子中放入等高的填充物等，完成制作。
2. 幼儿使用制作完成的哑铃，跟随音乐进行哑铃操表演。

🔵 **游戏观察**

1. 幼儿能否灵活使用工具将填充物放到瓶中。
2. 遇到问题幼儿能否想办法解决。

🔵 **游戏指导**

1. 活动前，指导幼儿初步感受器械操的有趣。
2. 指导幼儿正确使用工具。

踩高跷

⭐ **游戏目标**

1. 体验手工制作的有趣和创意美术的快乐。
2. 材料共享，物放有序。
3. 尝试利用美工材料制作"高跷"。

⭐ **游戏材料**

（铁质）易拉罐若干，透明宽胶带、绳子、剪刀、涂画工具。

⭐ **游戏玩法**

玩法一：

请幼儿用透明宽胶带将2~3个易拉罐固定在一起，两对即为一组，要注意双侧易拉罐数量相等，固定好后玩"踩高跷"游戏。

玩法二：

幼儿自主选择涂画工具，对高跷进行二次创作和装饰。

⭐ **游戏观察**

1. 幼儿能否选择合适的工具进行装饰。
2. 幼儿能否与同伴合作游戏。
3. 幼儿能否安全正确地使用剪刀。

⭐ **游戏指导**

1. 指导幼儿合作玩游戏。
2. 结束后提醒幼儿将玩具材料整理归类。

科学区

滚动之旅

⭐ **游戏目标**

1. 在玩玩弄弄中体验自由猜想、探究、发现的乐趣。
2. 能运用观察、操作、比较等方式，探索小球在不同坡度、不同管道中速度的快慢变化。
3. 尝试用不同的方式记录自己的发现。

⭐ **游戏材料**

1. 不同质量的小球若干（玻璃球、木球、乒乓球等），透明管道、记录单。
2. 木板、积木、搓衣板。

⭐ **游戏玩法**

1. 幼儿任选一种球类和管道，猜想小球在管道中的运动轨迹，绘制在观察记录单中。
2. 将小球投进管道，观察小球在管道中的运动轨迹和变化，将结果绘制在观察记录单中。
3. 思考、比较自己的猜想和发现。

⭐ 游戏观察

1. 幼儿能否通过观察、比较，大胆地进行推测与假设。
2. 幼儿能否发现操作所产生的现象。
3. 幼儿能否利用绘画等不同方式将操作后的发现记录下来。

⭐ 游戏指导

1. 引导幼儿认真观察，在操作中发现问题，并自己寻找答案。
2. 鼓励幼儿从不同角度、用不同方法来观察感知。
3. 鼓励幼儿大胆记录自己的猜想与发现，并与他人分享自己的发现。

足球科普小达人

⭐ 游戏目标

1. 在游戏操作中体验配对与检验的乐趣。
2. 能通过观察、配对、检验等方式，进一步了解不同球队的队徽、队服和球员。
3. 学习根据隐性指导流程图进行操作和游戏。

⭐ 游戏材料

1. 多组队徽、队服、球员图片，操作单。
2. 隐性指导流程图。
3. 足球科普知识图册。
4. "足球科普小达人"大转盘（可调节队徽、队服和球员盘）。

游戏玩法

1. 幼儿两人一组开始猜拳游戏，胜出的幼儿先用手拨动"足球科普小达人"大转盘。当转盘停止转动时，请幼儿依据指针所指的图示内容，将与之相关的队徽、队服、球员依次配对。

2. 请幼儿翻阅足球科普知识图册进行验证，配对正确数多的幼儿赢得胜利。

游戏观察

1. 幼儿能否看懂流程图，并按照图示开展游戏。

2. 幼儿能否将不同球队的队徽、队服、球员进行一一配对。

3. 幼儿能否在配对后查阅知识图册，检验配对结果。

游戏指导

1. 游戏前，引导幼儿了解足球科普知识与游戏玩法。

2. 游戏中，鼓励幼儿认真思考、操作，并验证结果。

3. 可尝试以同伴身份与幼儿共同游戏，帮助幼儿掌握玩法。

4. 游戏分享时，鼓励幼儿与同伴总结不同球队的队徽、队服和球员。

建构区

搭建足球场

游戏目标

1. 体验搭建足球场的快乐。

2. 能独立或合作搭建足球场。

3. 认识世界著名的球场和球场的基本结构。

游戏材料

1. 乐高、积木、拼插玩具若干。

2. 纸砖、纸杯、绿草皮一大三小。

3. 绳子等固定材料若干。

4. 球场小知识一份。

5. 足球场的基本结构图一份。

6. 世界著名的足球场图片。

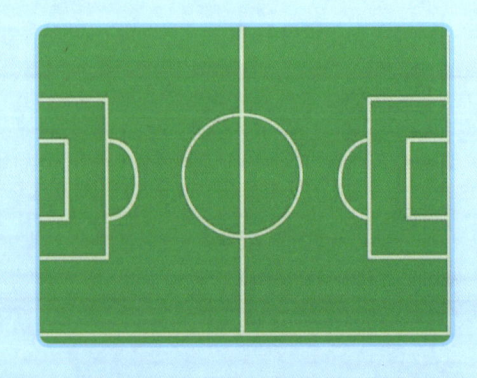

游戏玩法

1. 认识世界著名球场并了解相关知识，在搭建之前或搭建过程中和小伙伴分享交流。

2. 合作搭建足球场：幼儿自主选择同伴，一起协商、分工搭建足球场。

3. 独立搭建足球场：幼儿独立选择材料，观察图片，独立搭建足球场。

🔵 **游戏观察**

1. 幼儿是否认识世界著名球场并了解相关知识。
2. 幼儿能否与同伴合作搭建足球场。
3. 幼儿在搭建足球场的过程中遇到困难是如何解决的。
4. 幼儿在教师隐性指导的提醒下能否改进自己的搭建技巧。
5. 幼儿是否愿意积极使用多种材料、变换多种方式合理搭建足球场。

🔵 **游戏指导**

1. 引导幼儿有效关注隐性指导的内容，大胆表达自己的想法。
2. 在搭建过程中出现问题鼓励幼儿及时找解决办法。
3. 合理利用各种材料表达自己的搭建构想，创意搭建足球场。

好玩的健身房

🔵 **游戏目标**

1. 体验拼插搭建的快乐。
2. 能用拼搭、叠高、连接等方法搭建健身房。
3. 了解健身房的基本结构和多种健身器材。

🔵 **游戏材料**

1. 乐高、积木、纸杯、纸板。
2. 健身房结构图、拼搭健身器材的图示。
3. 各种健身器材图片。

🔵 **游戏玩法**

1. 独立或与同伴合作设计健身房。
2. 独立或与同伴合作搭建健身房。

🔵 **游戏观察**

1. 幼儿参与搭建活动的积极性。

2. 幼儿如何利用已有的材料进行搭建。

3. 幼儿在搭建过程中遇到问题是如何解决的。

🔵 **游戏指导**

1. 游戏前,指导幼儿观察健身房图示。

2. 游戏中,鼓励幼儿积极思考、相互协作、合理搭建,在幼儿遇到无法解决的问题时及时给予指导。

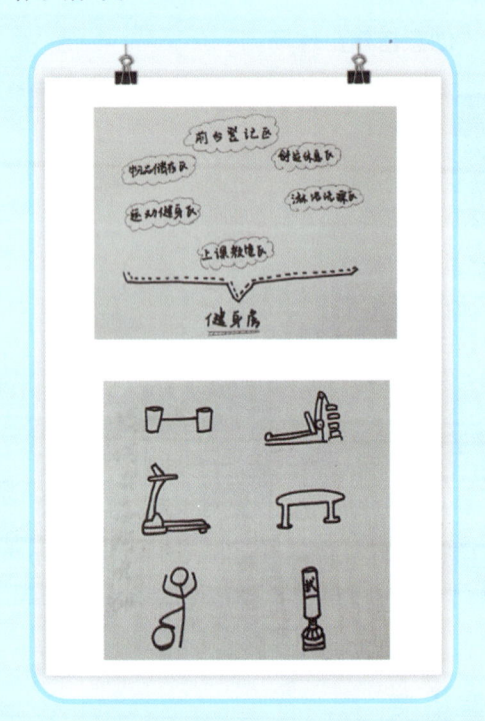

第六篇　幼儿足球全域课程的方法

幼儿在生理、心理上既不同于成人，也不同于青少年。因此，在足球教育的方法上应有其特殊性。我们通过实践总结出幼儿足球运动的基本原则和方法。

基本原则：

先易后难，先简后繁，循序渐进，将一个动作分解成几部分，各部分动作熟练后再连起来做。

具体方法：

1. 可控性足球训练法：在家长或教师的指导、控制下进行幼儿足球活动的技能训练，如指导幼儿进行速度训练、力量训练、耐力训练、技术训练等，从而促进幼儿身体的生长发育和足球技能的提升。

2. 游戏法：采用游戏的形式，将足球的基本技能、技巧与游戏的娱乐性、趣味性特点结合起来，提高幼儿参与活动的积极性、主动性，如踢球过门、划船、抱球抢滩等。

3. 足球比赛法：让幼儿去实践，运用合理的方法制订比赛规则，使其在日常生活中练习、比赛。此方法能够培养幼儿的团队精神和竞争意识，使幼儿自觉遵守比赛规则，也有利于锻炼幼儿的自制能力。通过参加比赛并取得优异的成绩，幼儿参与活动的积极性和自信心得到极大增强。

4. 环境教育法：为幼儿创设良好的足球教育环境，包括幼儿园环境、家庭环境、同伴之间的人文环境等，引导幼儿在丰富多彩的足球教育环境中，萌发对足球运动的兴趣，加深对足球知识的了解。在幼儿园公共环境创设中，可以将足球元素融入幼儿园整体环境和班级环境的创设，如在幼儿园户外场地中设置虚拟草坪足球场地、足球门，在班级中设置足球区角等；在家庭环境创设中，引导家长与幼儿在家中进行足球亲子活动，如制作亲子足球粘贴画、亲子足球吊饰等；在同伴之间的人文环境创设中，积极创设幼儿与同伴在足球全域教育活动中的交往机会，如组织幼儿进行足球比赛，互相讲述足球故事等，使幼儿在交往中发现自我，增强参与足球运动的主体性。

5. 区域互动法：在区域内和区域间的幼儿园开展科学有效的幼儿足球全域教育互动，激发幼儿对足球的兴趣，增进幼儿对足球基本常识的了解和基本动作的掌握，促进幼儿身心健康全面和谐发展。同时推动幼儿足球全域教育在全国的普及，不断提升幼儿园教师、教练员开展幼儿足球全域教育的水平，如在幼儿足球全域教育经验较为丰富的幼儿园设计、策划有趣的足球活动，请本园幼儿和没有开展幼儿足球全域教育的幼儿园的幼儿共同参与活动，或是幼儿足球全域教育的组织者进行跨区域的观摩学习、经验交流等。

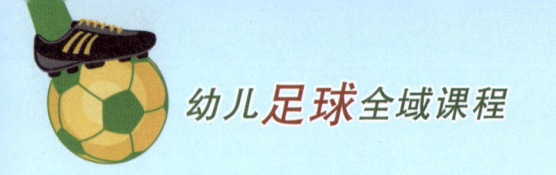

第七篇　幼儿足球全域课程的评价

为了满足课程评价多元化的要求，更好地发挥课程评价选择、完善课程的作用，幼儿园经过长期实践研究，构建了幼儿足球全域课程评价要素和幼儿足球全域课程评价指标体系。

为了加强对幼儿足球全域课程学习成果的了解，便于教师和家长及时调整教育计划和进程，为幼儿提供适宜的教育，同时也为了帮助幼儿了解自己的表现和进步，明白要学什么、做什么，幼儿园结合《指南》、《纲要》和幼儿足球全域课程的目标，分别制定了3~4岁、4~5岁和5~6岁三个年龄段幼儿的发展评价表。

幼儿足球全域课程评价要素

序号	要素名称	要素内容
1	评价主体	幼儿足球全域课程的评价主体是多元的，包含课程设计与实施相关的研究人员（学前教育专家及足球运动专家）、实施教师、幼儿、家长、社会媒体、相关的教育和体育行政管理部门等。
2	评价内容	（1）幼儿足球全域课程资源开发与体系建构。 （2）幼儿足球全域课程设计实施。 （3）幼儿足球全域课程实施效果。
3	评价标准	依据幼儿足球启蒙教育涉及的各个领域的行业标准来确定，如《指南》《幼儿园办园行为督导评估办法》等纲领性文件。
4	评价方法	倾向于运用混合型的评价方法，如专家打分评价、层次分析法、日常档案袋评价、说课、技能测试等。多种评价方法的综合运用，可帮助教师更好地了解幼儿的特点，为下一步的教学做好铺垫，同时也为完善幼儿足球全域课程体系提供依据。

幼儿足球全域课程评价指标体系

一级指标	二级指标	三级指标
资源开发与体系建构指标	园所足球运动设施配备指标	足球场地（规格、地面材质、周边环境等）。
		足球器材（足球、障碍物、体能训练器材等）。
		开展时间（开展频次、每周活动时间等）。
		活动制度（安全、管理、人才输送、师资培训制度等）。
	园所师资条件配备指标	教师、教练员配备（数量、等级、资质等）。
		师资学历。
		专业比例（学前教育专业、运动训练专业等）。
		教学能力（骨干、荣誉等）。
	园所足球发展规划指标	对足球启蒙课程的资金投入。
		在园所发展规划中是否明确说明足球启蒙课程相关规划，是否列为科研课题等。
设计实施评价指标	融合活动的实施指标	活动的目标意义（与幼儿身心发展特点的关系、与课程总体理念的融合）。
		足球元素的教育价值（与五大领域的结合、足球文化的普及）。
		活动环节设计（教学目标的完成、教学方法的运用、教学载体的选择）。
		环境的教育性（物质环境的教育性、人文环境的和谐性）。
	游戏活动的实施指标	游戏的规则（适宜性、明确性、轮换等待）。
		趣味性（主动参与、延续时间）。
		安全性（场地设施安全、行为安全）。
		实施可行性（政策、空间、器材、天气、出勤）。
	训练活动的实施指标	幼儿园足球队（规模、训练时间、训练内容）。
		足球专业普及活动（覆盖面、频次、授课内容）。

（续表）

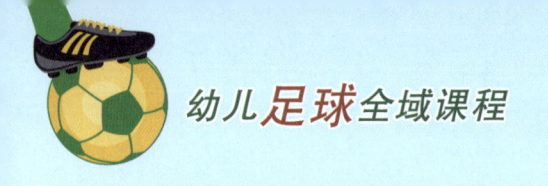

一级指标	二级指标	三级指标
设计实施评价指标	主题活动的实施指标	整合性（活动内容系统化，活动方式多样化）。
		生活性（活动内容来源于幼儿的兴趣和经验）。
		自主性（幼儿在活动中自愿参与、主动探究、自主构建、大胆创作）。
		开放性（活动实施要利用幼儿园、家庭、社区、大自然等多种资源）。
		生成性（随着活动的开展，不断生成新的目标、新的主题）。
实施效果评价指标	幼儿发展效果指标	幼儿对足球运动的兴趣（参与活动意愿、专注程度、活动外的问答等）。
		参与足球运动的行为表现（身体素质、个性品质、同伴关系）。
		掌握基本足球常识与技能（足球基础知识、基本规则、肢体动作、足球技术动作、基础足球战术）。
		参与各项足球赛事或活动（比赛获奖情况、文艺汇演、节目专访）。
	教师专业发展指标	教师的基本足球启蒙教育理念。
		了解足球知识，掌握基本足球技能。
		设计、组织、开展幼儿足球启蒙活动的能力。
		参与幼儿足球启蒙教育相关科研课题研究。
	家长与社会认可效果指标	家长参与幼儿园足球启蒙教育活动情况（参与率、参与效果）。
		接待或观摩其他单位足球活动情况。
		媒体宣传情况。

3~4岁幼儿发展评价表

领域	维度	目标	评价指标	完全符合	基本符合	不符合
健康领域	身心状况	情绪安定、愉快	1. 活动情绪比较稳定，很少因一点儿小事哭闹不止。			
			2. 有比较强烈的情绪反应时，能在教师或教练的安抚下逐渐平静下来。			
			3. 情绪低沉时，能在教师或教练的鼓励下逐渐兴奋起来。			
		具有一定的适应能力	1. 能在较热或较冷的户外环境中开展足球活动。			
			2. 在帮助下能较快地适应集体足球活动。			
	动作发展	具有一定的平衡能力，动作协调、灵敏	1. 能身体平稳地双脚连续向前跳。			
			2. 分散跑时能躲避他人的碰撞。			
			3. 能双手向上抛球。			
		具有一定的力量和耐力	1. 能单手将布球向前投掷2米左右。			
			2. 能单脚连续向前跳2米左右。			
			3. 能快跑15米左右。			
			4. 能行走1千米左右（途中可适当停歇）。			
	生活习惯与生活能力	具有良好的生活与卫生习惯	1. 在提醒下，能按时睡觉和起床。			
			2. 喜欢参加体育活动。			
			3. 愿意在运动前后饮用白开水，不贪喝饮料。			
			4. 不用脏手揉眼睛，连续看足球动画片等不超过15分钟。			
		具有基本的生活自理能力	1. 在帮助下能穿脱训练衣服和鞋袜。			
			2. 能将足球等活动器材放回原处。			
		具备基本的安全知识和自我保护能力	在提醒下能注意活动安全，不做危险的动作。			

（续表）

领域	维度	目标	评价指标	评价等级 完全符合	基本符合	不符合
语言领域	倾听与表达	喜欢倾听并能听懂故事、儿歌等	1. 教师讲述足球故事或儿歌时，能注意倾听并做出回应。			
			2. 能听懂与足球有关的故事、儿歌等内容。			
		愿意讨论与足球有关的事物，并能清楚地表达自己的感受	1. 愿意在熟悉的人面前说足球儿歌。			
			2. 能口齿清楚地说足球儿歌或复述简短的故事。			
			3. 愿意表达自己对足球的喜爱，必要时能配以手势动作。			
		具有文明的语言习惯	1. 与别人讨论足球话题时知道眼睛要看着对方。			
			2. 说话自然，声音大小适中。			
			3. 能在成人的提醒下使用恰当的礼貌用语。			
	阅读与书写准备	喜欢听足球故事、看足球视频	1. 主动要求成人讲述足球故事。			
			2. 喜欢跟读韵律感强的足球儿歌。			
		具有初步的阅读理解能力	1. 能听懂短小的足球儿歌或故事。			
			2. 会看画面，能根据画面说出图中有什么，发生了什么事等。			
			3. 能理解图书上的文字是和画面对应的，是用来描述画面内容的。			
社会领域	人际交往	愿意与人交往	1. 愿意和小朋友一起玩足球游戏。			
			2. 愿意与熟悉的教练（或长辈）一起活动。			
		能与同伴友好相处	1. 想加入同伴的游戏时，能友好地提出请求。			
			2. 在教练（或其他成人）指导下，不争抢、不独占足球。			
			3. 足球训练中与同伴发生冲突时，能听从成人的劝解。			

(续表)

领域	维度	目标	评价指标	评价等级 完全符合	评价等级 基本符合	评价等级 不符合
社会领域	人际交往	具有自尊、自信、自主的表现	1.能根据自己的兴趣选择足球游戏或其他活动。			
			2.为自己的好行为或活动成果感到高兴。			
			3.自己能做的事情愿意自己做。			
			4.喜欢承担一些小任务。			
		关心、尊重他人	1.教师或教练讲话时能认真听,并能听从其要求。			
			2.身边的人受伤或不开心时能表示同情。			
			3.在提醒下能做到不打扰别人。			
	社会适应	喜欢并适应群体生活	1.对足球集体活动感兴趣。			
			2.对足球活动好奇,喜欢参加足球活动。			
		遵守基本的行为规范	1.在提醒下,能遵守各类足球活动的规则。			
			2.在教练(或其他成人)的提醒下,能爱护足球。			
		具有初步的归属感	1.能感受到集体生活的温暖,爱教练,亲近并信赖长辈。			
			2.能说出自己家所在的街道、小区以及幼儿园的名称。			
			3.认识国旗,知道国歌。			
艺术领域	感受与欣赏	喜欢自然界与生活中美的事物	1.喜欢欣赏足球草坪、足球场地等相关环境中美的事物。			
			2.容易被足球音乐所吸引。			
		喜欢欣赏多种多样的艺术形式和作品	1.喜欢听足球音乐或观看足球舞蹈、足球操、足球比赛等活动。			
			2.乐于欣赏绘画、泥塑或其他艺术形式的足球作品。			
	表现与创造	喜欢进行艺术活动并大胆表现	1.经常自哼自唱足球歌曲或模仿足球游戏中的动作、表情和声音。			
			2.经常用涂画、粘贴等方式创作足球作品并乐在其中。			

（续表）

领域	维度	目标	评价指标	评价等级 完全符合	基本符合	不符合
艺术领域	表现与创造	具有初步的艺术表现与创造能力	1. 能模仿、学唱短小的足球歌曲。			
			2. 能跟随熟悉的足球音乐做身体动作。			
			3. 能用声音、动作模拟足球运动的情景。			
			4. 能用简单的线条和色彩大体画出自己想画的与足球有关的事物。			
科学领域	科学探究	亲近自然，喜欢探究	1. 对与足球有关的事物和现象感兴趣。			
			2. 经常问各种问题，或好奇地摆弄与足球有关的物品。			
		具有初步的探究能力	1. 对感兴趣的事物能仔细观察，发现其明显特征。			
			2. 能用多种感官或动作去探索物体，关注动作所产生的结果。			
		在探究中认识周围事物和现象	能感知和发现物体和材料的软硬、光滑和粗糙等特性。			
	数学认知	初步感知足球活动中数学的有用和有趣	1. 感知和发现周围物体的形状是多种多样的，对不同的形状感兴趣。			
			2. 体验和发现足球活动中很多地方都用到数，如球服号码或比赛分数等。			
		感知和理解数、量及数量关系	1. 能感知和区分物体的大小、多少、长短等量方面的特点，并能用相应的词表示。			
			2. 能通过一一对应的方法比较两组物体的多少。			
			3. 能手口一致地点数5个以内的物体，并能说出总数。能按数取物。			

（续表）

领域	维度	目标	评价指标	完全符合	基本符合	不符合
科学领域	数学认知		4. 能用数词描述事物或动作，如"我踢进了2个球"。			
		感知形状与空间的关系	1. 能注意物体较明显的形状特征，并能用自己的语言描述。			
			2. 能感知物体基本的空间方位，理解上下、前后、里外等方位词。			

4~5岁幼儿发展评价表

领域	维度	目标	评价指标	完全符合	基本符合	不符合
健康领域	身心状况	情绪安定、愉快	1. 在足球活动中，经常保持愉快的情绪，不高兴时能较快调整情绪。			
			2. 愿意与亲近的人分享足球游戏的快乐。			
		具有一定的适应能力	1. 能在较热或较冷的户外环境中连续活动半小时左右。			
			2. 外出参加足球比赛时较少出现身体不适的情况。			
			3. 更换新的足球训练伙伴、教练时能较快适应。			
	动作发展	具有一定的平衡能力，动作协调、灵敏	1. 能与他人玩追逐、躲闪跑的足球游戏。			
			2. 能连续自抛自接球。			
			3. 能与同伴配合准确地互相抛接球。			
		具有一定的力量和耐力	1. 能单手将足球向前投掷4米左右。			
			2. 能单脚连续向前跳5米左右。			

（续表）

领域	维度	目标	评价指标	完全符合	基本符合	不符合
健康领域	生活习惯与生活能力	具有良好的生活与卫生习惯	3. 能带球快跑20米左右。			
			4. 能连续行走1.5千米（途中可适当停歇）。			
			1. 每天按时睡觉和起床。			
			2. 喜欢参加足球游戏活动。			
			3. 在运动前后常喝白开水，不贪喝饮料。			
			4. 知道保护眼睛，不在光线过强或过暗的地方看足球书，连续看足球动画片等不超过20分钟。			
		具有基本的生活自理能力	1. 能自己穿脱训练衣服、鞋袜，扣纽扣。			
			2. 足球活动后，能检查、整理自己的随身物品。			
		具备基本的安全知识和自我保护能力	1. 能在教师或教练的指导下进行足球游戏。			
			2. 了解不同足球活动的规则与玩法，能遵守安全规则。			
			3. 进行足球活动时能主动躲避危险。			
语言领域	倾听与表达	喜欢倾听并能听懂故事、儿歌等	1. 在生活中能有意识地听与足球有关的信息。			
			2. 能结合故事、儿歌情境感受不同语气、语调所表达的不同意思。			
		愿意讨论与足球有关的事物，并能清楚地表达自己的感受	1. 愿意与他人交谈，喜欢谈论足球话题。			
			2. 会说足球活动中一些简单的专业名词。			
			3. 能基本完整、连贯地讲述自己对足球的所见所闻和参加过的足球活动。			
		具有文明的语言习惯	1. 别人对自己讲述与足球有关的内容时能进行回应。			
			2. 能根据场合调节自己说话声音的大小。			
			3. 能主动使用礼貌用语，不说脏话、粗话。			

(续表)

领域	维度	目标	评价指标	完全符合	基本符合	不符合
语言领域	阅读与书写准备	喜欢听足球故事、看足球视频	1. 喜欢把听过的足球故事讲给别人听。			
			2. 对足球运动感兴趣，知道一些简单的规则。			
		具有初步的阅读理解能力	1. 能大体讲出所听足球故事的主要内容。			
			2. 能根据连续画面提供的信息，大致说出足球故事的情节。			
			3. 能随着足球作品的展开产生喜悦、担忧等相应的情绪反应，体会作品所表达的情绪和情感。			
社会领域	人际交往	愿意与人交往	1. 喜欢和小朋友一起玩足球游戏，有经常一起玩的小伙伴。			
			2. 喜欢和教练交谈，有事愿意告诉教练。			
		能与同伴友好相处	1. 会运用介绍自己、谈论足球等简单技巧加入同伴游戏。			
			2. 对大家都喜欢的东西能轮流分享。			
			3. 参加足球训练与同伴发生冲突时，能在他人的帮助下和平解决。			
			4. 活动时愿意接受同伴的意见和建议。			
			5. 不欺负弱小。			
		具有自尊、自信、自主的表现	1. 能按自己的想法进行足球游戏或其他活动。			
			2. 知道自己的一些优点和长处，并对此感到满意。			
			3. 尽量自己的事情自己做，不依赖别人。			
			4. 敢于尝试有一定难度的足球动作和任务。			
		关心、尊重他人	1. 会用礼貌的方式向教师或教练表达自己的要求和想法。			
			2. 能注意到别人的情绪，并有关心、体贴的表现。			
	社会适应	喜欢并适应群体生活	1. 愿意并主动参加集体足球活动。			
			2. 愿意与家长一起参加幼儿园组织的亲子足球活动。			

（续表）

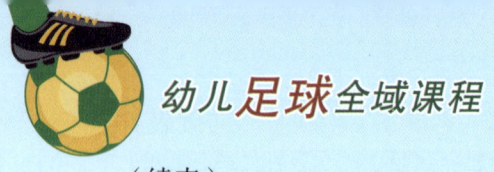

领域	维度	目标	评价指标	完全符合	基本符合	不符合
社会领域	社会适应	遵守基本的行为规范	1.感受规则的意义，并能基本遵守规则。			
			2.知道接受的任务要努力完成。			
		具有初步的归属感	1.喜欢自己所在的班级和球队，积极参加集体足球活动。			
			2.能说出自己家所在地的省、市、县（区）的名称，知道当地有代表性的足球队及有名气的球员。			
			3.知道自己是中国人。			
			4.奏国歌、升国旗时能自动站好。			
艺术领域	感受与欣赏	喜欢自然界与生活中美的事物	1.在欣赏与足球有关的事物时，能关注其色彩、形态等特征。			
			2.喜欢倾听各种与足球有关的声音，感知声音的高低、长短、强弱等变化。			
		喜欢欣赏多种多样的艺术形式和作品	1.能专心地观看与足球有关的活动或作品，有模仿和参与的愿望。			
			2.欣赏足球作品时会产生相应的联想和情绪反应。			
	表现与创造	喜欢进行艺术活动并大胆表现	1.经常唱唱跳跳，愿意参加与足球有关的歌唱、律动、舞蹈、表演等活动。			
			2.经常用绘画、泥工、手工制作等多种方式表达自己在足球游戏中的所见所想。			
		具有初步的艺术表现与创造能力	1.能基本准确地使用自然的、音量适中的声音。			
			2.能用自然的、音量适中的声音基本准确地演唱足球歌曲。			
			3.能运用绘画、手工制作等方式表现自己观察到的或想象的足球。			

(续表)

领域	维度	目标	评价指标	评价等级		
				完全符合	基本符合	不符合
科学领域	科学探究	亲近自然，喜欢探究	1. 喜欢接触新事物，经常问一些与新事物有关的问题。			
			2. 常常动手动脑探索物体和材料，并乐在其中。			
		具有初步的探究能力	1. 能对事物或现象进行观察和比较，发现其相同点与不同点。			
			2. 能根据观察结果提出问题，并大胆猜测答案。			
			3. 能用图画或符号进行记录。			
		在探究中认识周围事物和现象	能感知和发现简单的物理现象，如物体形态或位置变化等。			
	数学认知	初步感知足球活动中数学的有用和有趣	1. 在指导下，感知和体会有些事物可以用形状来描述。			
			2. 在指导下，感知和体会有些事物可以用数字来描述，对足球活动中各种数字的含义有进一步探究的兴趣。			
		感知和理解数、量及数量关系	1. 能感知和区分物体的轻重等量方面的特点，并能用相应的词语描述。			
			2. 能通过数数比较两组物体的多少。			
			3. 能通过实际操作理解数与数之间的关系，如足球比赛中赢得5分的一方比赢得3分的一方多2分。			
			4. 会用数词描述事物的排列顺序和位置。			
		感知形状与空间的关系	能使用上下、前后、里外、中间、旁边等方位词描述物体的位置和运动方向。			

5~6岁幼儿发展评价表

领域	维度	目标	评价指标	完全符合	基本符合	不符合
健康领域	身心状况	情绪安定、愉快	1.经常保持愉快的情绪，知道引起自己某种情绪的原因，并努力进行缓解。			
			2.表达情绪的方式适度，不乱发脾气。			
			3.能随着足球活动的需要转换情绪、转移注意力。			
		具有一定的适应能力	1.能在较热或较冷的户外场地中连续活动半小时以上。			
			2.天气变化时较少感冒，能适应外出比赛时乘坐车、船等交通工具造成的轻微颠簸。			
			3.能较快融入新的人际关系环境，如外出比赛、接待外园小朋友比赛或更换新教练员等。			
	动作发展	具有一定的平衡能力，动作协调、灵敏	1.能带球绕过有一定间隔的障碍。			
			2.能协调地完成绳梯跳跃动作。			
			3.能躲避他人踢过来的球或扔过来的球。			
			4.能连续拍球。			
			5.能接住地面上滚过来的球。			
		具有一定的力量和耐力	1.能双手抓杠悬空吊起20秒左右。			
			2.能双手将足球向前投掷5米左右。			
			3.能单脚连续向前跳8米左右。			
			4.能快跑25米左右，加速折返跑20米左右。			
			5.能连续行走1.5千米以上（途中可适当停歇）。			
	生活习惯与生活能力	具有良好的生活与卫生习惯	1.养成每天按时睡觉和起床的习惯。			
			2.能主动参加体育活动，按时参加训练。			
			3.主动饮用白开水，不贪喝饮料。			

(续表)

领域	维度	目标	评价指标	完全符合	基本符合	不符合
健康领域	生活习惯与生活能力	具有基本的生活自理能力	1. 知道根据冷热增减衣服。			
			2. 会自己系鞋带、戴护腿板。			
			3. 能按类别整理好自己的训练物品。			
		具备基本的安全知识和自我保护能力	1. 外出比赛途中能自觉遵守基本的安全规则和交通规则。			
			2. 训练时能注意安全,不给他人造成危险。			
语言领域	倾听与表达	喜欢倾听并能听懂故事、儿歌等	1. 能注意听老师或其他人讲足球故事或儿歌。			
			2. 听不懂或有疑问时能主动提问。			
			3. 能结合故事、儿歌情境理解一些表示因果、假设等相对复杂的句子。			
		愿意讨论与足球有关的事物,并能清楚地表达自己的感受	1. 愿意与他人讨论足球,敢在众人面前说话。			
			2. 能有序、连贯、清楚地讲述与足球有关的事情。			
			3. 讲述时语言比较生动。			
		具有文明的语言习惯	1. 别人与自己讨论足球时能积极主动地回应。			
			2. 能根据谈话对象和需要调整说话的语气。			
			3. 懂得按次序轮流讲话,不随意打断别人。			
			4. 能依据所处情境使用恰当的语言。			
	阅读与书写准备	喜欢听足球故事,看足球视频	1. 喜欢与他人一起谈论与足球故事有关的内容。			
			2. 对足球比赛感兴趣,知道比赛中不同的哨声代表不同的含义。			
		具有初步的阅读理解能力	1. 能说出所阅读的幼儿足球作品的主要内容。			
			2. 能根据足球故事的部分情节或图书画面的线索猜想故事情节的发展,或续编、创编故事。			

（续表）

领域	维度	评价指标及等级 目标	评价指标	评价等级 完全符合	基本符合	不符合
			3. 能对听过的足球故事表达出自己的看法。			
			4. 能初步感受文学语言的美。			
社会领域	人际交往	愿意与人交往	1. 有自己的好朋友，也喜欢结交新朋友。			
			2. 有问题愿意向教练或同伴请教。			
			3. 愿意与大家分享足球活动中高兴或有趣的事。			
		能与同伴友好相处	1. 能想办法吸引同伴和自己一起游戏。			
			2. 活动时能与同伴分工合作，遇到困难能一起克服。			
			3. 与同伴发生冲突时能自己协商解决。			
			4. 知道别人的想法有时和自己不一样，能倾听和接受别人的意见，不能接受时会说明理由。			
			5. 不欺负别人，也不允许别人欺负自己。			
		具有自尊、自信、自主的表现	1. 能主动发起足球活动或在活动中出主意、想办法。			
			2. 做了好事或取得成功后还想做得更好。			
			3. 自己的事情自己做，不会的愿意学。			
			4. 主动承担任务，遇到困难能坚持而不轻易求助。			
			5. 与别人的看法不同时，敢于坚持自己的意见并说出理由。			
		关心、尊重他人	1. 能有礼貌地与人交往。			
			2. 能关注别人的情绪和需要，并能给予力所能及的帮助。			
			3. 尊重教师和教练，能体会其辛苦。			

(续表)

领域	维度	目标	评价指标	完全符合	基本符合	不符合
社会领域	社会适应	喜欢并适应群体生活	1. 在集体足球活动中能表现出积极、快乐的情绪。			
			2. 对加入足球队有好奇和向往。			
		遵守基本的行为规范	1. 理解规则的意义，能与同伴协商制订足球游戏和活动的规则。			
			2. 能认真负责地完成自己所接受的任务。			
		具有初步的归属感	1. 愿意为集体做事，为集体取得的成绩感到高兴。			
			2. 能与不同民族、国籍的球队球员互相尊重，团结友爱。			
			3. 知道国家一些重大的足球成就，爱祖国，为自己是中国人感到自豪。			
艺术领域	感受与欣赏	喜欢自然界与生活中美的事物	1. 乐于收集与足球有关的物品或向别人介绍所发现的美的事物。			
			2. 乐于模仿足球游戏中有特点的声音，并产生相应的联想。			
		喜欢欣赏多种多样的艺术形式和作品	1. 欣赏足球艺术作品时能用表情、动作、语言等方式表达自己的理解。			
			2. 愿意和别人分享、交流自己喜爱的足球游戏和作品。			
	表现与创造	喜欢进行艺术活动并大胆表现	1. 积极参与足球活动，有自己比较喜欢的活动形式。			
			2. 能用多种工具、材料或不同的表现手法表达自己对足球的感受和想象。			
			3. 在足球艺术活动中能与他人相互配合，也能独立表现。			
		具有初步的艺术表现与创造能力	1. 能用基本准确的节奏和音调唱足球歌曲。			
			2. 能用律动或简单的舞蹈动作表现自己的情绪或足球情景。			
			3. 能用自己制作的足球作品布置环境、美化生活。			

第七篇 幼儿足球全域课程的评价

（续表）

领域	维度	目标	评价指标	完全符合	基本符合	不符合
科学领域	科学探究	亲近自然，喜欢探究	1. 对自己感兴趣的问题总是刨根问底。			
			2. 能经常动手动脑寻找问题的答案。			
			3. 探索中有所发现时感到兴奋和满足。			
		具有初步的探究能力	1. 能通过观察、比较和分析，发现并描述不同种类物体的特征或某个事物的前后变化。			
			2. 能用一定的方法验证自己的猜测。			
			3. 能用数字、图画、图表或其他符号进行记录。			
			4. 探究中能与他人合作、交流。			
		在探究中认识周围事物和现象	能探索并发现常见的物理现象产生的条件或影响因素，如摩擦等。			
	数学认知	初步感知足球活动中数学的有用和有趣	1. 能发现事物简单的排列规律，并尝试创造新的排列规律。			
			2. 能发现足球活动中有许多问题都可以用数学的方法来解决，体验解决问题的乐趣。			
		感知和理解数、量及数量关系	1. 能借助实际情境和操作（如赢得足球比赛加1分，犯规减1分）理解"加"和"减"的实际意义。			
			2. 能通过实物操作或其他方法进行10以内的数的加减运算。			
			3. 能用简单的记录表等表示简单的数量关系，如比赛记分等。			
		感知形状与空间的关系	1. 能按语言指示或根据简单示意图正确取放物品。			
			2. 能辨别自己的左右。			

附录

足球教育反思

戴逸铭的转变

戴逸铭是个顽皮的孩子。记得他刚到我班的时候，不管什么场合，他总是想做什么就做什么。小朋友都在看书，他却夺下人家的书就跑。令人头疼的是，他把老师的话当耳旁风，而且软硬不吃……正当我深感棘手的时候，想起了陈鹤琴先生的一句话："没有不好的孩子，只有不好的教育。"想到这里，我坚定了教好他的信念，决定寻找他的兴趣点。经过一段时间的观察，我发现他对足球特别感兴趣。当我带领孩子们进行户外活动时，他就不乱跑了，而是站在足球场边看别人踢球；当我让孩子们自由选择玩具时，他一定是第一个抢足球……看到这些，我灵机一动：让他参加足球队吧。于是，我和他的妈妈进行沟通，征得他妈妈的同意后，戴逸铭加入了足球队。在送他去足球队之前，我跟他谈了许多，主要是向他渗透了足球队员的纪律，让他知道，一名足球运动员不能自己想做什么就做什么，要遵守"队规"，要听从教练的指挥，他似懂非懂地点点头。就这样，他带着自己的兴趣加入了足球队。我以为他会给教练制造许多麻烦，谁知训练结束后教练却夸赞他，看来我的计划真的要奏效了。后来，在其他活动中，他一显露任性等不良表现时，我就向他提起足球运动员的身份，别说，还真的有效。戴逸铭的变化又一次证明了足球对孩子的影响力。

乔智出满勤了
——足球改善了孩子的胃口　增强了孩子的体质

乔智是我班长得最帅的小男孩。他聪明懂事，课上积极发言，是个人见人爱的孩子。可是，他也有让人头疼的地方，那就是吃饭困难。每顿饭我们三个老师左哄右劝，他才能勉强吃半碗。乔智的妈妈告诉我他在家就更不用说了，大人追着赶着，他最多只吃几口，蔬菜基本不吃，一吃就吐。他体弱多病，三天两头感冒，我们一个月只能见到他几天。

我当了兼职足球教练后，看了许多有关足球方面的书籍，其中关于足球增强体质的论述给了我很大启示，我觉得有必要对乔智这样的孩子多进行足球训练。于是，乔智经常出现在足球场上。看到弱小的他一会儿抱着足球跑，一会儿追着被踢到很远的足球，一会儿又用头顶球，累得气喘吁吁，我真感到心疼。可到吃饭的时候，却出现了奇迹，乔智竟然第一次不用老师喂，自己把饭全吃光了。看着他大口吃饭的可爱样子，我们乐坏了。高兴之余，我们由衷地感谢足球这项体育活动，是足球活动让孩子有了食欲。就这样，随着乔智踢球的次数增多，他的饭量也增大了。最让人高兴的是，他来幼儿园的天数增多了，感冒的次数逐渐减少了。在学期末的那个月，他竟然出满勤了！乔智妈妈高兴地对我们说："我们最明智的决定就是让他选择了踢足球！"

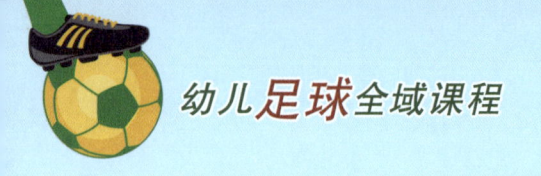

利用游戏培养幼儿对足球的兴趣

小班、中班幼儿刚开始进行足球活动时，没有什么目的性，只是觉得球好玩。如果对其进行标准的足球训练，不用一天，他们就会逃之夭夭——太没意思了。对于低龄幼儿来说，应以培养兴趣为主，在让他们对足球感兴趣的基础上，慢慢加入一些他们可以接受并能掌握的技能技巧训练。

新学期开始了，足球场上又来了一批小队员。第一天训练，他们很兴奋，抢着每人抱一个球，我没有告诉他们今天要学什么，只是让他们随便玩。他们扔的扔，踢的踢，球滚得满场都是，然后再去捡球，玩得不亦乐乎。第二天，他们早早来到球场，我没有再让他们随便玩，而是领着他们玩了几个游戏：小猴抢球、运粮食、打猎、坐摇椅……在玩游戏的过程中，幼儿不仅感受到了快乐，而且有了一定的球感。接下来，我让他们观看大队员的训练比赛，帮助他们增加对足球的认识。

每天，我都会组织幼儿进行一个有趣的游戏，同时穿插一些简单的足球技能技巧的练习，我们小队员的球技每一天都在进步，对踢球的兴趣也有增无减。兴趣是学习的驱动力，幼儿只有对足球产生浓厚的兴趣，足球活动的效果才会体现出来。

足球让他学会独立

赵异瞬刚来我班的时候是一个"小闷罐"，性格十分内向。他经常呆呆地望着某个地方，从不与老师主动交流。看到这样的孩子，我就想：用什么办法能让他变得活泼开朗呢？每天清晨，我总是满脸微笑地迎接他，主动喂他吃饭，但这一切也只换来他的注视，尤其让我头痛的是，他不管做什么都不能独立完成，每次都用沉默不动来提醒老师帮他，比如挂毛巾、穿衣服等。一天中午脱衣服的时候，我看他怎么都脱不下来，就走过去说："我来帮你吧。"谁知他却一甩胳膊说："不用，我自己能脱下来。"结果，他累得满头大汗，不过总算自己脱下来了。看着他流着汗水却满足自豪的脸，我满腹疑惑：是什么力量让他的态度发生了180度大转变呢？起床后，我把赵异瞬叫到跟前聊起天来，我问他怎么不用老师帮忙，他想想后说："我们足球教练说了，足球运动员是男子汉，凡事应该自己做好。"听到这，我恍然大悟，原来这就是足球的力量。从那以后，我认真观察他，发现他不但学会了独立，而且性格也开朗了许多。有一天，他竟然主动向我问早。足球可以改变一个人的想法，这件事也更加验证了足球从娃娃抓起的必要性。

幼儿合作意识的培养

幼儿对足球的认识较浅，对他们来说踢球就是玩儿，自己想怎样踢就怎样踢，能把球踢进球门就认为自己很厉害。然而，足球是一项集体游戏，需要团结合作、相互配合才能取得好的效果。对此，幼儿还难以理解。

高昊和广兴道是非常棒的两个小队员，他们训练认真、球感好，带球、传球等脚上技术很娴熟。但是，他们有一个共同的缺点：在比赛中喜欢自己带球、自己射门，当球在别人脚下时，就急得直喊"传给我，快传给我"，如果别人没听见，或把球传给了其他人，他们就会大喊大叫。如果最后输了比赛，他们还会边哭边埋怨："谁让你不把球传给我，我们都输了。"他们俩都是这样，所以教学比赛中，如果他们分在一个队，就会一会儿这个哭，一会儿那个叫，矛盾不断，比赛乱成一团。

  一次训练时，我让高昊自己对抗五名队员，其他队员当啦啦队。高昊开始还扬扬得意，可是好虎不敌群狼，不一会儿他就支持不住了，大声喊："他们那么多人，我哪能踢过他们。"我几次对小队员们说："足球比赛要靠大家一起努力才行，个人能力再强也不如几个人互相配合。你踢得好，再加上大家的配合，才是最棒的。"我对高昊和广兴道说："只有你们俩配合好了，我们足球队才能赢。如果你们争吵不休，我们肯定会输给其他队。"

  通过这次特殊比赛，孩子们对足球游戏是一个集体游戏有了一定的认识，高昊和广兴道逐渐开始互相传球，踢墙式二过一也配合得非常好。以后的比赛，只要他们俩配合打前锋，便所向无敌。

  对幼儿进行足球启蒙教育，除了体能和技能技巧方面的训练，足球精神和足球意识的传递和渗透也是必不可少的，合作才是足球的精髓。

激动人心的"黑狮杯"幼儿足球比赛

  前不久，我很荣幸地加入了幼儿足球训练的队伍，这也让我感受到足球比赛带给我的刺激和兴奋。在此以前，我对足球还不太了解，甚至不喜欢。但自从来到这个幼儿园，参加足球训练，我便渐渐对足球产生了兴趣。今天的比赛，更让我感到兴奋，同时也感到紧张，这就是第三届"黑狮杯"幼儿足球比赛。

  今年我们是抱着争第一的决心来参加比赛的，势必要把奖杯拿到手。尽管对手很强，但我们仍下定决心要获胜。第一场比赛很激烈，我心跳加快，有时甚至不敢去看，每次遇到惊险都会惊叫，最后我们终于以点球的方式获得了第一场的胜利。第二场决赛时，孩子们踢得更精彩了，把他们最好的技术和状态全部发挥出来了，最终我们以 2∶0 的成绩获得了这届比赛的冠军。不仅如此，我们的队员还包揽了所有的奖项。当听到主持人宣布我们幼儿园获得冠军时，我激动的心情是无法用言语来表达的，我为我是教师二园的一员感到骄傲。

足球小子

  幼儿园内的足球小将基本都集中在我们班，而且像广兴道、高昊、刘成洋等，在球队中都是绝对的主力，加上其他几名幼儿，班里踢球好的有 10 人。踢球的孩子都是比较好动的，自然也很顽皮，但他们踢起球来的认真劲儿真叫人佩服。

  户外活动时，他们几个总请求老师允许他们踢球，有时考虑到安全问题，我会拒绝他们；有时我会同意他们的请求，让队长负起责任带领球员进行比赛。只见他们先分好两个队，两队队员强弱搭配，很公平。比赛开始了，他们灵活地传球、溜球，准备射门，甚至还有个别头球、守门员扑球的姿势等都十分标准，这一切都让我惊讶，别说，他们还真像标准的足球运动员。

  就要进行区内的足球比赛了，这几天他们训练得很辛苦，在和他们的聊天中我得知足球小子们对在比赛中拿第一很有信心。我告诉他们，一名真正的足球队员要做到学习好、纪律好、品质好，在各项活动中都要起表率作用，这是合格的运动员必备的素质。

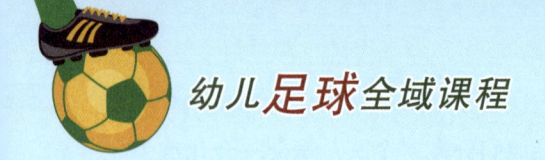

话说球

户外活动中，幼儿的玩具种类十分丰富，有毽、绳、布球、皮球等。孩子们可根据自己的兴趣、爱好自行选择玩具进行游戏。通过观察，我发现每天的足球活动中大部分幼儿对足球十分感兴趣，扔球、滚球、拍球，几个人一组，一场小小的足球比赛就开始了。有时某个孩子使很大的劲儿去踢球，却踢了个空，自己反倒差点摔倒，尽管动作很稚拙，但他们的积极性丝毫不被影响，不管男孩女孩，都争着抢着踢球。

足球幼儿园的孩子，要懂球、爱球、会踢球。针对班级幼儿的年龄特点及兴趣爱好，我们选择了一些简单的足球游戏。幼儿玩球的兴趣有了，还需要教师教给他们简单的技巧，如滚接球、抛球、传球、射门等。通过有趣的游戏形式，每天变换花样玩球，幼儿对足球有了更浓厚的兴趣。

现在，一到户外活动时间，幼儿就自发组织踢球、玩球，他们在场地上欢快地奔跑，说不定这其中就有未来的足球健将呢！

足球联赛联想

2003年5月，我园举行了第四届"抗非杯"幼儿足球联赛。在联赛中，孩子们充分发挥了自己的特长，比赛非常精彩。我班的小足球健将非常多，因此赛前我充满信心，一定能拿中班组第一名。可是，比赛中我却大失所望。我班平时踢球非常出色的幼儿，在比赛场上却抢不到球，任凭技术再好也派不上用场。中一班只有两三名幼儿是主力，但他们在足球场上积极奔跑，抢断也非常到位，十分钟内就射进了好几个球，任凭我班幼儿如何补救，还是没有挽回败局。赛后，我总结了经验，我班幼儿奔跑速度较慢，不善于抢截。此后，每天的户外运动时间，便是我班幼儿的球赛时间。一段时间的训练后，孩子们的足球水平有了很大提高，尤其表现在奔跑和抢截方面。我想，经过一年时间的训练，我班幼儿一定会在明年的足球联赛上取得胜利。

奖杯和集体的荣誉

幼儿园的足球联赛即将拉开帷幕，我们班先出两个队：实力强的一队和替补二队。我对拿冠军信心十足，因为我班足球队员最多，而且都是经过长期训练的。孩子们兴奋不已，急切地等待着联赛的到来。

户外活动时间，两队幼儿都放弃了游戏、玩耍的机会，主动在球场上像模像样地进行训练，刘成洋担当足球教练，对队员的跑位、传球等加以指导……还别说，大家有点儿专业球员的风范了。

比赛开始了，第一场由于二队的球员缺乏经验和技术，再加上对手是实力强的学一班一队，最终我们以7：1惨败。听到这个消息，不少幼儿都哭了，广兴道、刘成洋消沉了一天。我鼓励他们："一次失败算不了什么，重要的是端正态度，积极对待比赛，努力发挥自己最好的一面。"对于个别幼儿，我则让他们从自身的角度思考，意识到只要尽力，无论输赢，都是为集体争光，要互相鼓舞加油，而不是互相埋怨。

功夫不负有心人，孩子们最终赢得了金灿灿的奖杯。他们欢呼着，我为他们拥有集体荣誉感感到高兴。

"小足球是我的好朋友"活动反思

活动环节

活动目标：

1. 学习用脚踢足球的方法。

2. 喜欢足球活动。

3. 体验在草地上自由踢球的乐趣。

活动准备：将小足球四散放在草地上，数量与幼儿人数相同。

活动过程：

1. 教师带领幼儿在草地上做"小动物走路"的游戏。

引导幼儿模仿小兔跳，小鸟飞，小鸡、小鸭、小猫走路等。

2. 幼儿面向教师四散坐好，教师出示小足球，向幼儿介绍新朋友。

教师：今天，草地上来了一个新朋友，它是谁呢？我们一起来看一看。

小足球：小朋友，你们好！（提醒幼儿向小足球问好）今天我来到草地上和小朋友们一起做游戏！（请幼儿鼓掌欢迎）

教师：小足球是什么形状、什么颜色的？摸一摸小足球，你有什么感觉？

3. 学习用脚踢足球的方法。

（1）教师示范用脚踢足球的方法。

教师：小足球是用脚来踢的球，就像老师这样，将球稳稳地放在草地上，然后一只脚轻轻地抬起，对准小足球用力一踢，小足球就滚到前面去了。

（2）幼儿逐一上前练习用脚踢球，将小足球踢给老师。

（3）幼儿和小足球做游戏，教师强调规则。

教师：小朋友，你们瞧！草地上来了许多新朋友，我们每人去找一个朋友吧！

幼儿在草地上自由踢球，教师强调规则。

教师：小足球喜欢小朋友用脚和它做游戏，踢球的时候要在草地上踢，慢慢踢，不要碰到其他小朋友。

（4）请幼儿尝试有目的地朝球门内踢球，送小足球回"家"。

教师：小朋友，你们看，这是什么？（球门）对，球门是小足球的家，小足球玩累了，要回家了，我们一起把小足球送回家吧！请小朋友将小足球放到白线上（门前的白弧线），抬起一只脚用力一踢，小足球就回家了。

4. 和小足球说再见，做放松运动，活动自然结束。

教师：小足球都回家了，我们也要休息了，跟小足球说再见吧！

对活动的反思

《纲要》中指出，"培养幼儿对体育活动的兴趣是幼儿园体育的重要目标，要根据幼儿的特点组织生动有趣、形式多样的体育活动，吸引幼儿主动参与"。小班足球活动"小足球是我的好朋友"的活动目标是学习用脚踢足球的方法，喜欢足球活动，体验在草地上自由踢球的乐趣。活动开展后，教师对活动进行了回顾和反思，具体如下：

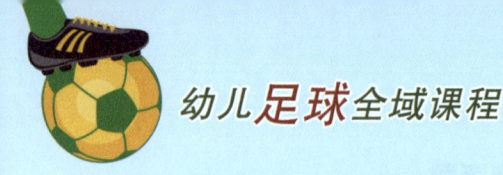

1. 教态自然，氛围轻松

教师的语气、表情很富有感染力，适合小班幼儿的年龄特点。如在导入环节，教师选择了儿歌《小动物走路》来引导幼儿做热身活动，以激发幼儿参与活动的兴趣；又如在请幼儿找足球时，教师用游戏化的语言说"草地上来了许多新朋友，我们每人去找一个朋友吧"；在出示足球时，教师用神秘的方式，吸引幼儿注意。在整个活动中，教师都注意创设愉悦的氛围，幼儿对活动非常感兴趣，并能轻松地体验。

2. 引导到位，注意细节

小班幼儿的学习需要教师细致到位的引导，此活动中教师非常留意细节。如当教师问及"足球摸起来是什么感觉"时，大部分幼儿表达不清，只有个别幼儿说出"足球摸起来很硬"，这时教师及时给予了回应，说这个小朋友说得"真好听"，并引导大家一起说"摸球的感觉是硬硬的"，来强化幼儿的认识；在示范踢球时，教师说"将球稳稳地放到地上，用脚轻轻地踢一下"，讲解得非常到位。

3. 灵活调整，适时激发

教师在设计活动时，虽然注意了细节方面的问题，但对一些突发情况仍考虑得不够全面。如在问"它叫什么名字"时，幼儿对教师的提问没能很好地理解，转变成"这是什么"；又如幼儿在尝试用脚踢球时，有的幼儿没有拨动足球，教师灵活调整自己的教学策略，及时用语言跟进，补充指导"要想让足球动起来，脚就要踢到球"。

4. 重点突出，紧密衔接

本活动的重难点是"学习用脚踢小足球的方法"。为了完成这一目标，教师将幼儿探索感受、自由踢球作为活动的主要环节，引导幼儿充分地感受如何用脚让球滚动起来，教师时刻提示幼儿"小足球喜欢用脚和它做游戏的小朋友"。在体现重难点的同时，教师还注重活动的整体性和流畅性，将认识、尝试、探索、练习等环节紧密衔接，从而使活动得以顺利进行。

5. 注重体验，增强感受

在活动的每个环节，教师都注重让幼儿自己感受和体验，如请幼儿通过看一看、摸一摸、踢一踢来认识和感受足球的外形、颜色、运动特点等特性。在幼儿自由探索和练习踢球这一环节，教师用了约3分钟的时间，引导幼儿在指定场地内自由地踢球，来充分体验足球的运动方式，这些活动设计都充分体现了幼儿在活动中的主体性。

足球教育笔记

我园是大连市第一所足球幼儿园，从1986年就开始对幼儿进行足球启蒙教育。在三十多年的足球教育中，我们总结积累了许多足球教育经验，也培养了许多优秀球员。我们在历年的幼儿足球比赛中的成绩也是最好的，这得益于我们对幼儿每天进行的足球技能训练以及足球意识和品德的培养。

君豪是为了踢球才到我们幼儿园的。因为他以前踢过一段时间足球，有一些基础，因此他十分骄傲，再加上性格的原因，特别跋扈，别说小朋友，有时连老师也不放在眼里，小朋友对他都敬而远之，不太喜欢和他玩，父母也拿他没有办法。

训练中他踢前锋的位置，但他又很喜欢发界外球，每次界外球他都抢着发，发完却没有人接应，白白浪费门前射门得分的机会。一年一度的幼儿足球比赛就要开始了，我们考虑到他速度快、射门准，打算让他在门前接应，由乐乐来发界外球。练习时，幼儿都能按照教练的意图来踢球，站位、跑位都很好。正式比赛时，前几场比赛幼儿发挥出正常水平，连续赢得了小组的所有比赛，顺利进入决赛。最后一场比赛，由于对手比较强，君豪的技能总也得不到发挥，因此就有些急躁了。在发一个界外球时，他又抢着发，而且还和乐乐为了争谁发球而互相挤对，严重影响了比赛情绪，最后，我们输掉了这场比赛。赛后，君豪不服气地大哭，我说："这都是因为你没有集体合作意识，和小朋友抢发球，没有听教练的话造成的，你想一想以后应该怎么办呢？"他不好意思地低下头说："我以后再也不这样了。"

让幼儿受一些挫折，对他们的成长是有好处的。我想，君豪在经历这件事后，会有所改变的。通过这件事，我也觉得培养幼儿良好的性格很重要，不但在足球赛场上如此，在以后的学习生活中更能体现出良好性格对他们的重要性。在平时的训练教学中，我注意引导幼儿遇到事情要冷静对待，不能冲动，不能与其他人发生冲突，防止再次发生像君豪这样的事情。

赛场上的风采

我园是全国第一所正式对幼儿进行足球训练的幼儿园，在此之前，对"足球从娃娃抓起"这个观点似乎没有人进行过科学的研究，大家也不知道足球训练到底从几岁开始是可行的。我园在这方面已经进行了多年的探索，总结了一套适合幼儿身心特点的训练方法，幼儿按照这些方法进行训练，既增强了体质，又对足球产生了浓厚的兴趣。

在2005年区教育局举办的幼儿足球比赛中，场地严重凹凸不平，石头又多，我们没有提前熟悉，再加上对方球员对我们的小队员又铲又绊，多名小队员受伤，因此，我们在比赛中没有发挥出正常水平，只取得了第三名。这次失败对我们打击较大，因为以往的比赛第一名都是我们的。面对这样的现实，我有些接受不了，但是再想一想，比赛中重要的是参与，让幼儿充分感受比赛的氛围，使幼儿形成"胜不骄，败不馁"的意志品质，可以为他们今后的足球之路打下坚实的基础。况且，接下来我们还要参加一个市里的比赛，我们要用实力来证明我们幼儿园的足球队是最棒的，我们的孩子是最坚强的。

在后面的训练中，我针对队员的不足进行训练，如对传球不准、粘球、力量小、速度慢等弱点进行针对性的练习，教他们躲闪的小窍门，发界外球的技巧，并在赛前熟悉场地。经过一个月的强化训练后，我们最终以3：1的成绩取得了幼儿足球比赛的第一名，充分展现了我们足球幼儿园的风采。幼儿赢得的不仅是奖杯，还赢回了自信和我们足球幼儿园的尊严。

给予相信，收获成功

郭简竹是一个非常要强的小朋友，只要输球就哭，我说："没关系，平时训练输球不要紧，到正式比赛时，使出全部本领，拿个冠军。"可他依旧大哭，谁也哄不好。

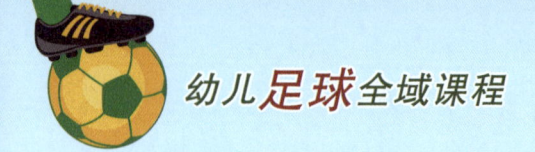

在2006年的大连市"黑狮杯"幼儿足球比赛中，我们一路过关斩将，顺利进入小组最后一场。因为赢了前几场比赛，幼儿有些松懈，结果一开球就让对方进了一球，上半场我们队以0：2落后。我看到郭简竹的表情不对，他又要哭了。中场休息时，我对他说："不要哭，我们虽然丢掉两个球，但是老师相信你一定能在下半场赢回来。"果然，他下半场一传一射，连得两分。在点球大战中，又扑出一个必进球，为我队今年夺冠立下头功。

现在，郭简竹的自信心大幅度提升，即使输球也不再哭鼻子了，因为他相信一定能追回比分，他现在有这个自信。

信任和机会可以帮助幼儿做得更好

因为天气的影响，幼儿经常会在室内进行足球训练活动。最近的室内训练活动是肌肉的拉伸以及柔韧性的训练。

今天的第一个训练项目就是高抬腿压腿，要求幼儿单腿站立，另一条腿搭在高处。幼儿陆陆续续地走进教室，来得比较早的小队员已经在教练的指导下学会了正确的压腿姿势。我按照幼儿年龄和身体条件的不同为小队员们准备了高度不同的横梁，虽然压腿的过程很痛苦，可是所有幼儿都在坚持，没有一个队员放弃。这时，足球队里唯一的女队员小颖来了，她看到其他队员都在压腿，自己也想尝试一下。小颖是个发育比较快的孩子，个子很高，块头很大。因为是女队员，也比较胖，又是第一次练习压腿，我推断她应该比较适合从低难度开始练习压腿。于是，我为她找了一个高度为50厘米左右的横梁，让她进行练习。然而她并不想去，只是看着其他正在做高难度动作练习的幼儿，说："老师，我想做那个！"当时我虽然觉得第一次练习就挑战高难度的动作可能不太合适，但我想还是应该给她一次尝试的机会。于是我就让她到比较高的横梁前去做压腿练习。令我意想不到的事情发生了，她很舒展地将腿搭在了横梁上，轻松地做起了压腿动作。没想到小颖这么厉害，给她尝试的机会是正确的。过了一会儿，小颖又举手叫我过去，指着背后最高的台子说："老师，我能做那么高的！"要不要让她去试试呢？那可是连大班队员都很少能够完成的高度啊。看着小颖那跃跃欲试的样子，我决定再给她一次尝试的机会。只见小颖在得到我的同意之后径自走向高台，吃力地将脚"抬"到了平台上，然后慢慢地调整好身体的重心，将支撑腿伸直，双手由身体两侧慢慢地合拢放在了膝盖上……她真的做到了，而且做得非常出色。我让其他小队员为她鼓掌，并且及时表扬了她不怕苦，不怕痛，敢于挑战自我的精神。

在日常的训练及活动过程中，教师会不由自主地根据幼儿的一些外形特征将幼儿主观地限制在一定的能力范围内，并为幼儿指定一个并不十分符合其能力发展的目标，但这一点是可以避免的。通过增加对幼儿的了解，多给幼儿一点点信任，一点点机会，一点点鼓励，我们会发现，幼儿的潜力是无穷的，他们会做得比我们所期望的更好。

我这样教幼儿"二过一传球"

在大班足球活动"二过一传球"中，我着重训练幼儿传球的准确性和跑位。我将幼儿分成两人一组，两人相距5米左右，并排站立，同时向前以同样速度慢跑，右侧幼儿用右脚脚弓将球45度传向左侧幼儿前方，左侧幼儿用左脚脚弓将球传向右侧幼儿前方。当然，用左脚脚弓传球对幼儿来说是有一定难度的，需要反复练习。

为了让幼儿对活动有更清晰的了解，明确这一技术动作的目的和特点，在活动前我采用了卡片教学，使幼儿通过卡片对活动有一个基本的认识，再指导幼儿练习用脚弓传球，尤其是练习用左脚弓传球，最后请一名幼儿和老师一起进行示范。在练习中，我也发现了一些问题，他们在传球时总是不向前方45度角进行传球，而是横传，愿意将球传到同伴开始所处的位置上，影响了幼儿的跑位。经过再三考虑，结合幼儿年龄特点——幼儿对45度角的方位概念还不是很强，于是我将要求具体化，在前方45度角的位置上放置一个明显的标志，这样幼儿的目的性就很强，传球和跑位动作也完成得相对较好。待幼儿熟练此技术动作后再去掉标志，灵活传球，让幼儿在活动中能够做到由浅入深，由易到难，逐步突破，逐步提高。

幼儿年龄比较小，领悟力还不是很强，教师对幼儿提出的要求要直接、准确。幼儿对技术动作的练习需要循序渐进地进行，在活动中应多采用游戏的形式，鼓励信心不足的幼儿，让幼儿通过自己的努力达到目标，从而激发幼儿对足球的兴趣，使其喜欢踢球，为今后的比赛和提高足球运动水平打下坚实的基础。

足球训练中的经验

在训练中，我经常会带领幼儿进行一些对抗赛，让幼儿在比赛中积累经验，增强队员之间的配合。

我发现幼儿在球门前的表现不太积极，经常是一名队员射门后不管进没进球，其他队员都退到后场了，没有射门后补射的意识。幼儿射门的准确性不是很高，往往是一脚射门后球就被守门员挡出，这时如果有人补射的话，成功率就会很高。我将这个信息传递给幼儿，要求他们只要球没踢进球门就不准后退，一定要把球踢成"死球"后，才可以重新站位。

我还发现，幼儿基本不会使用左脚踢球。在以前的多次比赛中，球就在球门的左边，只要轻轻一碰，就会得分。但由于没有对幼儿进行过左脚的训练，他们用右脚一踢，球就被踢歪了，太可惜了。

于是，我在平时的训练中也注重对幼儿进行双脚配合的训练，不仅有利于发展幼儿左脚的灵活性，还增强了幼儿右脑的发育。在比赛中，幼儿充分发挥了主动性和灵活性，将训练的内容运用到实战中，使我园的足球队在大连市幼儿足球比赛中多次获得冠军。

让足球成为小班幼儿喜欢的活动

我园是大连市第一所足球幼儿园，这里的幼儿无论是男孩还是女孩都对足球有着深厚的感情。幼儿对足球的喜爱，来源于教师对幼儿的引导。为了让幼儿能够喜爱足球，教师通过各种形式引导幼儿认识足球，使足球成为幼儿喜爱的活动。

一、引导幼儿参与环境创设

《纲要》中指出："环境是重要的教育资源，应通过环境的创设和利用，有效地促进幼儿的发展。"环境对幼儿的发展有着重要的作用。为了让幼儿能够喜爱足球，我利用各种废旧报纸、画报纸、塑料袋等引导幼儿动手制作足球，然后同幼儿一起装饰教室，将幼

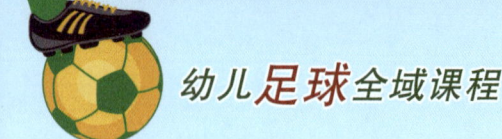

儿做的足球挂满了教室。这样幼儿在挂满足球的环境中耳濡目染，更加亲近足球，让足球生活在幼儿的周围，为他们学习足球奠定良好的基础。

二、利用户外活动，提高幼儿学习足球的兴趣

兴趣是幼儿学习足球的出发点，提高幼儿的兴趣是学习足球的关键。幼儿每天都有一定的户外活动时间，我充分利用这部分时间，引导幼儿练习足球动作。如在幼儿自选玩具时，我选择一个大布球，同幼儿一起练习双脚内侧来回向前踢的动作。教师的参与提高了幼儿学习的兴趣，使幼儿很自然地融入活动。

三、在游戏情境中让幼儿参与足球活动

小班幼儿的年龄小，对小动物有着特殊的情感，教师在活动中应创设适于幼儿发展的情境，通过游戏的形式使幼儿参与活动。如教师可以创设一个故事情境，让小动物帮助运东西，这样既提高了幼儿参与的积极性，还提高了幼儿的互助意识，促进其社会性的发展。

要想让小班幼儿积极参与足球活动，教师应通过多种形式激发幼儿的兴趣，使足球成为幼儿喜爱的活动。

比赛中激励幼儿自我展示

王子千在训练中总是不敢起脚射门，屡屡错失得分良机。我通过和他谈心，了解到他总是担心射不进门，怕教练批评他，承担责任。在一次训练课上，他又带球到门前，我认为这是一次绝好的机会，于是在场边大喊"射门"。王子千在犹豫中将球射进。我示意其他队员一起上前，与他庆祝进球。王子千非常兴奋，从此治愈了"射门恐惧症"。

在2007年的"黑狮杯"幼儿足球比赛中，王子千踢右前卫的位置，帮助前锋助攻，在对方门前有好几次绝佳机会，但他总想把机会让给前锋射门。中场休息时，我跟他说："你射门射得很好，有机会一定要自己射门，不要总把球让给郭简竹他们，他们有时位置不好，你一定要射门，比一比看谁进的球多。"

比赛开始了，一上场他就拼命往前冲，寻找射门的机会。机会终于来了，只见他一抬腿，球应声入网，射完门他看着我，我伸出大拇指，他非常兴奋，又投入激烈的比赛中。

用目标激励幼儿

每学期都有许多新的幼儿加入足球队练习踢球，他们刚来时，有的哭着喊着找妈妈、找奶奶，遇到这种情况，我就会把他们领到面前并拿起一个球，说："来，咱俩踢球好吗？"这时，他们看到球，就会和我踢球了。

经过一段时间的练习，幼儿的进步都很明显，只有个别幼儿不能按时参加练习，每次提出让他早点儿来练习时，他嘴上都说"好"，但依然会迟到。

一天，我把全体队员召集到一起，说："你们喜欢踢球吗？""喜欢！"他们齐声说。"那你们为什么踢球？""我就是喜欢踢球。""我想当足球运动员。"大家七嘴八舌地说。"那你们想不想赢呀？""想！""赢球，就可以抱大奖杯，你们想不想把大奖杯抱回来？""想！""我们幼儿园每年都参加足球比赛，已经拿过好几次奖杯了，今年你们去比赛也要抱个大奖杯回来，好吗？""好。""太棒了，那你们以后可要准时来参加训练，

迟到了，就学不到本领了，我们也拿不到奖杯了。""好！"

从此以后，幼儿都能早早地来到操场上训练，训练时也更带劲了，因为他们有了明确的目标，那就是一定要把大奖杯抱回来。

变勤快的康康

康康今年三岁了，是一个聪明活泼、非常有同情心的男孩子。但是他有一个小问题，用一个字来形容就是"懒"，每次看完书或玩完玩具都不能主动把书或玩具放回原位，总得老师提醒才会不情愿地去收拾整理。怎样帮助康康改掉"懒"的毛病，变得"勤快"起来呢？我决定利用康康富有同情心的性格特点，帮助他在情感上从"不愿意整理收拾"转变为"愿意整理收拾"，这需要一个教育契机，不过很快我就发现了一个好机会。

每周四上午，我都会带领孩子们进行足球园本课程的活动，这个月我们进行的是主题教育活动"足球宝宝"，其中有一个社会领域集中教育活动"小足球不哭了"，主要通过故事《小足球不哭了》帮助孩子们了解保护足球的方法，引导他们爱护足球。

我在讲故事的时候，特别关注了康康的神态与表情，他听得非常认真。当我讲到"小熊把小足球买回来后，就开始在它的脸上写字、画画，还用尖尖的东西扎它，把它扎得到处都是伤，还把它扔进了树林里不管"的时候，康康皱起了小眉头，紧闭着小嘴巴；当我讲到"小猪发现了小足球，并向它保证会爱护它、带它回家"的时候，康康舒展开小眉头，露出了开心的笑容。

我请孩子们讨论如何保护小足球的时候，很多孩子都说玩完足球以后要把它送回球筐里，我特意走到康康面前，问了康康的意见，康康认真地对我说："除了要把足球送回球筐，我还可以给它洗澡！"听完康康的话，我向他竖起了大拇指。

为了帮助孩子们通过实际操作提升爱护足球的意识，讨论结束后，我组织他们带着水桶和抹布来到足球场上，请他们把散落在球场上的足球擦干净，然后送回球筐中。康康擦得非常卖力，一边擦一边说："我先把你擦干净，然后送你回家，这样你就不哭了是不是？"我走到康康面前蹲下来问他："康康，我们平时看的书、玩的玩具和小足球一样，都需要我们来好好爱护，你愿意像爱护小足球一样爱护它们吗？"康康想了想，一边点头一边说："愿意！"我说："那我们来拉钩吧！"康康痛快地伸出了小手。

在以后的学习生活中，康康果然像他承诺的那样，变得勤快起来，每次看完书、玩完玩具，不等我提醒就自觉把它们放回原位，他不仅自己这样做，还会去提醒、监督旁边没有及时收拾整理的小伙伴。如果遇到有破坏玩具和图书的事情，他还会第一时间去阻止，在康康的努力与坚持下，他光荣地成为我们班月末评选的"爱护玩具之星"。

通过足球活动"小足球不哭了"，康康小朋友学会了爱护玩具、图书，养成了把玩具、图书放回原处的好习惯，这证明了足球启蒙教育对孩子发展的价值，也激励我认真研读足球启蒙教育活动内容，利用更多好的教育资源来引导孩子全面发展。

最好的爸爸

希希今年三岁半了，是一个性格内向的小姑娘。她平时不太愿意交流表达，但是她动作灵敏，耐力好，是一个适合踢足球的好苗子，参加足球专业普及活动的时候经常得到教练的表扬，她自己也很喜欢足球活动。日常负责接送希希、参加园内活动的不是希希的妈妈就是希希的奶奶，希希的爸爸从来没有在幼儿园出现过，就连希希自己也很少提起爸爸。一天，希希妈妈来接她的时候指着身旁的人说："希希，你先和爸爸回家，妈妈有事情和朱老师说。"希希听了，脸上的笑容顿时不见了，她着急地对妈妈说："妈妈，我想和你一起回家。"旁边的希希爸爸显得有些尴尬，他刚刚伸出去牵希希的手悬在半空中。希希妈妈对希希说："那你牵着爸爸的手在门口等着妈妈，妈妈和朱老师讲完事情我们一起回家。"希希听到妈妈要和她一起回家，才很不情愿地握住了爸爸的手。我请希希妈妈来到园门口的一个角落，希希妈妈叹了口气对我说："朱老师，希希爸爸从孩子两岁的时候就一直在外地工作，平时工作忙，只有过年的时候才能回来和希希待上几天，所以父女俩一直不亲近。最近孩子爸爸调回本地工作了，本以为在家相处的时间多了，父女俩会变得亲近一些，没想到孩子对爸爸还是有一些抵触，你说我们可怎么办呀？"我拍了拍希希妈妈的肩膀安慰道："这需要一个过程，别着急，咱慢慢来。除了多一些陪伴时间，我觉得希希爸爸还可以和希希一起做一些孩子感兴趣的事情来培养感情。希希一直喜欢踢足球，也是个踢球的好苗子，正好让爸爸每天早晨来送希希参加足球训练吧！"希希妈妈听了，点点头说："好的，朱老师，我们家长一定配合工作！"

  我把希希的事情和足球教练沟通了以后，希希第二天就开始参加足球队训练，希希爸爸还被特许在场边观看希希训练。每当希希训练结束后，希希爸爸都会给女儿一个大大的拥抱，说一句"我女儿真棒"，然后给希希送上小水壶补充水分；当希希遇到反复练习还是不会的动作而哭鼻子的时候，希希爸爸也会轻拍女儿的肩膀，耐心安慰、鼓励她。每个月20天的陪练风雨无阻。除了每天早晨陪希希练球，希希爸爸还积极参加了幼儿园所有的亲子足球活动：加入"爸爸足球队"，和球队的其他爸爸展开足球对决，这时候希希会和其他小朋友一起为各自的爸爸加油助威；参加亲子足球对抗赛，带着希希和妈妈与其他家庭进行足球对决；参加幼儿园足球拼贴画比赛，和希希一起制作的粮食拼贴画《足球花》被评为年级一等奖；参加班级足球队服设计征集活动，和希希一起设计的班级队服被全班家庭投票评选为"最佳队服"；参加幼儿园一年一度的足球嘉年华活动，带领希希成功挑战了所有足球游戏任务，收获了许多奖品……

  有了爸爸的陪伴，希希开始变得不一样了：她长高了，身体变得结实了，足球水平提升了，被足球教练赞誉为"巾帼不让须眉"；她爱笑了，愿意和小朋友讲话了，还和很多小朋友都成了好朋友……最重要的是她"黏上了"爸爸，成了爸爸的小跟屁虫，爸爸走到哪里，希希就跟到哪里。我问希希为什么，希希骄傲地和我说："我爸爸可厉害了，足球踢得和我一样好，我最喜欢他了！他是最好的爸爸！"看到希希的转变，希希的爸爸妈妈由衷地对我说："特别感谢老师的帮助，也很庆幸自己当初为希希选择了足球幼儿园！"而这也让作为希希老师的我看到了足球启蒙教育在促进幼儿发展和亲子交往方面的巨大价值，我会继续鼓励班级家长参加幼儿园的足球亲子活动，充分发挥足球启蒙教育中的家园合力作用，为孩子的全面发展创造良好的教育环境。

风一样的男孩

琦琦三岁了，是班级里的活跃男孩。相比于其他小班宝宝，他总能让人在人群之中一眼发现，因为他时刻都在"疯"跑，不论是在活动室还是在户外，每天都沉浸在自己"快乐"的世界里，也不听老师和小朋友们的话，因此小朋友们都不愿意和他玩。面对"疯"跑的琦琦，老师们也是束手无策。但这几天，我们却发现琦琦能够听进小朋友和老师的话了，这些转变还要从一周前的那节足球课说起。

课上我组织小朋友们玩躲避球游戏，分成两队的小朋友每个人用脚背带球在规定的范围内来回跑动，同时要想办法用球踢中对方球队的球员，被踢中的人出局，哪个队伍最后剩的人多，哪个队伍获胜。在游戏中，琦琦的表现可真是MVP（最有价值球员）级别！他充分发挥了自己在带球跑中的耐力和速度的优势，对方十几个小朋友完全追不上他，更别提用球击中他了，和他一队的小朋友因为有这样给力的队友，连续获胜好几次，很多小朋友都自发地开始给他加油。他听到小朋友们的加油声跑起来更起劲儿了。我也灵机一动，修改了游戏规则，让全班所有小朋友可以互相瞄准，每个人有一次被击中后复活的机会，第二次被击中就算失败。在新的规则下，琦琦的表现更为突出，不仅甩开了追逐他的小朋友，还用自己的球击中了好几个人。看起来这次老师的话他是完全听进去了，游戏的结局也不出所料，琦琦坚持到最后，赢得了游戏，也赢得了其他小朋友的掌声。自那次足球游戏以后，琦琦渐渐变得愿意遵守规则，愿意和小朋友们一起玩了，而且他还多了一个在球场上奔跑的爱好，我们都喜欢现在这个风一样的琦琦啦。

足球，让开心一直开心

开心是一个敏感的小男孩，每天早上来园都会哭闹着喊"我不去幼儿园"。由于开心的爸爸妈妈每天都要很早上班，所以开心也成了早上7点准时入园的小朋友，他不仅需要很早起床上幼儿园，而且到园后班上其他小朋友还没来，不能和他一起玩，这种"起床气"和"孤单感"让这个只有三岁的孩子每天早上都很"崩溃"，所以他在幼儿园门口经常会和爸爸妈妈上演"拉锯战"。

同样是早上7点，在幼儿园的足球场上，却有一群特别的孩子在快乐地奔跑，他们就是足球队的小朋友。这样热闹的场面，吸引了开心父母的注意，他们希望开心也能加入，这样早早来园的开心小朋友也能有个伴儿，抱着这样简单的想法，开心成了足球队的一名小队员。

最开始的时候，开心和以往一样，只是换了一个地方难过。他一个人站在场地旁边抹眼泪，教练们每天都会去哄他，但是效果甚微。开心的爸爸妈妈一度想放弃这种尝试，甚至觉得可能自己的孩子压根就不喜欢踢足球，还是别"折磨"孩子和教练了。但是作为老师的我却坚定地告诉他们："快了，再等等！做事情要学会坚持，有始有终！"开心的爸爸妈妈有些犹豫，但是依然选择相信我的话，决定再等等看。我发现虽然开心每天依然会哭，但是站在球场一旁的他总会趁着抹眼泪的时候，偷偷瞄足球场上的小朋友，有的时候甚至成了一名忠实小观众，忘了自己的"忧伤"，可是一旦有人注意到他，他就马上躲回自己的世界，继续哭泣。

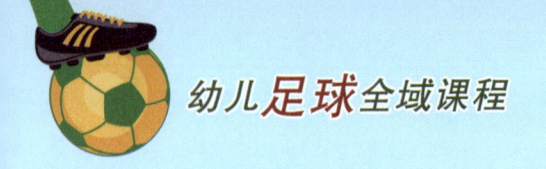

我把发现的这些现象和教练进行了沟通，教练们选择了"忽视"和"诱导"两步走的方法来帮助这个敏感的小男孩。

接下来的一段时间，教练们有意不去关注这个抹眼泪的小男孩，在没有人刻意关注的情况下，一颗敏感的心好像慢慢放松了警惕，他沉浸在球场上欢快的氛围中，慢慢不哭了，但是依然站在场边不加入游戏。

第一步走成功了，教练们开始"诱导"法。每次踢球的时候，教练总会故意向开心小朋友的位置踢几脚球，还会自嘲道："哎哟，我今天的脚法不怎么样呀！开心，快帮我把球踢回来！"这样很自然的示弱，很自然的帮忙，让场外的那个小朋友慢慢期待起更多的"帮忙"，他甚至主动将滚出场外的足球全都踢回去，听到小朋友们一句句的"谢谢开心"，他的脸上也开始出现了笑容。

时机成熟，趁热打铁。教练开始把更多的任务分给了开心，比如，帮忙取个足球，帮忙摆一下标志盘，帮忙分训练服……一个个小任务让开心变成了足球场上得力的小助手，这种荣誉感和归属感让开心很安心地待在球队里。就这样，在一个阳光明媚的早晨，开心也顺理成章地加入了足球游戏。当开心第一次把球踢进球门时，教练带领所有足球队的小朋友为他鼓掌欢呼，那一刻开心的小脸上写满了骄傲与自豪，快乐更是溢于言表。

"我不去幼儿园"的"拉锯战"就此熄火了。每天早上，开心在园门口和爸爸妈妈说再见后，都会迈着雀跃的步伐，头也不回地跑向足球场。听开心妈妈说，开心每天早上还会念叨今天去幼儿园要玩什么足球游戏，言语中满是对上幼儿园的期待，晚上回家还要拉着爸爸妈妈一起踢足球。这样的变化，让开心的爸爸妈妈非常高兴，一个劲地对我说"谢谢"。看到一个"爱哭鬼"变成了"乐天派"，从胆小怕事变得自信大方，这让同样作为母亲的我深深地感受到开心父母的欣慰与感动。

作为一名幼儿教师，我们感动于孩子们的点滴进步，因为在我们眼里的一小步，却是孩子们走向世界的一大步。游戏是孩子们的语言，他们天生会玩，爱玩。足球这项运动的魅力，不仅仅让孩子学会了如何踢足球，感受团队合作……更重要的是这项运动也让孩子们找到自己，认识自己，相信自己！

感谢足球，让开心小朋友一直开心！

会飞的足球

三岁的阳阳是班里一个性格开朗、活泼好动的男孩子。他对每一件事情的热情都很高，特别是对新鲜的事物有着浓厚的兴趣，想法也总是和别人不一样。比如，他很喜欢听鸟叫的声音，下雨的时候总是盯着雨看，喜欢观察地上的虫子等。

这一天，我们班的活动内容是让孩子们画个足球。阳阳的兴致很高，能够全神贯注地听我讲足球的特点和关于足球的知识。当我讲完画画的要求之后，阳阳便立刻举手告诉我说他想画个不一样的足球，我鼓励他说："你一定可以画出一个很漂亮的足球！"之后，我便去指导其他孩子了。过了一会儿，当我又回到阳阳身边的时候，我发现阳阳在画纸上画了个大气球，我以为他在故意捣乱，于是很生气地问他："你为什么要画个气球呢？我们今天要画的是一个足球。"他眨眨眼睛看向我："老师，我画的是足球啊！只不过这是一个会飞的足球,这样我就不用踢了,我可以很轻松地拉着它跑。"阳阳的回答让我顿时说不出话来,我为一个三岁的孩子在创作中的大胆想象感到震撼,同时也为自己没有了解、倾听他的创作想法,只是简单粗暴地用"像不像"来评价他的画而感到汗颜。阳阳的画让我真正理解了我在教育书籍中读到的话:"幼儿对事物的感受和理解不同于成人,他们表达自己认识和情感的方式也有别于成人,幼儿独特的笔触往往蕴含着丰富的想象和情感;幼儿的创作过程和作品是他们表达自己的认识和情感的重要方式,教师应该支持幼儿富有个性和创造性的表达,克服过分强调技能技巧和标准化的倾向。"知错就要改正,作为老师更要以身作则,想到这里,我马上蹲下来,摸着阳阳的头说:"阳阳,对不起,老师刚才有些着急了,听你讲了以后,我觉得会飞的足球太棒啦!如果你在上面画一些足球的花纹,我觉得它会飞得更高、更远!"阳阳听我说完,兴奋地点点头,他拿起画笔一边画一边说:"王老师,我的足球一定能飞得很远!能飞出地球呢!"

"爱哭鬼"张俊一不哭了

"妈妈,我要妈妈""我要回家"……每天早上我们班级走廊里都能听见张俊一小朋友撕心裂肺的哭声。今年三岁的张俊一小朋友自从入园开始就没有一天是高高兴兴来的,更令人头痛的是,他在平时的活动中只要有不愉快,就会立刻号啕大哭。老师们想尽了各种办法,比如,拿小礼物哄他开心,送他小粘贴作为鼓励,都无济于事。通过和家长沟通,我了解到家里老人的"隔辈亲"、妈妈的溺爱导致孩子产生脆弱的心理。我和孩子妈妈深谈了一次,妈妈也很后悔对孩子的溺爱,并表示愿意配合我的工作,尽快让孩子适应独立自主的幼儿园生活。

有一天,户外活动的时候,大班的小朋友不小心把足球踢到了张俊一的腿上,张俊一"哇哇"大哭起来。我忙上去查看他有没有受伤,他委屈地指着足球对我说:"足球坏,我要打它。"我边安慰他边说:"足球是小朋友们的小伙伴,你看,和小足球一起玩的哥哥们是不是都很开心?小足球一定是看到你每天都伤心地哭,所以想来和你一起玩,让你开心。你也试着和小足球一起玩,好不好?""嗯。"他瞬间擦干了眼泪踢了几下球,虽然有些笨拙,但是我觉得这是个好的开始。每天上午进行足球半小时活动时,我都会让他多参与足球游戏,引导他感受足球的乐趣。一段时间过去了,我发现他真的喜欢上了足球,还想参加足球队。于是我推荐他去足球队试一试。刚开始去那几天他还是会哭,不会踢的时候哭,摔倒了哭,抢不到球也会哭。可是,慢慢地我发现他哭的次数越来越少了。一天早上,我看到他脚踩到球一滑,一屁股坐到了地上,按理说应该很疼,我猜他肯定会哭,但是他却没哭,从地上爬起来拍拍屁股就继续去训练了。看到这一幕我非常高兴,觉得自己和张俊一的努力终于有了回报。回教室后我把他叫到身边说:"老师今天看到你摔跤了却没哭,你真的非常勇敢,你长大了,是个真正的小男子汉了!"他听见我这么说,自豪地说:"我是男子汉,我是足球队员,不能哭!"听他这么一说,我顺势鼓励他:"嗯,那么我们以后来幼儿园也高高兴兴的,好吗?""好的,我一定会做到。"他看着我坚定地说。

之后的日子里,张俊一真的很少哭鼻子了,曾经的那个"爱哭鬼"变成了坚强的小男子汉。我很庆幸让张俊一和足球成为好朋友,是足球让他变得坚强,让他的内心更加强大,这也是足球启蒙教育的价值所在。

朋朋变壮啦

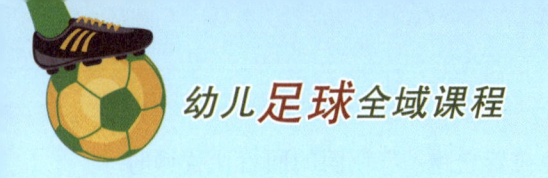

　　四岁的朋朋是个小暖男，特别乐于助人。小朋友脱衣服求助，他会赶紧去帮忙；小朋友没带彩笔，他会主动借给小朋友；看老师整理学习资料，也会主动申请帮助老师。因为朋朋的热情懂事，小朋友和老师们都很喜欢他。可是这样的朋朋却很瘦小，因为食欲不好，所以吃饭总比同龄的男孩少一些，也因为营养跟不上、身体素质差，所以总是感冒请病假，孩子的爸爸妈妈为此也特别上火。看到这样的朋朋我很心疼，就和他的爸爸妈妈沟通，让他参加园里的足球队，因为有很多小朋友都通过每天的足球训练提高了抵抗力，变得更加强壮。孩子的爸爸妈妈听了我的建议，询问了孩子的想法，朋朋愉快地答应了。就这样，朋朋开始了足球训练。在球场上朋朋也是一如既往地懂事，遵守规则，听教练的要求，帮教练摆训练道具。因为朋朋的认真，他进步得特别快，得到了教练的认可。看着朋朋驰骋在绿色的球场上，看着他洋溢着微笑的小脸，我特别欣慰。一晃，一个月时间过去了，朋朋有了明显的变化，跑跳能力变好了，吃饭变香了，甚至比同龄的男孩都吃得多了。三个月过去了，朋朋的感冒次数明显减少了，身体变壮实了，不再是以往弱不禁风的样子。一年一度的幼儿足球赛来到了，朋朋作为主力之一参加了比赛。看着全程奔跑在球场上的朋朋，我们都很激动，全程为他加油助威。虽然球队遗憾地和冠军擦肩而过，但还是取得了第二名的好成绩。朋朋和队友们站在领奖台上，手捧奖杯，露出灿烂的笑容，我们站在台下欢欣雀跃。足球，不仅帮助孩子们爱上体育运动，更让孩子们在运动中获得健康，学会合作，建立自信！

总是溜号的乐乐

　　四岁的乐乐是个活泼开朗的帅气男孩，他吃饭很香，从来不挑食，每次吃完饭都主动收拾桌面，午睡也很好。拥有良好生活习惯的乐乐，在学习习惯上却存在不足，每次集体活动的时候都会溜号，不是玩自己的纽扣、拉链，和身边的小朋友窃窃私语，就是扭头看窗外。二十多分钟的活动中，我至少要提醒他五六次注意听讲。每次活动后提问他关于活动的内容，他都支支吾吾答不上来。对于这一问题，我也和乐乐的爸爸妈妈进行了沟通，他们表示在家也花时间培养他的注意力，可能方法有问题，所以效果一直不怎么好。有一天，户外活动赶上足球队训练，他目不转睛地注视着训练的小朋友们，嘴角露出微笑，难得看见乐乐对一件事情这么认真，于是当天晚上离园的时候我就和他的爸爸进行沟通，希望乐乐参加足球队，看看能不能通过足球训练培养他集中注意力，乐乐爸爸很愉快地同意了。

　　第一天参加训练的乐乐有些迷茫，由于不熟悉训练的流程，自己的动作也没有其他人熟练，所以他有些泄气，又开始不认真听教练口令了，自己在一边玩球。我注意到这个情况，和教练商量让乐乐在训练比赛中多体验守门员的角色，因为守门员的动作比较简单，而且特别锻炼注意力。教练同意了我的想法，教给他守门的技能，他很认真地学习。可是对抗赛的时候，由于半天没人射门，他又开始溜号，蹲下来摆弄地上的草坪，就在这时一个足球射了过来，因为他没有认真守门，对方得了一分。同队的小球员都在埋怨他："你为什么不认真守门？你得认真守门啊！就赖你溜号，让他们得了一分！"教练过来调节，乐乐知道自己做错了，揪着衣角不出声。比赛继续，乐乐打起精神，眼睛注视着球的动向，对方的球员又带球射门，乐乐身体向前一下抱住了足球。同队的小伙伴都高兴地跳起来，乐乐也特别高兴，这是他第一次接到球。就这样，通过一次次的训练，乐乐的注意力越来越集中了。不光是在球场上，在集体活动中他的注意力也明显提高。看到乐乐的变化，我们都很欣慰，相信足球可以给乐乐带来更好的发展！

小足球，大魔力

四岁半的XIXI是个反应敏捷、动作协调灵活的男孩子。但是由于小班下学期发生的一次意外，他的鼻子缝了两针，升入中班后的XIXI变得不善言辞并且有些胆小，在集体活动中总是畏首畏尾，不愿意参加他认为有危险的集体活动，有时候甚至需要老师手把手地带领他活动。这个问题一度让XIXI有些不合群。教育家蒙台梭利说过："作为一名教育工作者，应该有一双敏锐的眼睛。"我发现XIXI很喜欢玩足球，每次进行足球普及活动时，他都能很认真地跟着足球教练练习动作，并且动作协调、灵活。所以，我征求了XIXI家长的意见并且征得了XIXI的同意后，推荐他参加足球队训练，希望XIXI在训练中既能锻炼身体，又能增强合作意识，最重要的是想给XIXI创造一个锻炼自己的机会，变得勇敢起来，走出自己的"保护圈"。就这样，XIXI开始了自己的"足球生涯"。半个学期过去了，XIXI犹如变了一个人，不再沉默寡言，不再畏首畏尾，不畏严寒酷暑、努力坚持训练的XIXI还入选了幼儿园参加市区比赛的首发阵容，代表幼儿园参加了比赛，获得了优异的成绩。现在的XIXI是小朋友们心中的足球小明星，他变得自信、开朗、快乐起来，最让我欣慰的是足球训练让XIXI变得勇敢了，他已经完全忘记自己鼻子上的伤疤，敢于挑战学习生活中各种有难度的任务。还记得有一次训练中，XIXI的腿摔破了，谁料想第二天早上XIXI照常出现在训练场上。我和他说："别逞强，休息一下，等腿伤好了再训练呗！"勇敢的XIXI却说："男子汉，这点伤算什么！"

XIXI妈妈告诉我："看到孩子的改变，我们做家长的真是太开心了，没想到足球有这么大的魔力，能让孩子改变这么多！"是啊，小小的足球不仅锻炼了孩子们的身体，更重要的是让孩子快乐起来，让孩子喜欢不断挑战自我！

团结协作力量大

四岁的东东是一个聪明帅气的男孩子，他的学习能力非常强，在讲故事、唱歌、画画、做手工等方面都很厉害，经常因为表现出色受到老师的表扬。可是，看似完美的东东却有一个令人头痛不已的毛病，那就是凡事以自我为中心，别人什么事情都要听自己的，只要小朋友提出不同的意见，他就会立刻翻脸甚至哭闹。为了帮助东东学会接受别人的意见，在征得他自己和家长的同意后，我请东东加入了幼儿园的足球队。本来就喜欢足球的东东跟着教练努力练习，因为学习能力强，他在足球动作和技能方面进步很快，经常得到教练的表扬。

很快，东东迎来了自己在球队训练中的第一场足球比赛，他兴奋极了，早就期待自己能在足球比赛中射门得分。比赛正式开始，东东凭借自己的速度带球逼近对方的球门，对方的两名球员同时上前围住东东，双方陷入了胶着的状态，东东怎么也突围不出去。这时，和东东同队的昊昊跑了过来，他冲着东东大喊道："东东，快把球传给我！"可是东东并

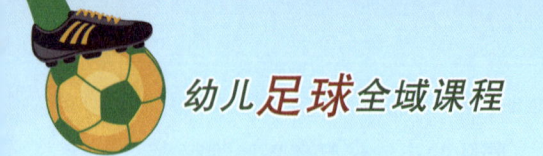

没有听昊昊的话，还是自己带球试图冲破对方的包围。这时候，不仅是昊昊，同队的其他小朋友一起冲着东东喊："东东，传球呀！快传球！"可是东东依旧不听，还是坚持自己带球突围，不过没坚持多久，他的球就被对方小朋友抢到，只见抢到球的小朋友和自己的队友互相传球配合，一路将球带到东东队的球门旁，最后成功射门得分。上半场结束的哨声响起了，对方球队以1：0的比分暂时领先。

　　中场休息时，昊昊跑过来问东东："东东，你为什么不传球？"东东扬起小脖子不服气地说："我自己能带球，为什么要传给你！"昊昊说："可是对方有两个人堵你，你自己也带不出去呀！"东东生气地说："那也不用你管！"这时候东东的队友都围了过来，大家听到东东的话都很生气，于是七嘴八舌地围攻起东东来："咱们队输了1分，都赖你，谁让你没传球！""对，都赖你不听大家的话传球，害得我们输了！""教练，我不想和东东一队了，把他换下去吧！""教练，我也不想和他一队了，他只知道自己带球跑，这样我们还得输！"……听到大家一起说自己，东东的小脸涨得通红，突然"哇"的一声大哭起来，一边哭一边说："你们都是大坏蛋，不踢就不踢！"说着就要往教室跑，这时刚才在一旁默默看着的教练走到了东东面前，他蹲下来望着东东的眼睛说："东东，你真的不想踢球了？"东东摇头说："不是，我想踢。"教练问："那为什么要走呀？"东东委屈地指着自己的队友："他们都说我。"教练继续问："你觉得他们说得对吗？"东东坚定地说："不对，我不传球也能得分。"教练问："那你觉得自己一个人就可以对抗对方5个人吗？"东东说："对，我刚才没带好球，再来一次，我肯定能射门得分。"教练听了，对东东说："那我就请你再试一试，到时候你再回答我！"

　　教练马上组织了一次特殊的对抗赛，东东加上自己队的守门员和对方5个人进行对抗。比赛开始了，东东带球开始进攻，可是刚跑到对方半场就被对方两名球员团团围住，很快便被对方断了球。就这样，不论东东跑得多快，只要对方两人以上对他进行围堵，他的球就会被抢断，然后对方射门得分。5分钟过去了，东东累得气喘吁吁，一个球都没有踢进，反而被对方踢进了3个球。比赛结束后，教练走到东东面前问道："你自己一个人带球进攻可以吗？"东东不好意思地摇了摇头。教练继续说："我们在比赛的时候，只有和自己队的小朋友互相配合，才能使自己的力量变大，才能取得胜利，比赛的时候昊昊叫你传球，是因为你被对方的人围住了，传球给昊昊，昊昊才有机会带球射门得分，如果昊昊得分了，你们队才有可能赢，你希望你们队伍获胜吗？"东东点点头。教练继续追问："那队友们下次有好的意见，比如再让你传球的时候，你愿意听大家的话吗？"东东想了想说："我愿意！"教练欣慰地点点头，他把东东的队友召集起来，对大家说："东东知道自己错了，他愿意和大家配合完成足球比赛，我们再给东东一次机会好吗？"东东的队友们听到东东认错了，很大方地同意了。

　　下半场比赛开始了，东东不再一个人带球突围，而是和队友们相互配合，通过互相传接球突破了对方的重重包围，来到对方球门前，只听昊昊对东东大喊一声："东东，接球！"东东接到球后，抬脚射门，球进了！小朋友们围过来抱着东东说："东东，你太棒啦！"东东不好意思地挠挠头说："没有了，是我们大家配合得好！我们都是最棒的！"相信通过这次足球比赛，东东能够学会接受别人的合理意见，学会与同伴友好相处、团结协作！

蓬蓬不迟到了

蓬蓬今年四岁了,是一个胖乎乎的小男孩,整天乐呵呵的。他是这学期新转来我们班的,刚来到班级就受到了大家的欢迎,小朋友们都爱和他玩。可是最近一段时间,蓬蓬早上来幼儿园时,三天两头迟到,有几次小朋友们都已经吃早饭了,蓬蓬奶奶才领着蓬蓬急急忙忙地来到教室。每次迟到,蓬蓬奶奶都会有点不好意思地跟我说"老师,不好意思,我们来晚了",我都会安慰奶奶说"没事的,阿姨,您慢点,不着急,我们给蓬蓬留早饭了"。

今天早上,蓬蓬又迟到了,我把蓬蓬领进教室后,蓬蓬奶奶还站在门口没有离开,等我领着蓬蓬从盥洗室洗完手出来,发现蓬蓬奶奶还在门口站着,我想老人家估计是不放心孩子,就让保育老师领着蓬蓬进屋吃早饭,我来到门口对蓬蓬奶奶说:"阿姨,您放心吧,我们给蓬蓬留早饭了,这会儿正吃着呢!""刘老师,我不担心,你们把孩子们都照顾得很好。我就是有件事情想跟你说一下,最近蓬蓬迷上了动画片,天天早上起床都要看,一看就是很长时间。其实我们每天6点多就起床了,可是等他看完动画片再来幼儿园时就晚了。你能不能跟蓬蓬说说,别让他早上看动画片了。"听完蓬蓬奶奶的话,我明白蓬蓬最近总是迟到的原因了。安慰完蓬蓬奶奶,我回到活动室,看见蓬蓬正和小伙伴们说悄悄话呢。我想直接跟蓬蓬说不让他看动画片了,孩子即使同意了,心里肯定也会不服气的。有什么办法可以让他主动放弃看动画片,早早地来幼儿园呢?我想到了幼儿园的足球队,足球队的小队员们每天都要提前来幼儿园参加早训。据我观察,蓬蓬好像挺喜欢踢足球的,于是我和蓬蓬奶奶进行沟通,征得同意后,蓬蓬加入了足球队。蓬蓬知道自己成为足球队员后很兴奋,我趁机跟蓬蓬谈了许多,告诉他进入了足球队每天早上就要早早地来幼儿园参加训练,并且要坚持,这样才能成为一名合格的足球队员,蓬蓬高兴地点头保证。就这样,蓬蓬加入了足球队,每天早上我都能在操场上看到他的小身影。蓬蓬奶奶激动地对我说:"刘老师,你这个办法真好啊,蓬蓬现在天天早上一起床就嚷嚷着要快点儿去幼儿园参加训练。自从他参加了足球队,身体也更健康了呢。"

老师,我发现了射门的小秘密

志诚五岁了,是一个喜欢动脑思考问题的男孩子,他每天都笑眯眯的,遇到什么事情都会问"为什么"。

这一天的足球普及活动,教练讲解的是外脚背射门的动作,活动后我带孩子们一起玩射门的足球游戏。就在孩子们分组游戏的过程中,我发现志诚却对着球门在思考着什么。只见他来到正对着球门的地方,用正脚背和外脚背射门的动作尝试练习,一会儿又跑到球门两侧,重复刚才相同的动作,津津有味,乐此不疲。我观察了一会儿,不明就里地带着球向他靠近。"志诚,咱俩玩一会儿射门游戏呀?"我向他提议道。"王老师,等一会儿,我的实验还没结束呢。"他一边回答一边继续自己的实验。实验?足球游戏也有实验吗?我感到莫名其妙。"好吧。待会儿你实验结束,我们一起玩吧。"他并没有回应我的话,而是认真地对着球门不断尝试。就在我刚要转头的一瞬间,他突然大喊一声"我知道了"。我连忙看向他,只见志诚兴奋地拿着球向我跑来:"王老师,快来,我发现了一个秘密!"我急忙跟随他来到球门前,他把球放在正对球门的位置,让我用脚背射门和外脚背射门的

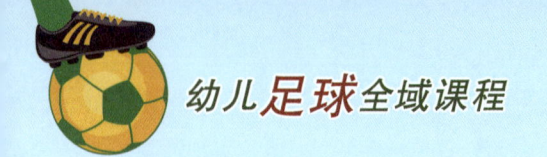

方法分别将球射入球门,然后问道:"老师,你发现射门的秘密了吗?""射门还有秘密?"我不解地问。"老师,我刚才做了一个小实验。如果我们正对着球门,就应该用正脚背射门;如果我们在球门两边,就应该用外脚背射门。这个方法可好用了,你试试!"听了志诚的话,我很惊讶,因为他并不是足球队的队员,但是每周一次的足球普及活动竟然会让他对射门角度和技术动作产生浓厚的兴趣,并且愿意通过反复比较和尝试去探究发现其中蕴含的奥秘,这印证了《指南》对5~6岁幼儿在科学领域中提出的发展目标,即"对自己感兴趣的问题总是刨根问底""能经常动手动脑寻找问题的答案""能用一定的方法验证自己的猜测"。

小小的足球,不仅承载了孩子们的梦想,也激发了孩子们对客观事物的探究兴趣。

我要参加足球队

六岁的李子龙是跟随打工的爸爸来连的河南小朋友,由于他刚从农村来到城市,所以对好多事物既感兴趣,又表现得有些胆小。根据我以往的经验,凡是从农村来的孩子,他们都很能吃苦,虽然性格相对内向一些,但是不像城里有些孩子那么娇气,动不动就要耍小脾气,而且他们的父母也很支持他们踢球,不像有些家长怕孩子踢球受伤,根本不让孩子参加任何剧烈运动。

和李子龙熟悉了几天后,我说:"李子龙,你喜欢踢球吗?老师带你踢球玩呀?"他说:"我不喜欢踢球。""你为什么不喜欢踢球呀?好多小朋友都喜欢踢球。"他说:"我也不知道。"我说:"明天早上你到操场上来找我,我带你做游戏吧。"他只是轻轻地点点头。第二天早上我没看见他的身影,我又去动员了他几次,他还是没有出现。

过了一段时间,有一天,我要用足球拍摄照片,需要几个幼儿配合,我就找了几个足球队的小朋友。我突然想到这是一个机会,可以让李子龙去接触接触足球,让他体会一下玩球的乐趣,说不定他就喜欢上了足球呢。于是,我请几名小球员和李子龙帮助我摆球、送球,我又带着他们玩球,在玩的过程中我问李子龙:"李子龙,足球好不好玩?"他说:"好玩。"我说:"你想不想踢球?"他说:"想,我要参加足球队。"原来他根本不知道足球的乐趣,所以之前怎么叫他都不来。现在他体验到了踢足球的乐趣,就喜欢上了足球。现在,每天早上都能看到李子龙快乐的身影,他的球技在一天天进步,性格也活泼、开朗了,足球让他变成了一个爱笑、爱运动的小朋友,而且他也确实是一个能吃苦、很勤奋的小足球运动员。

由此我意识到,要想让幼儿喜欢足球,首先要让他们体验到足球的乐趣,有了兴趣,自然就喜欢踢球了。

我来帮助你

五岁半的达达是班级里特别乐于助人的男孩子,也是足球队的主力队员。前不久,班级里新来了一个小朋友,名叫乐乐。来幼儿园之前,乐乐一直和爷爷奶奶一起生活在农村,因为说方言,所以在班里跟小朋友们很少交流。在乐乐爸爸的支持下,乐乐加入了幼儿园足球队,但是除了跟着教练训练,乐乐几乎不跟任何人交流。

区域活动的时候,我发现乐乐竟然跟达达一起在美工区画画,两个人也不说话,只是默默地、认真地画着。我好奇地走近他们，静静地在一旁观察他们在画什么。只见一个个小人在纸上排列有序，还有一个足球在小人中间，他们画了相同的内容，但是小人和球的位置却不同，我很好奇他们到底在画什么。"我画好了。"达达放下笔，对身边的乐乐说。乐乐边听边点头，很快他也放下了笔，用略带羞涩的方言说道："画好了。""你先说吧，介绍一下你的阵型。"达达很有礼貌地请乐乐先来介绍，乐乐拿起自己的画纸，认真地讲解起来："我这个是两个防守和两个射门，你的阵型怎么安排的？"达达没有介绍自己的画，而是把乐乐的画拿了过来，耐心地给他讲解起来："乐乐，你看，你这个负责防守的叫后卫，就是阻挡我的队员进攻，不让球进门的；这个负责射门的叫前锋，他们的跑动速度需要快而且灵活。明白了吗？"乐乐认真地听着，还不时地点点头，很认同的样子。"嗯，谢谢你，达达。""没事，乐乐，我们是一个班的小朋友，也是足球队的队员，你就跟着我一起玩，有困难我来帮助你！"听到这里，我在心里默默地为达达竖起了大拇指。

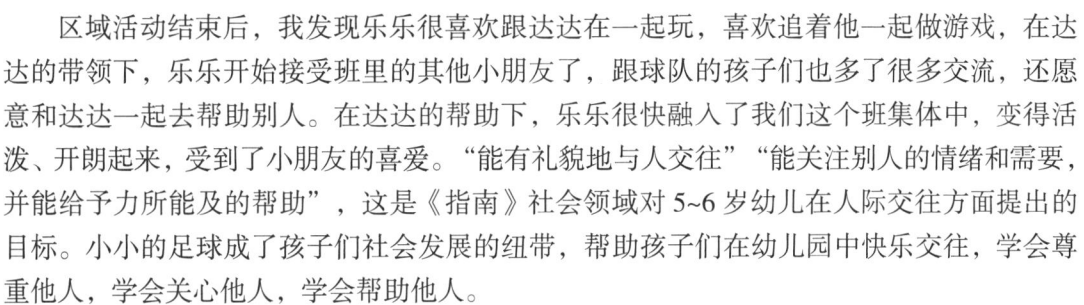

区域活动结束后，我发现乐乐很喜欢跟达达在一起玩，喜欢追着他一起做游戏，在达达的带领下，乐乐开始接受班里的其他小朋友了，跟球队的孩子们也多了很多交流，还愿意和达达一起去帮助别人。在达达的帮助下，乐乐很快融入了我们这个班集体中，变得活泼、开朗起来，受到了小朋友的喜爱。"能有礼貌地与人交往""能关注别人的情绪和需要，并能给予力所能及的帮助"，这是《指南》社会领域对5~6岁幼儿在人际交往方面提出的目标。小小的足球成了孩子们社会发展的纽带，帮助孩子们在幼儿园中快乐交往，学会尊重他人，学会关心他人，学会帮助他人。

优秀的基因也要有后天的努力培养

五岁半的张诺是一个特别有足球运动天赋的小朋友。他刚入园时，通过几天的户外活动，我就发现他的动作特别协调，运动能力很强。于是，我就问他："张诺，你喜不喜欢踢球？"他说："喜欢，我叔叔就是踢球的，他叫张源，他原来也在这个幼儿园。"我一听，特别高兴，也觉得特别巧，因为张源就是我以前带过的小球员，我说："太好了，那你明天早上到操场上找我，好吗？"他点了点头。

第二天一大早，他就和妈妈来到操场上，通过和张诺妈妈沟通我了解到，张诺的叔叔张源已经是中超一位小有名气的球员了，张诺受叔叔的影响也喜欢上了踢球，而且一定要到叔叔小时候接受足球启蒙教育的幼儿园来学习生活。

因为张诺转来的时候已经是大班的小朋友了，而足球队其他小朋友都有一两年的基础，所以刚开始训练时他有点跟不上球队的进度，虽然他很用心地学习，但是有些动作总是做不到位，因此有点气馁了，再加上性格有些内向，我觉得他要放弃了。于是，在分组训练中，我就特别照顾他，将每一个动作再重新教他一遍，他的接受能力特别强，简单的动作一两次就能掌握要领，难一点的动作多练几次也能做得有模有样，而且动作的质量也比一般的球员更到位、更协调、更舒展。我经常感叹遗传基因太重要了。

张诺在训练中不怕吃苦，特别勤奋，每天很早就来到幼儿园参加训练，下午还要参加两个小时的园外训练。他的领悟能力很强，告诉他的技巧和要点能很快领悟，而且从不要小脾气。特别是在教他守门的方法时，他也不怕疼，左扑右挡，我看了都觉得心疼。训练后，

我特别表扬了他的这种不怕疼的男子汉精神，也激励其他小朋友向他学习。小朋友都喜欢听到表扬，受到老师的表扬后，他练习得更加刻苦了。其他小朋友在他的影响下也渐渐改掉了耍赖、散漫的毛病。

经过半年多的训练，张诺的足球技能突飞猛进，脚下的功夫让人眼花缭乱，现在张诺已经是足球队的主力前锋了，希望他在以后的足球道路上越走越远。

优秀的守门员

到了大班，足球踢得好的孩子要去打比赛。江城是一个酷爱足球的孩子，也是足球队的一员，但是他的角色不是场上的前锋，不是中锋，也不是后卫，而是一名守门员。刚开始让他当守门员的时候，他不怎么愿意，拉着小脸跟我说："我不想当守门员，我想上场踢足球。"我说："你为什么不想当守门员呢？""因为守门员就在球门前站着，不能上场踢球射门，不能给球队争光。"听到他这样说，我明白了他觉得上场踢球才能体现他的价值，觉得当守门员没有什么用，于是我对他说："其实，你想错了，守门员非常重要，是全队的最后一道防线，主要任务就是守住球门，阻止对方进球。同时，截获到球后，要快速地发起进攻，必要时还要对防守的阵型进行控制和提醒，守门员发挥得好坏直接关系到一个球队的命运。除了要有好的身体，还要有良好的心理素质，你说守门员重不重要？"听完我说的话，他若有所思地点了点头，说："哦，原来守门员要做这么多事情啊，不是光在球门前站着等球过来，这样看守门员很重要，我要当好守门员。"

2019年6月，在大连市第十七届"市长杯"幼儿足球表演赛中，正是因为江城的一个重要扑球，最终我们以2∶1战胜了对手，摘得了本次比赛的桂冠。比赛结束后，大家都纷纷表示多亏了江城一个帅气的扑球，我们才赢得了比赛。大家把江城高高举起呐喊，庆祝胜利，江城听到大家的夸赞，心里乐开了花，决心以后要更加努力，当一个优秀的守门员。

从"小魔王"到"小雷锋"

"老师，孙晟然抢我的画笔！""老师，孙晟然把科学区的放大镜弄坏了！""老师，孙晟然推我！""老师，孙晟然……"孙晟然是班里的"小魔王"，基本上混乱的场面中都会有他的身影。当然，他就是制造混乱的那个小朋友。最让我头疼的不只是他的无敌破坏力，还有他软硬不吃、屡教不改的"斗志"。

在我头疼不已的时候，我决定从教育著作中寻找良方。看到教育心理学中提及的"标签效应"，我如获至宝。之前不论是我还是班里的孩子们，总是会给孙晟然贴上诸如"淘气""不合作""破坏"等具有负向引导的标签，却没有透过现象观察到孙晟然纯真善良的品质。于是，我决定组织一次名为"夸夸他"的谈话活动，请每个孩子到前面，让大家来夸夸他。轮到孙晟然的时候，只有个别孩子夸他踢球好。于是，我趁机说："大家觉得孙晟然踢球好，那是因为他认真训练，刻苦练习，在球场上遵守规则，懂得与队员合作。这些优秀的品质都是大家需要向他学习的！"我用坚定的眼神看向班里的每一个孩子。孙晟然听到我对他的夸奖非常开心。谈话活动结束后，我拍拍孙晟然的肩膀说："然然，一个优秀的足球队员不光要在球场上遵守规则，和队友们团结协作，在班级里也要和小朋友们友好相处，在活动中遵守规则,你愿意做一个优秀的足球队员吗?"孙晟然看着我的眼睛,坚定地点了点头。之后,他在幼儿园一日生活中的点滴进步我都看在眼里,并不断地给他正向的激励和表扬。

时隔一段时间,我再次组织班里全体幼儿进行"夸夸他"谈话活动。轮到了孙晟然到前面,大家纷纷夸奖他。"足球课的时候,孙晟然教会了我一个动作!""孙晟然还帮我捡球了!""我没带画笔,孙晟然借给我画笔了!""孙晟然……"孙晟然圆圆的小脸上洋溢着欢乐,是足球运动让一个"小魔王"变成了"小雷锋"。

越来越自信的洋洋

五岁的洋洋是我们班新转来的男孩子,他的眼神怯生生的,认真地听老师讲的事情,从不主动要求什么,那乖巧、小心的样子让人心疼。

不久,洋洋参加了幼儿园的足球队,没想到安静内向的他竟然喜欢踢足球。一次,我从班级的窗户看到在操场上踢球的他竟然开心地大笑,还和球队的小伙伴说悄悄话。《指南》在社会领域中对5~6岁幼儿人际交往方面提出的目标中提到"喜欢结交新朋友""有高兴的或有趣的事愿意与大家分享"。我想洋洋在足球训练中一定是感受到了快乐,这是我与他交流的好时机。于是,每次洋洋踢完球回来,我都会主动跟他聊天。"今天打比赛了吗?""刚才发生什么有趣的事情了吗?"……他总是会很开心地跟我讲。开始的时候是我问什么他回答什么,后来我问一他会回答三,有时没问他也会主动告诉我,我喜欢他笑着跟我讲话的样子,我想这种转变是好的。结果也如我所料,慢慢地,他不仅愿意主动讲话了,还愿意和班级的小朋友一起聊天交流,在集体活动中也能积极表现自己,比如,主动举手发言,喜欢帮老师和小朋友们的忙。记得有一次我在收晒好的被子时,他跑到我面前说:"老师,我帮你吧!"看着他闪烁着期盼的小眼神,我说:"好的,谢谢你哟!"我将被子叠成方便他拿的大小递给他,他开心地接过,脸上洋溢一种自豪的情绪。转眼间一学期快过去了,以前的他有些内向和怯懦,现在的他眼睛亮亮的,不再胆怯,也越来越开心,越来越自信,希望足球可以带给他更多的进步。

足球让他勇敢表达

"听说你们班要转来一个'小帅哥',足球踢得超级厉害!"作为足球运动的爱好者,我开始期待这个小运动员的到来。那天,五岁半的王涵昆牵着爸爸的手默默地出现在教室的门口。"老师,以后就麻烦你们照顾啦。这孩子平时话就特别少,劳烦你们费心了。""请您放心吧,我们三个老师会尽心尽力的,有事我们经常沟通。"王涵昆聪明懂事、独立自主,很安静,从来不大声说话。但是让我们头疼的是,他从不主动找别人交谈,也不在活动中主动表达。

正当我为王涵昆不愿意和同伴交流发愁的时候,从球场上滚来的足球给了我启发,我觉得足球运动或许会成为改变王涵昆的契机。我们三个老师经过商议,并结合教育计划,决定在班里开展一次"我爱足球"主题活动,鼓励孩子们每人讲述一个和足球有关的故事,并且通过全班投票选举,决定让王涵昆担任班里的足球教练,每周向大家讲解、演示一个足球动作。活动如火如荼地开展起来,王涵昆也在他最擅长的足球运动中逐渐变得健谈。"朱

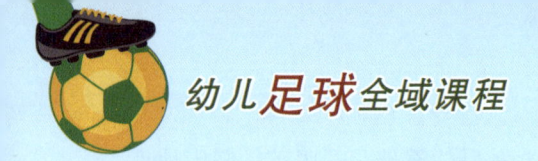

老师，你左脚动作不对，应该是用外侧击球。""芸芸，这个动作需要脚用力击球。你的进步很大！"……王涵昆将每个动作都讲解得很清晰，越来越像一个小老师。在他的带动下，班里足球运动氛围高涨，每个人都有了进步。

幼儿园晨间接待的时候，王涵昆爸爸告诉我孩子最近的变化，说他在家里特别愿意谈论幼儿园发生的事情。芸芸妈妈也说："朱老师，最近幼儿园要组织什么活动吗？芸芸这几天一回家就嚷着让爸爸带她去小区旁边的公园踢足球。真令我们惊讶，这孩子过去总是闹着玩手机呢。"班里的其他家长也都同样好奇孩子的变化。感谢足球运动带给孩子们的变化！

始于足球而不止于足球

"功夫足球"是一个适合5~6岁幼儿的健康领域集中教育活动。活动通过创设"武林大会"情境，引导幼儿尝试将学习到的足球基本动作和武术操相结合，创编一套"功夫足球操"，帮助幼儿练习足球基本动作的同时，激发幼儿对中国传统文化的喜爱和做中国人的自豪感。在活动中，我们班的孩子身着白色练功服，在悠扬的功夫音乐中有模有样地做着自己创编的"功夫足球操"，仿佛自己就是那个武功盖世的功夫大师。从孩子们的专注度和陶醉的表情来看，他们是真的非常喜欢这个有趣的活动。

活动结束后，孩子们不仅把"功夫足球操"中涉及的基本足球动作，如脚弓传接球、双脚拖拉球等练习得更加熟练，还因为我在活动结束时留下的一个思考问题"请你回去和爸爸妈妈一起想一想足球还可以和我们国家哪些优秀的传统文化成果相结合"，在班级中掀起了一股学习中国传统文化的热潮。我们班的家长也非常配合，在和他们的沟通中，我了解到在家长的帮助下，孩子们查阅了相关书籍和网络资料，选择了自己想和足球相结合的传统文化，思考了结合方法，确定方案后购买了工具材料，以绘画、手工制作等多种方式进行呈现……我已经迫不及待地想欣赏孩子们的学习研究成果啦！

在一个周五的下午，征得了孩子们的同意后，我将原本区域游戏时间改为"足球和××"作品展示会，请孩子们展示自己把足球和传统文化相结合的作品。左左将足球和捏面人相结合，用面团和丙烯颜料制作了足球比赛的场景；爱娇将足球和水墨画相结合，用毛笔在宣纸上画了一个足球，并请常年练习书法的姥爷在足球的旁边帮自己写了两个苍劲有力的行书字"足球"；萱萱结合元宵节猜灯谜的习俗，制作了红灯笼，并在上面悬挂了写有谜面和谜底的小纸条，请小朋友们猜常见的体育运动；鹤鹤结合清明节踏青放风筝的习俗，制作了足球风筝；文文伴随美妙的琵琶乐，跳了一段足球舞……

看到孩子们对传统文化高涨的学习热情和令人赞誉的研究成果，我不禁感叹：足球启蒙教育带给孩子们的是多角度、全方位的发展！而"功夫足球"这个活动正是对足球启蒙教育一直追求的"始于足球而不止于足球"的教育理念的最好的诠释！

后记

　　春秋代序，岁月不居，大连市沙河口区第二教师幼儿园开展幼儿足球启蒙教育已走过了三十八个寒暑。从当初从零开始的举步维艰，到如今硕果累累的蓬勃发展，回首过往，思绪万千、感慨满怀。将这么多年的所思、所做、所得付诸笔端形成文字，既是对我园多年来足球启蒙教育的梳理和总结，也是交给所有关爱幼儿园发展的各界朋友的一份答卷，更是对当下幼儿足球启蒙教育的抛砖引玉。

　　我园的幼儿足球启蒙教育是在国家教育部和辽宁省两级教育规划课题的平台之上，本着实践、探索、思考、研究、再实践的原则，从头做起，点滴积累而来的。通过跟踪观察、定期测评等手段得到宝贵的第一手资料，历经"十五""十一五""十二五""十三五"四个专项研究周期的反复探索和打磨，不断在国内多个省、市的幼儿园实践和推广之后逐步成型。

　　本书的成形离不开大连市沙河口区教师二园全体幼教人的智慧和汗水，更离不开上级领导、教育界和体育界专家们的指导和帮助。在二十余年的课题研究和本书立意过程中，承蒙我的恩师——已故辽宁师范大学教育学院邹晓燕教授的精心指导、悉心教诲，邹教授给予我们极大的帮助和鼓励，在此深致谢忱！辽宁师范大学教育学院陈迁副教授、学前教育系程绍仁主任给我们提出了许多建设性意见；大连市教育局、大连市沙河口区教育局的领导也给予我们诸多的支持和关爱；大连市沙河口区教师进修学校科研部李志霞主任、学前研训部沙冰主任还对实践部分提出了很多有针对性的建议；辽宁师范大学出版社的编辑们在出版的过程中也给予了我们诸多的指导和帮助。各位学者、领导的指引与关怀一直是我们前行的动力，在此一一鞠躬致谢！

　　此书付梓之时，正值全国校园足球在幼儿园阶段蓬勃开展之际，我们倍受鼓舞并满怀喜悦。谨以此书献给我们的幼儿园——愿她的未来更加灿烂辉煌、蒸蒸日上！献给普天之下所有热爱足球的孩子们——愿他们朝气蓬勃、健康成长！

龚　平

2019年10月于幼儿园

全国教育科学"十三五"规划 2017 年度单位资助教育部规划课题"幼儿足球启蒙教育模式研究"（FLB170647）及研究成果

参与人员	龚　平	李志霞	朱靓琳	孙　斌	付　连
	隋　丽	刘欢欢	朱　琳	朱秀月	王　捷
	于　丽	顾旭峰	郭美娥	周咏南	傅　嵘
	吕　英	田　毅	王小童	魏业佳	王艺霖
	张世杰	吴　琼			